U0153949

考古

上幕

偵探

解讀歷史就像閱讀推理小說，
帶你踏查文明起源，
思辨炎黃子孫、大禹治水是否神話傳說？

郭靜云、郭立新、范梓浩——主編

Contents

下幕 田野考察日記

拾貝記

致謝

構建中國遠古歷史的新視角

（代序）

　　湖南作為中國南方地區的一個省份，清康熙三年（西元1664年）才從湖廣布政使司分離而單獨建置。在先秦以中原為中心的歷史架構中，湖南乃是國家的邊陲，所謂「上古以之要服，中古漸爾羈縻」是其真實寫照。文獻史料對於上古湖南只有極為零星的記載；傳世文獻中，戰國時期的湖南一直作為南楚之地，而有「夷越」、「黔中」、「洞庭」、「蒼梧」等指稱，屈原的一些作品也大致與湖南地域有關。考古出土的戰國文獻中，包山簡有提到「長沙公」、「益陽公」、「霝陽」的史跡；鄂君啟節的銘文中也有提到湖南的一些地名，這應該是先秦文獻中關於湖南歷史地理的最早記錄。秦漢帝國的建立，湖南完成了從邊陲到內陸的角色轉變，有關湖南的記載漸漸多了起來，這得益於西漢長沙國的建立，歷史文獻如《史記》、《漢書》有不少關於長沙國的記述。

　　不過，這些文獻史料中，湖南總被視為「江南卑濕」之

地，其文化和文明化程度較低，是以中原文明為中心並深受影響的落後地區。這些記載並非虛言，從秦漢至宋元的千百年間，湖南的確沒有多少突出的表現。地理上的中部偏南，註定了它無法成為帝國政治的中心；生業上的飯稻羹魚，也註定了它無法成為帝國經濟的主體。得力於湖區的圍墾，才使得洞庭湖平原在明朝成為天下糧倉，方有「湖廣熟，天下足」的美諺。也因這個前提，湖湘一方在明清以後，才成為中國政治文化較為發達的地區。

不難看出，上面這段闡述，其視角仍是以中原中心觀為前提的。這不是假設，而是中國有文字以來歷史發展的真實狀況。所謂有文字，是指殷墟甲骨文，殷墟所在的殷商王朝開啟了中國有文字可考的歷史，這個歷史的舞臺在中原，數千年來的「中國」，就是在這樣的歷史架構中一脈相承。

但是，中國這塊土地上的歷史遠比殷商要早，構建中國歷史的傳統遠在甲骨文發現之前就開始了。這個傳統的要義就是，以中原為中心的五帝與夏商周三代作為歷史傳承。而且甲骨文的發現還沒有動搖這個傳統。

那麼，這個夏商周乃至更早的「中國」，到底是不是傳統史觀所描述的那樣，一直以中原為中心？黃河流域是否自古以來，就是中華民族的唯一「搖籃」？這個傳統的史觀，在現代學術面前，是否不可動搖？要回答這些問題，需要在哪門學科上取得突破？這些都是今天在「說中國」這個大課題時，必須

回答的問題。*

　　「說中國」與「說湖南」並不矛盾，當今中國，是湖南的中國、中原的中國，也是亞洲的中國和世界的中國，湖南則是中國的湖南。但是，倘若歷史回溯至宋代，湖南只是宋朝的湖南，卻不是遼金王朝的湖南。再回溯 2000 年，湖南顯然也不是商周王朝的湖南，而可能只是擁有人面鼎、四羊尊那個炭河里青銅古國的湖南，而且這個青銅古國也沒有現在湖南這麼大的地盤。然後，再回溯 2000 年，到了距今 5000 年左右，湖南是誰的湖南，就更加說不清楚了。

　　要回答這些問題，文獻學已起不了作用，唯一的途徑就是考古學。文物是歷史的見證，特別是聞所未聞之歷史的見證，只有考古學才能發現沒有文字以前的文物，也唯有考古學才能對這些文物加以釋讀。因此，中華五千年文明，實則有很長一段是需要考古學來構建的。

　　考古發現的湖南遠古文化和中國史前文化，是否也印證了中華五千年文明均出自「中原華夏」這個中心呢？要回答這個問題，得先考察距今 5000 年前後是否存在一個「中原中心」。

　　距今 5000 年前後，中原地區正值仰韶文化晚期，考古工

---

* 【編按】所謂「說中國」，用典自歷史學家許倬雲的專書《說中國》，此書旨在定義，中國是什麼、源自於何、在歷史中如何形成與流變。參見簡體版，《說中國》，廣西師範大學出版社，2015 年 5 月；或可見繁體版，書名為《華夏論述》，天下文化，2015 年 3 月。

作發現和發掘了這個時期的不少遺址，如山西垣曲古城東關、河津固鎮，河南陝縣廟底溝、澠池仰韶、孟津妯娌、鄭州西山、大河村、禹縣谷水河等遺址中均有這個時期的遺址。西山遺址揭示了仰韶文化文化晚期的城址，該城大致呈不規則圓形，直徑約 200 公尺，城牆以內現存面積 19000 平方公尺，如果將壕溝算上，總面積約 34500 平方公尺。這裡發現了大型夯土建築，此建築的北側還有一處面積達數百平方公尺的廣場，此外還在城內西北發現了數量眾多的窖穴，推測是倉窖區的所在。城內和城外還發現了兩處墓地。大河村遺址發現不少木骨泥牆房子，房屋有主次之分，分成若干排，每排可能為一個家族所有，若干家族組成聚落社會的家族公社。妯娌墓地的墓葬排列整齊，最大的 M50 有二層台，墓室以圓木封蓋，棺內壁及棺底塗朱砂，墓主人臂戴象牙箍，似乎在整個墓地中具有特殊地位。這大致是目前中原地區所見的距今 5000 年前後聚落社會的基本狀況。

同時代中原以外的地區則分佈著諸多重要的考古學文化，如山東的大汶口文化、遼西的紅山文化、江浙滬環太湖的良渚文化，這些文化所展現的政治、經濟和文化的複雜及先進程度毫不遜色於中原，甚至都比仰韶文化晚期高出很多。如同處黃河流域的大汶口文化，在與中原的交往中就佔據主動地位，中原腹地的遺址往往發現不少大汶口文化的因素，有學者甚至認為西山古城的出現就是為了抵禦大汶口文化的入侵而修建；紅

山文化的社會已經出現了「一人獨尊」的社會現象，這種現象的背後是極度分化的社會等級和權力；東南地區的良渚文化更達到了一個相當的高度，張忠培先生從墓地研究入手，推斷良渚文化早期社會已經跨入了文明時代的門檻，並認為良渚社會政權的性質是神王國家，也可稱之為政教合一的國家。

　　距今 5000 年前後的長江中游地區是高度發達的屈家嶺文化，這個文化發現了系列城址，據統計已經達到 17 座，面積大多在十至數十萬之間，石家河城址達 120 萬平方公尺，超過西山城址面積的 30 倍，這些城址中考古發掘工作做得較為深入的是澧縣城頭山和天門石家河，田野工作的結果表明，屈家嶺文化時期長江中游已經在文化上完全整合，並形成了某種形式的經濟─文化共同體，在意識形態上也具有統一性，或許具有了政治上的某種聯盟。雖然對這些城址的認識還需要長期的考古工作，但有一點可以確定，距今 5000 年前後，還沒有哪個地區像長江中游一樣擁有數量如此眾多的城址，這充分說明長江中游在那個時期的社會發展水平同其他地區相比一點也不落後，在與中原文化的對壘中也具有明顯的優勢。因此，中原文明化進程的時間實際上要晚於周邊，中華五千年文明是多元文明彙集的結果，如紅山、良渚、石家河，包括後來的石峁、陶寺等，都是構建中華五千年文明的重要源頭。一系列考古證據均表明，中國史前文化和文明化的過程實則是多元的，是滿天星斗般的。

長江中游屈家嶺文化的諸城，根植於本地悠久的傳統文化基礎之上。長江中游的史前文化具有較為完整、連續穩定的進程，這個進程大致在舊石器時代晚期就已經奠基了。澧陽平原舊石器文化的「澧水類群」向新石器早期文化的過渡目前也有線索可尋，考古工作者找到了新舊石器在形態和技術上的連續性，也發現了早期陶器發生階段的遺址，其年代距今超過10000 年，大約從這個時候開始，以澧陽平原為中心的洞庭湖一帶進入到了新石器時代，並陸續發展出彭頭山文化、城背溪文化、皂市下層文化、湯家崗文化、大溪文化、油子嶺文化、屈家嶺文化、石家河文化、後石家河文化，這些文化的發展連續穩定，雖譜系有殊，但序列清楚。

　　與此同時，在平原外圍的山區，沿湘、資、沅、澧的河谷地帶也有了人類的活動。目前發現年代最早的新石器考古學文化是高廟文化，這個文化最先發生於沅水中游，是崇山峻嶺所在，分佈著一些小型的河谷盆地，遺址就發現於此。這個文化的人們以漁獵經濟為主導，或也從事採集活動，但不務農事。他們創造了極為豐富的陶器裝飾藝術，陶器紋飾上的刻畫和戳印紋豐富多彩，其表達的精神觀念影響深遠。自上個世紀末葉以來，湖南史前的一些重大考古發現，不斷衝擊著學術界已有的認知，如道縣玉蟾岩發現了最早的水稻；高廟文化蘊含了中國遠古意識形態領域的精髓；湯家崗文化的白陶獨步天下並影響南中國廣大的地域；澧縣城頭山發現中國最早的城址。這一

切表明，飯稻羹魚的洞庭湖及其周邊地區在遙遠的新石器時代不僅不是化外荒蠻之地，還是文化發展非常先進的地區。

關於這個地區文化與社會之所以取得如此成就的原因，有不少學者已經做過認真的研究。顯然，湖南洞庭湖平原新石器文化的發生與發展，與稻作農業的出現及發達密切相關，也與這裡的地理環境密切相關，古老的水土滋生了古老的文化，孕育著這塊土地的人們。我們還發現，湖南的歷史幾乎從新石器時代就已經開始出現了地域與文化的區域性差異，平原地區的人們從事稻作農業，在稻作、農事、灌溉、水利工程、社群關係方面就比山區河谷地帶要複雜得多，而山區因為特定的環境和經濟形態，也發展出自身獨特的文化。八千年前的八十壋遺址那種環壕聚落或許與後來的垸田農家一脈相承，高廟陶器紋飾的意蘊或許與屈原的〈山鬼〉和近世的儺面有異曲同工之妙。新石器時代湖南地區一條重要的文化分界線即是以「雪峰山東脈資陽—赤山—沅江」一線作為東西分水嶺，後來竟成了沅、澧二水所在的武陵與湘、資二水所在的長沙持續千年的湖南郡級政區的分野。此外還有更為驚人的吻合，在語言方面目前這也是西南官話和湘語方言區的分界線。

以往考古成果表明，湖南的文化有著古老的傳統。當然，不可否認這個傳統並非單線發展和直線前進，文化有高潮，也有低潮，傳統既連續，也曾有更替。新石器時代以後，有一段時間湖南的發展線索就較為模糊，比如距今 4000 年以降至戰

國晚期，湖南的文化譜系就不太清楚，這個時間長達 1700 年左右，被稱為湖南的「原史時代（Protohistory）」。但是，不太清楚並不能代表沒有，六十年前湖南史前文化沒有發現，不能說明湖南史前是一片空白。考古發現有個過程，需要長時期的工作，也需要學術上的奮力探索。目前湖南原史時代也有不少重要考古發現，先有石門皂市遺址，後有岳陽銅鼓山遺址、費家河遺址，再有望城高砂脊遺址和寧鄉炭河里遺址，都進行了頗具成果的考古工作，澧水流域和湘江中下游的文化序列也大致建立起來。與此同時，在近年的田野工作中，還發現了石家河文化向「商周遺址」過渡的跡象，這一線索非常重要，既是回答長江中游新石器文化的歸屬問題，也是回應以盤龍城為代表的文化在兩湖地區的傳播問題，對於解決江漢與中原的關係也是很重要的證據。

我們欣喜地看到，以郭靜云和郭立新教授為代表的團隊，已經走在前面了。《考古偵探：解讀歷史就像閱讀推理小說，帶你踏查文明起源，思辨炎黃子孫、大禹治水是否神話傳說？》就是一次很好的實踐，這樣的實踐實則是大學階段人才培養的一種可貴嘗試。一個人的成長，是從咿呀學語開始的，在大學，學生以接受知識、訓練方法、掌握技能為求學受業之要旨，好的目標和計劃是成功的關鍵。作為一個教學改進計畫，本書無疑有著充分的準備和精細的設計，資料的收集、觀點的評述、課堂的交流都很到位，這竟是整個學期的課程！然

後是實地考察、親歷一線、現場觀摩、與當地業務人員交流互動，經歷著一個學而不厭、誨人不倦的過程。最後形成學術成果，這樣的成果無疑是極有價值的。現在呈現出來的這本書，完整地記錄了這個專題研究案的始終，其內容生動活潑又嚴肅認真；既直面當前的學術重點，又將學理和知識蘊含其中。這個專案凝聚著老師的心血，體現了老師對學生傾囊相授、無私奉獻的精神。

　　將一個專案聚焦於某一個地域的某一個時期，但又不局限於特定的時空，見微知著、縱橫捭闔，充分表達了專案設計者的獨妙匠心。針對湖南的地理位置和環境，課堂還特地從環境變遷入手討論稻作農業發生的動因，以瞭解地理環境對一個區域文化與社會發展的作用。課堂上，同學和老師毫無拘束的談話，時常擦出思想的火花。靜云教授獨特的視野也從這本書中得到充分體現，她強調考古學和文獻史學結合的重要，指出做史前和先秦考古要有文獻學的訓練，要學會從文獻資料中挖掘出與考古資料相印證的內容或結構，而不是生搬硬套地將考古資料與古史傳說「對號入座」。她敏銳地觀察到了城頭山遺址出土的大溪文化四期與屈家嶺文化之間的緊密聯繫，並認為大溪四期後再也沒有「從一種文化轉變為另一種文化」的突出體現，這也是我一直在思考的問題。比如，考古學文化與陶器的關聯性、考古學文化與其背後族群的關係等等。眾所周知，以陶器論文化或許是傳統考古學的一大精要，但是陶器並不能等

同於考古學文化，陶器在特定的條件下，可以很迅速地通過型式分析來完成時空框架的構建，但陶器型式只能告訴你陶器所發生的變化，不能回答為什麼會發生這樣的變化。考古是通過實物來認識過去的，考古的實物卻不僅僅是陶器，陶器研究也不僅僅是型式分析。而在另外的特定條件下，比如歷史時期的考古，就無需再通過陶器來構建考古學文化。正因為這樣，立新教授強調了在進行跨地區、跨文化的陶器對比時，要特別注意年代問題，他梳理考古學文化及相關碳十四測年數據，並提出了自己的見解。正因為有這樣的基礎，於是他與靜云教授一同致力於該地區文明化進程的研究便更水到渠成，很快就有成果體現。

在他們構建的夏商歷史圖景中，「江河中原」和「江漢夏商」是一種全新的視角，這樣的視角是建立在對「中原地區」夏商文化脈絡考察的基礎之上，他們發現了二里崗與殷墟之間文化的差異，為了研究這個問題，繼而將眼光轉向江漢地區，致力於探討盤龍城文化的江漢傳統，尋找根植於本地新石器時代文化的基因。由盤龍城到石家河，然後由石家河到城頭山，再由城頭山到彭頭山，找到了從洞庭到江漢之間的歷史脈絡，以及這個脈絡與早期中國文化之間的關係。這是一次探尋中國文明化進程的大膽嘗試，是對已有學術認知的全面顛覆。固然，他們的學術理念、方法在某種程度上易於傳統，其結論也只是一家之說。不過，學術探索並無陳規，多元視角或許更能

別開生面。史前文化的特殊性、理論方法的特殊性和研究主體的特殊性，決定了追尋過去將是一個永無止境的過程，誰也不敢說自己全然掌握了客觀真理，無數學人的學術探尋終究只是無限接近真理的一種方式或一個步驟。

這次湖南之行不是短短十多天的參觀考察，而是一次精心準備的學術之旅，是一次理論與實踐相結合的田野之行。在本書中，我們看到了一個全新視角的湖南遠古時代，看到了從湖南孕育出來的長江中游史前連城網路，看到了山地族群高廟人的祭祀典禮，也看到了炭河里大禾方鼎人面所代表的神巫景觀，這些都給人新鮮的感覺，也給我們長期從事田野考古的一線人員不少啟示。

我與這支團隊接觸後，感受到其學術氛圍的濃厚，學生們思維的活躍。趙柏熹、邱詩螢、范梓浩等同學都寫出了優質的碩士論文，相信這次湖南之行將是他們學術人生中一段美好的經歷。

祝願靜云、立新教授學術之樹常青；祝願年輕的學子考古探求之路越走越好！

郭偉民
湖南省文物考古研究所所長
2017 年 2 月 10 日於長沙

▶ 舞臺

嘉義中正大學文學院、廣州中山大學永芳堂、湖南省

▶ 出場人物

靜云老師	中正大學歷史學系教授,引導討論的靈魂人物之一,對中國上古史、世界上古史有深入研究,著有《夏商周——從神話到史實》和《天神與天地之道:巫覡信仰與傳統思想淵源》,討論中常帶「神來之筆」。
立新老師	廣州中山大學人類學系教授,《長江中游初期社會複雜化研究》的作者,既研究中國文明起源,也思考壯族親屬制度,同時深得考古學和社會／文化人類學之奧妙,以獨特的視角參與討論,是引領討論的靈魂人物之一。
徐堅老師	廣州中山大學歷史學系教授,研究興趣十分廣泛,熟諳西方考古學理論與方法,物質文化研究與考古學史是他廣為人知的看家本領。他還是一位能寫美食專欄的美食家噢!
于薇老師	廣州中山大學歷史學系教授,自封歷史地理圈最愛跑的行家,足跡遍及中國,擅長西周史研究。
謝肅老師	廣州中山大學博雅學院教授,擅長中國上古史研究。

柏熹同學 廣州中山大學人類學系考古學碩士生（現為博士生），人稱「幽默熹」，常在討論中「爆」出冷至冰點的笑話和比喻。按照孫隆基老師的笑話，腦袋裡都是「生殖器文化」（即「新石器文化」，粵語混國語的諧音就成了「生殖器」，但柏熹説著粵式國語，研究的領域恰好也與新石器時代的神祖崇拜相關，故被大家善意地以此相稱）。

詩螢同學 中正大學歷史研究所碩士生（現為博士生），特立獨行的小蘿莉（真的長得很嬌小），但語出驚人，為盤龍城文化的忠實粉絲。

梓浩同學 廣州中山大學人類學系考古學碩士生（現為中正大學歷史研究所博士生），一本正經的「偽學霸」，最喜歡抹黑柏熹，統計學狂人，目前主要研究泥質黑陶的物質文化。

明立同學 廣州中山大學歷史系碩士生（現已畢業），聰明可愛的小女生，正在為越式墓與楚式墓的劃分煩惱。

麗霞同學 廣州中山大學人類學系考古學碩士生（現已畢業），從不丟笑容的可愛女孩，我們一路依靠的好朋友，與城頭山城址有過一場穿越時空的愛戀。

俊偉同學 中正大學歷史研究所碩士生（現為博士生），風度翩翩的古文字學神級小 BOSS，碩士期間曾遍閱甲骨學著作，是討論課中的活字典。

秀美同學 中正大學歷史研究所碩士生（現已畢業），神仙姐姐一般的中學教師。

序幕

　　學習歷史，瞭解歷史，如同在濃重的迷霧中航行。無論是在故紙堆中埋首尋思，還是在田野中「掏坑挖墓」，即便披星戴月，衣帶漸寬，都是為了在燈火闌珊之處，尋覓那回眸一笑之美，尋覓一條貼近歷史真實的航道。探索者應有一雙明目，一顆「同情」之心，方能看清迷霧中的微光，方可撥開迷霧，乘風破浪，享受探索歷史之趣。

　　沒有人天生就擁有一雙明辨是非的「火眼金睛」，也沒有人天生就被賦予「同情性理解」的能力。初學歷史，我們彷彿是初學走路的幼兒，在師長、書籍如父母般的引導下，逐漸學會如何「表一種之同情」（陳寅恪語）。但學步的過程中無奈總伴隨著磕磕碰碰，苦思冥想而迷失在歷史的迷霧中也是常見之事。若在象牙塔中苦心孤詣而無所得，不妨跳脫到更廣闊的天空之中，與各位師長、同學唇槍舌戰一番，甚至親臨歷史現場，於泰山之巔感受始皇帝指點江山之豪情，於赤壁之濱體會

周瑜意氣風發之雄姿。或許我們追尋歷史的航道會柳暗花明，豁然開朗。

學伴們之間相互的啟發，亦或如學術上的心靈雞湯。若要唇槍舌戰一番，三五同好則可，但往往會戰個酣暢淋漓卻無所得。若請得老師參與，得名師指點和引導，或可收醍醐灌頂之效，卻又似泰山壓頂，同學們變得訥言拘謹、小心翼翼，偶有所得亦不敢發。如何可以找到第三條路呢？

當同學們把學習中的苦惱和困惑向靜云師、立新師反應以後，二位老師異口同聲地說：「不要怕摸著石頭過河，我們來辦一個 Seminar 吧。」已故著名社會學家費孝通先生將其稱為「席明納」：「席」，大家圍坐一團討論問題；「明」，把問題講明白、聽明白、弄明白；「納」，大家都從討論中有所收穫。靜云師說：「我們可以亦師亦友，互相爭論而獲得樂趣與知識。」

說做就做！二位老師立即著手準備和籌組，而且更進一步，先開「席明納」，再帶我們去看歷史的現場，親自觸摸歷史，做一次真實的時空之旅。當時二位老師的眼光正落在湖南，認為湖南乃是上古文明發展的關鍵地區，諸如稻作起源、文明起源都與湖南地區有很深的淵源。於是，我們討論的議題就圍繞湖南的上古文化熱烈展開。

這種「教」與「學」的方式，對於老師和同學都極具挑戰性。雖然每次都有明確的主題，也配備主發言人，但每堂課之

前，每個人都需要大量閱讀，不然在討論時一問三不知，只能發呆，根本沒辦法跟人進行心靈的碰撞。但是，心靈碰撞過以後，想法互相對話以後，當我們回頭再看，歷史已不再是死氣沉沉又枯燥乏味的教科書，而是一幅活生生的先民生活繪卷，是人生百態，仿佛 3D 電影一般在眼前播放。

　　這本書所記錄的，就是這樣一次讓人受益的教與學的經歷。裡面不乏精彩的對話和思想的碰撞，我們基本上按照教學中發言與對話的方式記錄。有時大家酣暢淋漓地唇槍舌戰一番，有時又如綿綿細雨娓娓道來。你可以在這裡感受同學少年的風姿與輕狂，亦可以感受老師們的平易近人、深思熟慮與獨特見解。我們記錄和分享，希望能給正在苦思求學中的你，打開一扇窗……

上幕　校園遇見
　　　「席明納」先生

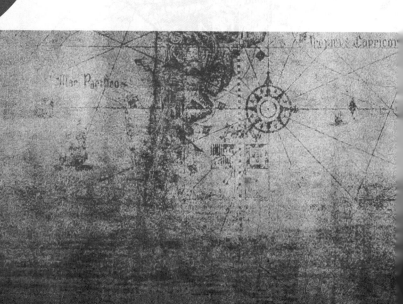

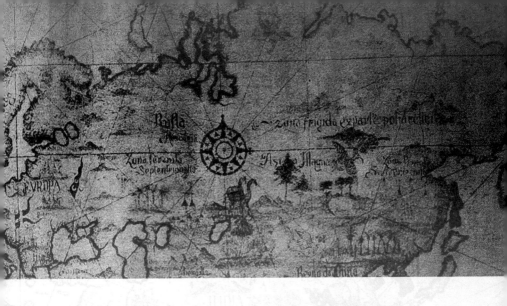

2013 年 3 月的某一天，活動序幕在嘉義中正大學、廣州
中山大學先後拉開……

正值三月的中正大學校園，黃金風鈴木正開著黃澄豔麗
的花，滿園春色漫入一旁的文學院裡。課室中，十餘人
圍坐一起，話音此起彼伏，時而慷慨激昂、熱血沸騰，
時而滔滔不絕、娓娓道來。伴著窗外鳥雀的歡歌，這裡
正上演著一齣「探尋人類文明起源」的話劇……

第一場

導論課：怎樣學歷史？

放棄填鴨式教育吧！

小鳥要學會自己在天空飛翔

靜云老師　在今天這堂導論課上，我準備向各位同學介紹一下關於湖南上古文化考察計畫的一些想法。作為老師，傳道、授業始終是最重要的一環。因此，我們一直都在探索一種課堂模式，既能使大學生切實地學到知識，又能使研究生學會獨立發現問題、解決問題。最重要的是，讓大家重新瞭解：歷史並不是解剖屍體，也不是簡單地給殘破的古物分類這類無趣且枯燥的學科，而是一種復原古人生活，通達古今精神之變，借助穿越時空的對話，來擴展今人生命的學問。

在反覆思考和實踐之下，我們找到了一些新的思路，並嘗試設計一種新型態的課堂模式。今年，在中山大學歷史人類學研究中心劉志偉教授以及湖南省文物考古研究所郭偉民所長的支持下，我們籌劃了此次考察計畫，這也算是新型課堂模式的一次嘗試。

靜云老師講課

大學教育，理應拾回「自由之思想，獨立之精神」，而不是做無用的機械式填鴨。我所理解的大學教育，其目的不應該是讓年輕人背誦常識，把標準答案塞入腦中，要求學生盲目跟著大師走，而是讓學生們學會獨立思考，能以自己的能力發現問題、判斷問題，並解決問題。尤其是在人文學科中，我們所學習和探究的終極關懷並沒有可背誦的標準答案。因此，人文學科需要不斷地懷疑、思考、推斷、討論，以求深入地瞭解人生的難題。我最喜歡的是不怕跟我辯論的學生，因為這種學生有自己的思路，所以有時候會讓我發現新的問題。

　　老師也是人，所以也會有誤解。因此，大家不要怕懷疑，也不要把自己的懷疑藏在心裡，直接說出來，我們一起找解決方案。

　　二十世紀美國心理學家和發明家斯金納（B.F. Skinner）曾經說過一句話：「當學過的東西全忘掉了之後，剩下的就是教育的本質。」雖然這句話被廣為引用並成為名言，但卻幾乎沒

小鴨子不用思考，銜尾跟著走！　　　　　小鴨子自己找路

有落實在現今實際的教育活動中。人若忘記課堂上學習的知識、資訊和公式後，還剩下什麼？我會回答：剩下的是善於觀察的眼睛，時刻保持思考的心，以及不輕信一切的態度，而且能夠發現世間的矛盾與問題。但是，如果大學課堂只能讓學生不停地積累資料、死背所謂的「常識」、囫圇吞棗地學習，卻從未產生一絲懷疑，這實際上已經失去了教育的意義。

梓浩同學　我們從識字以來都是在背誦和抄寫，為了考試，為了升學，遇到問題總想尋找標準答案，忽視世間種種矛盾與不合理的現實。背誦和抄寫已經成為我們的學習習慣了。

立新老師　（點頭）所以如果在大學階段，甚至在研究生階段，老師仍以「填鴨式」教育灌輸「正確」知識，這無異於貽害學生。大學教育的精髓，不在於學生切實地掌握到了多少正確的知識，而在於哪怕學生忘記所有知識後，他們仍擁有獨立發現和解決問題的能力。這顯然是「填鴨式教育」無法賦予的。所以，我們的課堂教學模式也必須改革。

因此，新型的課堂模式一定要讓學生參與，把「討論課─展示報告─田野考察」串成一條主軸。但是，這樣的課程並不容易

立新老師講課

完成，對老師和學生都是一次極大的挑戰。討論課即是席明納（seminar）形式的課堂，每次以一個專題為核心，師生間各抒己見，在答問之間碰撞出新的火花，進而形成新的問題或新的共識。在整個討論過程中，師生的角色轉換為合作者的角色，師生間以平等的態度，相互質疑與辯論。然而，自由的討論是需要大量的知識儲備作為前提的，為了每堂討論課能順利進行，負責下一專題的老師或同學會提前公佈建議閱讀的論文或書籍，幫助同學們儘快熟悉專題的討論內容。

靜云老師 在討論課之後，一些同學可能受課堂的討論啟發，對一些具體問題產生興趣。他們可以嘗試搜集相關資料，對問題進行初步的研究和分析，並提交簡單的報告。在實地的田野考察開始前，我們會舉行一個學術研討會的活動，提交報告的同學們有機會在會場上發表自己的文章。同學間還要互相評論，一如正式學術會議中的評論人，同學們針對受評論者的文章提出批評或建議。由於各位今後或多或少都會接觸到這類學術活動，因此，這種「預習」的機會是十

老師講課需要勤思考……

分寶貴的，也能幫助各位累積自由思考、懷疑、發現新問題和討論問題的經驗。

柏熹同學　但是，像我們這些研究經驗尚淺的同學，要寫出一篇好文章很不容易呢！

靜云老師　（微笑）有的同學可能會擔心，很多問題都有人研究過了，我還能發現新的問題嗎？我想大家完全不用煩惱。你們想想，歷史學是人文學科，研究人的學科豈會有最終的答案？而且中國上古史算是年輕的學科，還不斷地有新的、令人注目的資料出現，尤其是湖南地區的考古資料既豐富又零散，湖南地區的上古史仍有很多待解決的問題，例如稻作農業的起源問題；商代炭河里城址人群的來源問題；中國最早的城址──城頭山城──的形成與結構問題；新石器時代中晚期山地族群之高廟文化與澧陽平原族群之湯家崗文化的精美白陶禮器的關係問題；以及如何瞭解古人在山陵和平原地帶的生活方式，是否互相來往、如何來往、來往的目的為何等等。我剛才提到的幾個文化和遺址的名稱，很多同學可能會覺得有點兒陌生，但經過我們跨越時空的旅行後，你們說不定能成為好朋友（微笑）。一路走來，同學們自己可能就會發現：不用擔心沒有可研究的問題，只是需要培養抓住問題要點的能力。

　　我剛才說的，是一種時空中的旅行，所以最為重要的部分，就是師生一起出去做田野考察。因此，我們不僅要讀萬卷

書，還要行萬里路。在討論和展示的過程中，各位同學一定會產生不少困惑，也會產生不少的快樂，這是一種視野得以擴展的快樂。在諸多歷史問題中，有的問題是能夠通過埋首書案、研究新的史料、閱讀他人著作而解決的，但更多是在書齋中無法解決的。當我們遇到這種瓶頸時，大家不妨嘗試走出書齋，親自去歷史發生地看一看，說不定很多問題就豁然開朗了。而且，在考察過程中，由於在短時間內不停地接觸第一手的資料，很可能會萌生一些新的問題、新的想法，也可以為各位日後的畢業論文打下基礎。此外，經過這種學習經驗，同學們也能更加深入地互相瞭解，成為長年的好友。

立新老師 這樣的課堂模式看似新奇有趣，但實際上，各位同學面臨的負擔和壓力並不小。一般而言，在傳統的課堂模式下，研究生一個學期可以選四到六門課，而且不少學生都能輕鬆從容應對。但如果按這種新型課堂模式進行，一個學期選修三門課已經筋疲力盡了。所以，希望各位同學能全力以赴，通過這樣的課堂模式，培養發現問題的能力。接下來我們要帶著腦海裡的這些問題進行田野考察，並嘗試進一步釐清或解決部分問題。

徐堅老師 我再補充一點，因為每堂課的題目不一，我們取消固定的上課時間，有時候稍微提早結束，有時候稍微晚一些，如果一直談不完，也可以延長到下一堂繼續討論，這都由我們共同自由決定（微笑）。如果問題講不完但肚子餓，可以

一起出去吃飯，邊吃邊討論。

（吃貨們會心一笑）

「芝麻開門」，打通學科間的門

靜云老師　好，那我們繼續上課。這次考察計劃的成員包括
了歷史學系和考古學系的同學，也算是一個跨校、跨系團隊
了。這樣安排的目的是為了讓兩校、兩種系所個學科的同學互
相瞭解，學習對方的資料和研究方法。同學們可能會慢慢發
現，文獻學與考古學是歷史學所生的兩個兄弟，他們是不應該
分手的。而且，兩者原本就是從歷史學方法發展出來的學科。
因此，區分文獻學與考古學，就好像荒唐地要一個人只能留下
一隻左手或一隻右手，或更像是手臂竟想脫離身軀這樣的怪
事。

　　然而，隨著學科日趨分化，從事學術的研究者也逐漸失去
了全面統籌問題和綜合研究的能力。學科劃分細化，問題研究
的專門化，都導致一些研究出現了一葉障目的情況，非但沒有
增加每一門學科的精確性，反而成為作繭自縛的舉措。專門化
學科的路越走越窄，甚至淪為井底之蛙，只會守著自己的那口
「井」。

　　實際上，考古學、文獻學、歷史地理學等學科都是研究人
類歷史的方法，也是重要的研究「工具」。但是在過度區分學

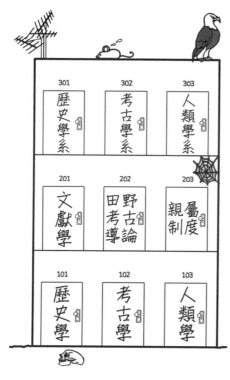

科的現狀下，每一門獨立的學科，都只能在自己的專業範圍內對其研究的問題加以描述，往往沒法解開問題的內在原因，更遑論探索問題背後存在的意義。

值得慶幸的是，當代學術界已經察覺到一些端倪。為了避免坐井觀天，學術界日益提倡跨學科跨領域的整合式研究，倡導圍繞學術問題開展研究的做法。事實上，一切學術研究的伊始都是設問。

學門鎖住

當一個研究者找出問題後，最關鍵的是怎樣透過看似單一孤立的表象，嘗試去瞭解背後的原因。當問題不同之時，我們也需要搭配不同的學科、方法和知識來解題。當研究者懂得對症下藥，而不是頭痛醫頭、腳痛醫腳時，才有可能接近問題背後隱含的意義。因此，學科只是我們研究問題的方法、工具，或者比喻為解決問題的鑰匙，而不是毫不相關的學術領域。

學術界經常討論「考古學與歷史學如何互相配合」的問題。其實，這一問題的表述本身就是有誤的，其含義應該是「考古學與文獻學如何互相配合」。很遺憾的是，目前兩岸歷史系的訓練皆以文獻學為主，這導致歷史系學生幾乎沒有參與考古發掘的機會，甚至幾乎沒有田野考察的經驗，考古報告對歷史系學生而言大多是陌生的資料；而對於主修考古學的同學而言，你們亟需重視古史傳說這類文獻資料，並學會從文獻資料中挖掘出與考古資料相印證的內容或結構，而不是生搬硬套地將考古資料與古史傳說「對號入座」。

立新老師　簡單來說，學歷史而不知道考古方法，這是十九世紀以前的歷史學。學考古但不知道歷史，缺乏目的，那豈不是像無頭蒼蠅一樣嗎？我們的目的是瞭解人，瞭解與我們生活方式不同的他人，與他人溝通。一切有助於接近此目的的方法都需要採納。考古學家不能對文獻一無所知；歷史研究也同樣不能只看文獻而不接觸實物與考古的基本知識。其實還有其它方法，但是文獻學和考古學最為基本，所以請靜云老師接著談一談這兩種方法。

偵探歷史文獻中的密碼

靜云老師　文獻解讀是史學研究的基本功，先問一下歷史系的同學，你們如何解讀文獻呢？我們應該從什麼樣的角度去看

田野考察（土文）與文獻解讀（書文）應相輔相成

待歷史文獻呢？

（同學們沉默）

歷史文獻不等於歷史事實

靜云老師 可能大家還沒有熱身，那就先問個熱身問題。各位同學在考研究所時寫的自傳，若將它當作一則歷史文獻，是否能從自傳中確實瞭解你們的生活條件和學習目的呢？

明立同學 （笑著）我想可能很難！

靜云老師 為什麼很難？難道自傳不是你親手寫的？你不瞭解自己嗎？

明立同學 我的意思是，我的自傳中只會寫我想寫的，內容只有有利於考試的部分。但我的實際經歷、想法、目的等等，是不會輕易告訴各位老師的（笑）。

梓浩同學 看來你不想把做過的糗事公諸於世啊。

柏熹同學 可是壞事已經做了，雖然自己不講，但總會留下蛛絲馬跡。

明立同學 我希望你們兩位不要再當偵探了，還是做回考古學家吧。

柏熹同學 考古學家也是偵探，考古工地就是破案現場，我們對蛛絲馬跡啥的最感興趣了。

靜云老師 其實柏熹說的正確，你想掩蓋的壞事，實際上是可以查到的。再問大家一個問題，假如你有一段不堪回首的愛情，你的前女友因為你的過錯而要求分手，你會向朋友描述你「被甩」的事實嗎？

乙同學 我會看情況，一般不會說出事實。畢竟被人甩掉是一件丟臉的事吧。

詩螢同學 幹嘛要怕丟臉？女生甩掉男生也很正常嘛（摸摸頭）。

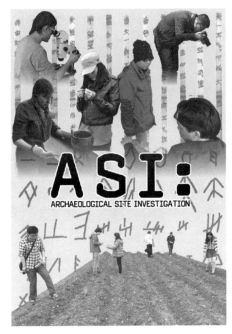

考古破案現場

柏熹同學　是很正常，但是我們男生一般只會對別人說：我們性格不合就分手了，怎麼可能會從自己嘴巴裡大聲說出自己被甩掉（攤手）。

靜云老師　沒錯，許多男生都有這樣的想法。比較之下，如果你現在要寫一篇文獻，是要留給子孫去歌功頌德的，而且希望他們知道你曾是一個多麼有品德修養的偉人，但實際上，你只是個腰纏萬貫的暴發戶，家裡藏書數百萬卻一本也不看。你在寫這個歷史文獻時，會告訴子孫，你只是個中了彩券，投資房地產發財，滿身銅臭的傢伙嗎？

梓浩同學　我才不要我的子孫知道我是個爛人（抱頭），必須把自己寫得偉大。

靜云老師　沒錯。從這些例子，我們就知道一個重點：歷史文獻並不等於歷史事實，而是一種很複雜的史料，被隱藏的往往比被彰顯的更多；包括曾經發生過的事情、被記錄時的情況、記錄者的目標和讀者的期待等等很多因素，都會影響到歷史文獻的最終面貌。文獻只是偵探小說的序言，或一份密碼文件。我們應如何解讀此偵探小說？我們應如何解碼？如果沒有傳世文獻之外的史料（如考古資料），推理成功的可能性會高嗎？

（同學異口同聲：這麼奇妙？）

> 為什麼將
> 先秦歷史
> 文獻稱為
> 「歷史神
> 話」

<u>靜云老師</u>　以先秦文獻為例，我們應該採取怎樣的角度來解讀呢？我認為一切敘述先秦歷史的文獻，都應該歸類於「神話」。很多人會認為，這不就是上世紀 20 年代顧頡剛等疑古派的主張嗎？他們認為中國古史傳說是層累地形成，也就是孫子看到的「三皇五帝」的故事，可能比爺爺看到的要詳細，因為孫子看到的文獻中混雜了更多後人添加的成份。所以他們認為中國古史不可視為信史。

雖然疑古派讓我們重新思考中國古史的真實性，但這並不代表我們要質疑文獻完全不可靠。我用「神話」定義上古文獻，這並不意味著這些文獻源於古人架空的幻想，而是表達其文獻的類型。我們看看其它文明史，如蘇美的吉爾伽美什，希臘的特洛伊戰爭，猶太約瑟、大衛王、摩西等，它們都屬於神話類型的文獻記載，但在各文明中卻被視為歷史，這些歷史神話在一定程度上奠基於史實，並反映出史實。

⋮⋮ Knowledge Station ·············

疑古派

顧頡剛

又稱古史辨派，以顧頡剛、錢玄同等為創始人和主要代表，是中國新文化運動以後出現的一個以「疑古辨偽」為特徵的史學、經學研究的學術流派。其中，《古史辨》是該學派研究成果之彙集。

⠿ Knowledge Station ‥‥‥‥‥‥‥

蘇美神話化的歷史：吉爾伽美什

在尼普爾出土的蘇美王表上，吉爾伽美什是烏魯克
第一王朝的王（圖一），統治於西元前 26 世紀，後
來成為蘇美神史的英雄。吉爾伽美什的神話甚多，
最早在西元前 22 世紀已成書，其中蘊含著很多蘇美
歷史的痕跡。如有一個故事表達烏魯克內部神權與
王權的競爭：烏魯克廟神伊南娜愛上吉爾伽美什，
但吉爾伽美什拒絕她，所以伊南娜生氣派天牛去滅
烏魯克。在圖二，英雄吉爾伽美什殺死了天牛。也
有故事表達烏魯克與尼普爾神權中央爭鬥的事情，
如描述吉爾伽美什王既無理又風流，進入別人婚禮
臥室玩弄女子。尼普爾廟神恩利爾為了殺死吉爾伽
美什，而創造強壯的恩奇都英雄，但最終恩奇都和
吉爾伽美什卻成為好夥伴。在圖三上，野獸聽從他
們，廟裡的妓女也幫助他們。兩位英雄一起打敗神
林的保護者——怪物胡姆巴巴，烏魯克因此獲得了
造船的木材。

圖一

圖二

圖三

⠿ ‥‥‥‥‥‥‥‥‥‥‥‥

明立同學 老師，這個令我想起很多有名的歷史小說，它們以一些歷史史實為背景，在加入了作者的創意後，故事變得更加豐富、優美、動人，有時更令人難分真假。

靜云老師 我們這裡所指的「神話」與歷史小說相似，但更有其特殊之處。在世界文明的發展過程中，經過口耳相傳後才被記錄下來的古史，其實已是神話學研究者袁珂先生所指的「神話化的歷史」概念。這些歷史概念經歷漫長時間的演變後，最終成為「歷史化的神話」。這代表了文化中對古史神秘化、神聖化的理解，所以這是一種「神史」。解析神話與創造神話，追求史實與神話化史實，這是世界各地歷史觀念中兩種並存的趨勢。解讀歷史文獻的難度就在於此。

以中國文明為例來說，像黃帝、顓頊、蚩尤、堯舜、禹湯、文武等故事，也是某些創造出來的神話，並非單純的歷史記載。傳世文獻中描述的夏商周是三個異族朝代：成湯克夏、武王克商，其三代的興衰情況都很相似，這顯然是一種神話化

夏禹　　帝舜　　帝堯　　帝辛　　顓頊　　黃帝　　神農　　祝誦

三皇五帝：東漢晚期武氏祠石刻

的歷史結構。在更晚期的歷史記載中，我們都可以找到這類神話性結構。又如周幽王與「褒姒不好笑」的故事，我們能明白這故事具有濃厚的神話色彩，並非純粹的歷史記載。在世界其它文明中，我們也能找到相同結構的「不笑公主」的故事，同樣有與「烽火戲諸侯」相似的歷史記載。

瓦斯涅佐夫（1848-1926）油畫作品《永不會笑的公主》，收藏於莫斯科特列季亞科夫畫廊瓦斯涅佐夫故居博物館。

立新老師　實際上中國歷史文獻中記錄的上古史，大多都具有典型的神話結構。像祖先的卵生，如「天命玄鳥，降而生商」的神話；又如在漢代的記錄裡，春秋戰國各國都把自己的祖先追溯至黃帝，好像要強調自己血脈的正統性。這些全部都是神話。所以，我們在研究這類歷史文獻記載時，需要使用結構文獻學的研究方法，來瞭解歷史故事所蘊藏的要點及其中的各種成分，一步一步地找到隱藏的歷史線索，解開歷史之謎。

> 歷史書寫隱匿自身的意識形態

靜云老師　區別於沒有歷史意義的神話，歷史的神話存在一項關鍵性的變量。這突顯在文明與國家對國族的形成、成長、勝敗、英雄及賊寇等不同理解所派生的自我意識。例如，現存文獻中所載的許多商周時期的傳說，都是東周以來才見載於文字，而戰國、秦、漢的文

長沙子彈庫楚墓出土的簡狄與玄鳥帛畫

人們，依據這些口傳及零散的記錄，欲通古今之變，瞭解早期歷史脈絡，以此編纂史書，成一家之言。因此早期的史書，如《竹書紀年》、《史記》等等，都有其根據；也在一定程度上反映了古代的實況。但文獻闡釋的第一步在於理解撰述者的立場、角度，甚至創作目的。那些記錄下來的文獻，既然是源於某族群的主觀歷史，就必定依據其立場角度不同，而有所隱藏，不可能全面而精確地反映客觀事實。同時，經過歷代口耳相傳，故事也層累地形成變化，被賦予新的功能意義。故事的記錄者必定會根據自己的背景和理解來記錄歷史故事，從而使迄今所見的歷史故事無不深刻地打上不同時代記錄者的烙印。因此這些故事在成書時的形貌就帶有強烈的時代色彩，不可避免地成為歷史神話，而非歷史事實。

☷ Knowledge Station · · · · · · · · ·

竹書

古代還沒有發明紙之前，人們在竹簡上寫而編成竹書。《竹書紀年》乃西晉時期魏安釐王（一說應為魏襄王）墓中被盜出的竹簡整理而成，故有「竹書」之稱。後因五代時戰亂散佚。清代經學家從西晉至北宋的諸多書籍引文與注疏文字中重新蒐輯而成《古本竹書紀年》，復原了夏紀、殷紀、周紀、晉紀和魏紀的部分內容。其記載內容的可靠性一直以來都是史學界關注的問題。

梓浩同學 嗯。小時候看三國故事，很多書中常把曹操說成一個刻薄寡恩的小人；現在又經常聽到有些學者把他說成一個足智多謀的時代英雄。秦始皇也是這樣啊，一會被人罵作暴君，一會兒又被捧到天上而成為統一天下的大英雄。還有歷史上的那些發起革命的領袖，一百多年前還被視作賊寇呢，今天卻成為了英雄。

靜云老師 是啊。歷史故事就是這樣，寫故事的人和聽故事的人都把自己的喜好和評價有意無意地加了進來。所以，在使用歷史文獻進行研究時，我們要執行的一項重要任務，就是了解它們是如何形成的。但是，就早期歷史神話而言，它們的形塑過程是個謎，這個謎底可能很難再現。因為在這些早期歷史神話成為傳世文獻之前，個別族群的神史應該早已隨著族群融合而相互合併。例如你祖先的豐功偉績，我借用到我的祖先身上，以此彰顯祖先的榮光。隨著大一統王朝的出現，統治者為了穩固政權，需要配套發展出一統「天下」的意識形態。在「天下觀」支配下，以一元史觀進行編纂的歷史文獻和一元歷史敘事便成為主流。

雖然經過層層的意識形態加工，歷史文獻中仍然包含著一些未被掃除乾淨的蛛絲馬跡，只要掌握正確的方法，我們便可以從中窺知其多元性的本源。一元史中很多形象和故事來自四面八方的不同族群的文化傳統，而這些文化傳統在揉雜時易生矛盾，這些一元化的歷史記載也輕易地把湖北的自然風景移到

嵩山或山西；也讓那些長命百歲的古代英雄走上數次跨越全中國大地的路途，在相隔數千公里的地帶同時種稻和馴練馬匹；他們也會記錄不會製造兵器的英雄「神勇地」打敗發明青銅兵器的族群。換句話說，這些一元化的歷史形象其實就像《山海經》所描述的具有超越性的怪物：龍首、虎身、牛角、鷹爪、馬尾、豬鼻等諸多不同來源之元素合為一體的神奇形象。

　　就中國的歷史而言，在秦統一天下後，為穩固中央政權，削弱地方勢力，秦始皇必須加強某種「一元」的歷史觀，以及其首都自古以來即為中央的概念，以此證明大一統政權的正當性。今天我們翻閱《呂氏春秋》、《史記》等具有一元史觀的歷史文獻，它們必然都蘊藏著大一統帝國的意識形態。雖然傳世文獻並非憑空創造，但它們具有特殊的內在價值觀點和政治

明代胡文煥畫《山海經圖》

目的，並以此重塑歷史。因此，這樣的歷史並非完全真實，特別是上古史的部分，往往經不住推敲。

簡單地說，這些文獻記錄主要還是渴望表達出政治上的「正統」概念。這種「正統」概念雖然源自周，但確立於漢帝國「天下一統」的思想之中。因此，歷史文獻就像是一種密碼，而各種上古多元文化的因素，則被隱藏在這些編纂文獻者設定的密碼之中。尤其是中國考古學還很年輕，目前所提供的

∷ **Knowledge Station** ∙∙∙∙∙∙∙∙∙∙∙∙∙∙∙∙

《呂氏春秋》和《史記》

中國直至秦代《呂氏春秋》和西漢《史記》才展現出較完整的古史記錄。前者成書於秦始皇統一中國前夕，當時秦丞相呂不韋編纂此書，希望以此書作為大一統後的意識形態。所以書中強調涵蓋天下的國家歷史概念，並以陰陽五行概念為基礎，建構大一統的天下歷史。司馬遷雖不承認自己師法《呂氏春秋》，但實際上其以陰陽五行概念為基礎的一元史還是承傳自《呂氏春秋》，並以此概念為基礎，建構大一統的天下歷史。

呂不韋編《呂氏春秋》　　司馬遷撰《史記》

考古資料仍十分有限。但即使在沒有考古資料之前，清代傳統經學已學會從這些符合漢帝國政治角度的文獻中，來做一下「文獻地層學」，從各種互相矛盾的內容中，一步一步追溯出古代社會的多元的歷史碎片。

現代文獻學研究不應該失去批判性的精神，應該向傳統經學學習，詳細校讎，通過文獻之間的相互對照，考證文獻記錄的正誤和年代的早晚，發現隱藏在文獻中的某些「秘密」，並嘗試解讀這些密碼。倘若完全沒有文獻之外的資料，我們就只能到此為止，這就是文獻學方法的基本功。但是近百年來考古學的發展，開始為研究者提供另一把鑰匙，讓我們得以重新思考早期歷史的原貌。

破譯考古報告中的密碼

靜云老師　從中國考古學誕生開始，傅斯年就對考古學寄予厚望，希望借地下出土的一手資料，正經補史，一掃疑古之風。從此文獻與考古資料就成了我們研究歷史的兩條「腿」。

但是對於上古歷史與社會研究而言，這兩條「腿」的支撐力量並不相同，考古這條「腿」會顯得更粗大有力。由於考古資料是從有歷史年代的地層出土，是最真實的第一手史料，因此從史學角度來說，考古出土的「殘磚敗瓦」比後人編載的故事有更高價值。但是那些「殘磚敗瓦」並不是那麼好讀的，地

不接觸一手史料，如何理解歷史？腦海中無歷史問題，豈能考古挖掘？

下的這部無字天書，也讓不少歷史研究者望而卻步。在這部無字天書中，鐫刻著古老文明昔日的榮光及當時的生計模式，隱含複雜的社會網絡關係、社會組織與社會結構，還寄託了古人燦爛的精神文化、無盡的欲望、神秘的信仰和隱密的儀式。但是，我們怎樣才能從這些零散、腐爛的破碎資料中復原這些曾經鮮活的、輝煌的古代社會呢？

靜云老師 我以往在國外念書時，並沒有「考古學系」的概念，考古學課程和田野實習是歷史學系中必修的部分，一直到了研究所才有了考古學與歷史學等其他學科的劃分，所以在我們歷史系畢業的同學中，每一位都曾參與過考古發掘，沒有人不會讀考古報告。現今兩岸的歷史及考古教育的情況頗為奇怪：大部分所謂「歷史系」的同學對考古無所知，而所謂「考古／人類學系」的同學則對歷史脈絡的問題很陌生。

明立同學 我們的歷史學系還是有上考古學導論的。

學習解讀無字天書

梓浩同學 可你們主修歷史學的同學基本上都沒有田野發掘經驗。

明立同學 田野發掘有那麼重要嗎？

梓浩同學 我覺得相當重要，如果不是經歷過田野，大部分學考古的學生看考古報告都會覺得無趣，而且也看不懂。但經歷過那幾個月，考古報告上的線圖會在你閱讀報告時從書本中跳出來，就像看到實物一樣。

明立同學 有那麼誇張嗎？我看考古報告就覺得都好無聊。

柏熹同學 如果你去考古現場發掘幾個月，我保證你看到的東西一定會不一樣。（笑）

靜云老師 閱讀考古報告是基本功夫，歷史學系的同學一定要學習如何閱讀。范梓浩同學主修考古學，下面我們請他來介紹研讀考古報告的經驗。

梓浩同學 現在我們一般在研究中使用的考古資料，都是源於已發表的考古發掘報告。現行常見的考古報告體例分為五個部分：第一部分是所發掘遺址的基本情況，包括它所在地點的郡縣沿革、地理環境、地表景觀等概況。為了更容易理解，報告上一般會提供地圖，給我們看古人活動地方的海拔，附近有沒有山丘、岩石、河流、湖潭或沙漠。

> 考古報告內容組成與閱讀方法

無論研究任何主題，遺址所在的環境十分重要，如果我們要復原這個遺址先人的生活，那麼我們就無法抽離出這個情境。

第二部分是遺址的地層堆積情況，即考古層位的介紹。什麼是地層？請同學們

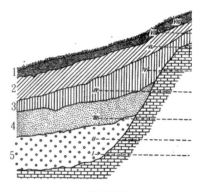

考古地層

看這張圖。大家如果去挖地，就可以發現在不同的深度土地的顏色、硬度、密度和成分會有所不同，這是自然環境和生物活動、人類行為變化所留下的痕跡，由風所帶來的沙粒、由水所帶來的泥土或各種生物的殘跡，都堆積在地面上，人類生活的遺物也堆積在裡邊。如果不發生變化，堆積的樣子差不多相同，但如果堆積的成分有變化，上一層的土地就會有些不同。比如說，你們看非常多樣的湖南玉蟾岩遺址，這是新石器時代早期，發現水稻穀的岩洞遺址。在圖上看的很清楚，從下至上有顏色不同幾處，這就是地層。在人類活動的遺址，地層用來指出不同的生活階段。按照這些地層分隔進行分期和斷代，從而幫助我們復原不同時代的生活情況。廣東省博物館教育網做了很清楚的圖，同學們看看，這就是用從下至上的地層關係來復原本地聚落的早晚情況。

詩螢同學　范梓浩騙人！我也在華南發掘過，怎麼可能有那

地層分析：湖南玉蟾岩新石器早期遺址的發掘現場

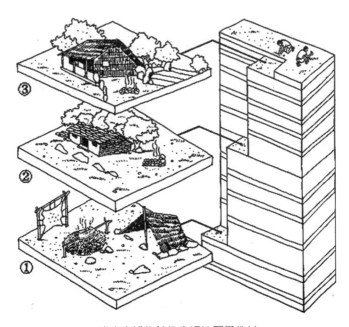

廣東省博物館教育網地層學教材

麼容易看的地層！長江流域的地層往往需要有長期在南方做田野的考古學家才能判斷出來，而且，他們也不是那麼容易地根據顏色就能判斷的。甚至，他們還說要「靠手感」呢！

梓浩同學　詩螢說得對。大家來看一下這張圖，不同地層並不是一條一條平齊堆積，實際情況沒那麼單純。在圖的右邊註記有 M、H 字母，這表達在這裡有墓葬和灰坑。灰坑或墓葬會挖得很深，所以有可能在灰坑或墓葬的填土中會有早期的遺物，所以要小心判斷，符合他們年代的地層在哪裡。

鈺珊同學　哈！我知道了，肯定是在上面的入口。

梓浩同學　對！所以考古學家一般會把墓葬、灰坑這些單位描述為「開口於某層下」，

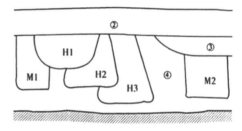

地層中的墓葬與灰坑

其實說的就是這個意思。此外，要注意區分坑裡和坑壁的東西，如果分不清楚，年代就會出現混亂的情況。另外，發掘的基本單位是探坑，探坑越小，則探坑的數量越多，可以觀察地層的探坑壁也越多。發掘現場的外貌就像左面的圖這樣：很多探坑，而發掘報告一定會提供探坑地圖和詳細的描述。就像右面的圖，這也是玉蟾岩遺址發掘的探坑圖。

　　探坑的地層、灰坑、房屋和墓葬等，這些都是發掘單位。

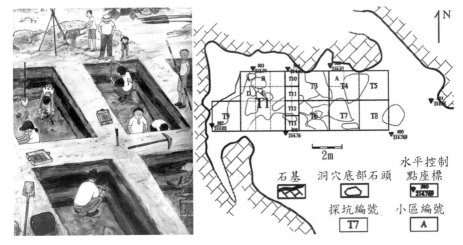

左：發掘探坑的現場　　　　右：報告裡玉蟾岩遺址的探坑圖

其中探坑是發掘技術的單位，而其他單位則已經是發掘者的認知成果。這就是考古報告應該要介紹的第三部分。第四部分是用類型學的方法介紹遺址出土的遺物；最後則是總結部分，一般包括了報告編寫者對遺址的基本認識，涉及相對年代的劃分，絕對年代的估計，特殊遺跡現象的判定，對獸骨和植物的鑒定，生態環境的討論，與其他遺址比較等等。

　　一本考古報告，就好像一個大型的資料庫。如果從不同的角度去挖掘這些資料，新奇有趣的成果便會層出不窮。但是，對於這麼龐大的一個資料庫，我們不可能像讀書一樣，一字一句讀完。我們要帶著問題看資料，仔細地觀察探坑位置、遺跡單位和出土遺物的情況，要不斷地作比較。另外，無論是遺跡圖還是器物圖，我們在讀考古報告時，都應該先看圖，再看文

字。這是因為考古報告中，圖片是較為客觀的資料，而文字描述則難免帶有主觀性。每個人的心靈中必定藏有獨特的知識結構，這與其所受的學術訓練與經歷相關。因此，兩件一模一樣的器物，在不同人的眼中，肯定有不一樣的視角，寫出來的文字也自然存在主觀的判斷。相比之下，由於考古繪圖是測量的結果，相對比較客觀，受繪圖者的主觀影響也較少。因此，我們必須先讀圖，再補讀文字，才能以較客觀的角度理解考古發掘成果。

古器物類
與考古學
難題

梓浩同學　當我們把器物圖還原到考古情境中，翻看任意一本發掘報告，我們不難發現，器物是按照「類、型、式」集中在一起的，相近器型的器物往往在同一張圖中，例如，A 型的陶瓶，一般都會放在同一張圖內。這就好比我們去參觀博物館庫房時，庫房內的藏品都是按照質地及器類來分類並集中儲藏。這樣的分類方法，能幫助我們一目了然地找到某一類器物，方便與其它遺址的同類器物間進行對比研究。

秀美同學　不好意思，學弟，打斷你一下，我本身發掘的經驗很少，也許因為如此，看發掘報告和考古理論的論文一直有些疑問。首先，分類的規則和標準經常不明，不僅是在不同的報告裡，甚至在同

一個報告裡分類的準則不一，讓我不瞭解器物的哪一部分才是關鍵所在。另外張光直先生在討論考古分類時，提出分類後可以認定器物的用途，但如何證明我們所認定的用途與當時人作器的目的吻合？例如，一件盤形器難道只有一種作用？壺、鼎、盆的作用也那麼固定？尤其是在不同的環境、不同的文化裡，形狀相近的器物在具體的用途上應該會有所不同。

梓浩同學 （冒汗）我們都是在多次閱讀報告後，腦海裡逐漸形成了一個印象。後來看見某種形制的器物時，腦海裡就會冒出名稱，例如盤、罐。但如果問有什麼規則和標準，似乎還真的沒有。

柏熹同學 這不夠科學啊。每種器物應該有一個標準，這樣大家才會有一個共同討論的基礎，不會自說自話。

⠿ Knowledge Station ·········

張光直（1931-2001）

是一位美籍華裔考古學家。1931 年生於北京，1954 年獲臺灣大學人類學學士學位，1960 年獲美國哈佛大學人類學博士學位，隨後於美國耶魯大學、哈佛大學執教數十年。其主要關注於商文明的研究及中國早期的考古學研究，對應的著名的研究成果為《商文明》與《中國古代考古學》。

立新老師 　秀美同學提出的問題是多年以來困擾考古學的難題！第一、器物類型沒有明確的標準，比如說：同樣一個器物，有的報告中稱為豆，有的稱為盤；第二、對器型用途的指定過於主觀，經常是用簡單的直觀來臆測，比如說：所有可以挖土的工具都稱為農具，難道挖土只能是為了耕地嗎？在中國考古學初期，考古資料等各方面資源仍十分有限的時候，這種劃分方法情有可原。但是隨著中國考古學數十年來的飛速發展，現在考古學的資料已經十分豐富多樣了，考古學界都知道方法上存在問題，但是仍習慣性地在既有軌道裡循環。實際上器物的用途需要作系統的研究，包括物質材料科學的檢測、民族學的結構性類比，精確控制各種變量的實驗，並從各方面瞭解遺址的聚落生活，從聚落生活的具體情境中去判斷器物的作用，才能進一步瞭解使用這些器物的人們和社會。這是中國考古學將來需要關注的方面。

梓浩同學 　其實我也想討論一下考古報告以「類型」分類器物的方法。當然，有得必有失，這種器物展示方式，也存在一些缺點。一般而言，考古層位學和類型學被認為是拉動中國考古學前進的兩個輪子。通過層位學和類型學的結合，我們可以研究出遺跡和器物的相對早晚關係。但是如果按照考古報告中的展示方式，則不容易知道某一遺跡單位出土的器物組合，那麼層位學和類型學也無用武之地。這時，把報告中同一單位的器物找出來，黏貼在一張硬卡片上，這就是我們常做的「卡

片」。通過做卡片，讓報告中的器物還原到考古現場的單位中，再根據考古層位學的疊壓打破關係，判定器物的相對年代早晚。總的來說，我們需要做的就是化整為零，再聚沙成塔，重新全面梳理報告中的資料。

不過近來出版的新報告中，似乎很多編寫報告的老師們都意識到，應該以遺跡為單位，全面公佈器物，這實在是造福了廣大的考古研究者，我們再也不用為看不到某單位的全部器物和出土情境而煩惱了。希望這一舉措能在今後的考古報告中廣泛地採用。

最後，在比較熟悉報告的內容資訊，並形成了一些自己的認識後，我們才去看總結部分，看看整理者的心得體會，看看是否會有「英雄所見略同」的巧合，又或者觀點是否會有衝突，有時同一篇報告中不會有觀點衝突，但也許在其它相關的報告，或者在相關考古資料的研究中，我們可以見到不同的觀點。其實最好的結果是觀點存在相互衝突，因為衝突中很容易會迸發出學術的火花，所謂「一石激起千層浪」，一個新的研究課題便可以放在心中慢慢醞釀了。

靜云老師　剛才梓浩同學跟大家分享了他閱讀和使用考古報告的經驗和一些想法。我想特別強調一點，閱讀考古報告的時候，絕對要像小孩子看書一樣，先看圖、不看文字。只有對圖已經很熟悉之後，再選擇翻閱文字的部份。有時候如果發掘、整理和研究的經驗豐富，很多描述性的文字都可以忽略，如果

有機會也最好直接到工地上看現場，或者去庫房中看實物標本。

實物是一手資料，圖是次於實物的一手資料；但對器物的描述則或多或少含有執筆者的主觀角度。如果看現場，看實物，則需要有問題意識，有時空背景的思考，這需要我們去湖南考察的時候再慢慢學習。

土文與書文，相左或相吻合？

從「堯舜之國在何處」說起

靜云老師 接下來我想講一個研究實例，以此說明怎樣破解文獻的密碼，文獻和考古如何結合來進行歷史學研究。大家在聽的過程中有任何問題都可以馬上提出來。

嗯，如果暫時沒有問題，那我就先接著講。考古資料表明，從距今 5500 年以來，在長江中游兩湖地區有被稱為屈家嶺—石家河文化（這些考古學文化名稱的命名，一般以最早發現這種文化的小地名為準則）。這一時空的社會生活奠基於發達的稻作、多樣的農產、畜養和各種手工技術，包括織布、製陶、冶煉等；長江中游的社會分化、經濟專業化與

交易的發展，從時代更早的「前古國」的階段已開始快速興起；再經過總體化的發展、日益成熟的共同的精神文化體系，而折射出一個以神廟為權威的古國社會，並有逐步發展成大王國的趨勢。而且，這一區域擁有結成合作網絡的城址群，其數量之多、規模之大、時間之早，在中國之內，沒有任何一個區域可與之比擬。我把它稱為「雲夢澤蘇美」，因為這是中國大地上最早文明化而國家化的社會，而且其流域交通、城邦關係，以及生計的管理模式，社會的組織形式等都與兩河流域的蘇美文明相似。

讓人奇怪的是，如此龐大的國家網絡，在傳統文獻的記載中，我們似乎找不到一絲一毫的描述。一般而言，早期的神話應只能源自較為發達的文明，而在歷史長河傳承的路途中，就像螻殼堆積而黏在船上，不同文化與勢力的認知和目標往往是覆蓋故事的外貌，我們很難復原它堆積之下的原型。例如：三皇五帝和禹湯等歷史神話英雄後來被整合成「天下一元史」。在細察之下，我發現這些遠古故事和英雄之間，可能有大部分是源於長江中游。但是因為按照實際發生的歷史，以殷周秦政權為代表的北方族群，在千年的對鬥中打敗了南方古老文明，因此自身缺乏本土遠古歷史的北方族群，剽竊了南方的神話並傳給後世。擁有先進的戰爭技術的族群，戰勝文化發達的古國，這在歷史上極為常見。他們不僅掌握了古國領土和資源，同時還奪走他們原有的文明成就和英雄故事。世界史的普遍規

律「勝者為王，敗者為寇」，於是，失敗者的輝煌神史搖身一變，成為勝利者的榮譽神史。長期以來，我們都被周秦漢意識形態欺騙了，實際上，考古資料所反映的屈家嶺－石家河文化是顓頊、堯舜、夏禹的國家，而且湯商的國家也是在長江中游地區興起的。

明立同學 老師，這樣我們不就永遠不能通過文獻尋得歷史的真相了嗎？如果是這樣，也太可惜了吧！

靜云老師 為什麼不能？如果我們不輕信，不盲目相信文獻，而是對文獻加以分析，我們就能夠看到很多有趣的事實。雖然北方統治者盡力掩飾，並多番掃除南方文明的痕跡，但一些傳世文獻中仍然存有南方文明昔日榮光的絲絲痕跡，這些痕跡都很難用以北方為代表的正統一元史觀來理解。比如：舜在《楚辭》裡被稱為「湘君」，如果按照

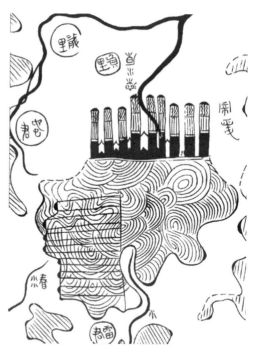

馬王堆三號漢墓《地形圖》（局部）

我們傳統的觀念，就很難理解舜為何以湘為號，卻統治著黃河流域，作北方文化的聖王？但如果我們將舜的原型理解為長江中游的英雄，一切都會變得很自然。因此就可以解釋考古資料提出的疑問，「雲夢澤蘇美」很有可能是虞舜之國。

詩螢同學 老師，我發現不僅是文獻中合併了很多不同的文化傳統，而且很多禮器的造型，例如安陽殷墟的禮器，當中也蘊含很多不同來源的形象因素。

靜云老師 是的，這些不同的形象，顯然是許多不同信仰觀念的混合。總的來說，在研究中國上古史時，應該從考古學的一手資料開始研究，全面收集考古資料後，以考古資料來破譯文獻中的密碼，並結合二者來研究中國上古史。

甲同學 可是您說的這些都和我們既有的看法不合啊，例如韓建業先生認為長江中游是三苗所在地，這些學者的研究應該是有道理的。再說了，《史記》中說舜是冀州人呢。

詩螢同學 傳統看法又不代表史實，既說冀州又說永州和長沙，文獻就是這樣，而這些地名是不是現在的地名呢？而且，同名的地方也很多，所以一定要上廖幼華老師的歷史地理課，歷史地理並不是只依靠地名。《史記》中提到：始皇出遊時到雲夢而後去望祀虞舜於九嶷山，而九嶷山就是在湖南。如果舜是河北冀州的人，那他為什麼要葬在湖南的九嶷山？以古人的觀念，如果舜在北方出生，在北方生活，當然是要葬在北方，為什麼要後人把他葬那麼遠？蔣介石難道很想葬在臺灣的慈

湖，而不是故鄉奉化溪口？（同學們大笑）

立新老師　這些都涉及到族群起源的記憶和傳說。其實，幾乎每一個民族、每一個國家都有自己的起源故事。諸如早期國家與文明起源及其發展演變的歷史或神話故事，對於群體身份認同、政治道統與社會秩序的建立，有著極為重要的作用，也經常被意識形態化。因此對這類話題的關注和討論遠非只是近現代以來研究者的專利，而是由來已久、源遠流長，以至於今天能夠瞭解到的起源故事，大多已經是經過長期的、各種有意或無意的加工與再創造，層累地造就早已遠離歷史的真相。

在現代考古學出現之前的長達四、五千年的多國存在的歷史過程中，中國人所能瞭解到的上古知識，都源自傳世經典文獻。這些文獻史料大體定型於戰國秦漢之際，往前延伸到西周晚期，往後下延到東漢以後。如何看待這些傳世文獻？它們產生於什麼時代？所記內容是否真實可信？圍繞這些問題，人們很早就對傳世文獻進行考證，清代考據學的發展，更是將先秦傳世文獻之間的互補考證工作推向一個高峰。在二十世紀初西學東漸的風氣和五四新文化運動的氛圍下，疑古與信古的爭論應運而生，這對現代中國上古史研究的學科走向發生重大影響。疑古派看到了上古歷史傳說之神話性的一面，而信古派則看到了上古歷史文獻所包含的歷史真實性。在疑古派代表顧頡剛先生看來，歷史上存在過一個長期對文獻所載古代史進行系統造偽的過程，所以要破除對經典的迷信，要對古書進行辯

::: **Knowledge Station** ·············

乾嘉學派

考據學,又稱樸學,濫觴於明末清初而大盛於
乾嘉時代。其治學的根本方法,在於「實事求
是」、「無證不信」。研究範圍以經學為中心,
衍及小學、音韻、金石、校勘等等。主要代表
人物包括惠棟、戴震、段玉裁、王引之、王念
孫等。

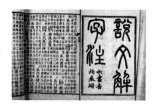

···

信古、疑
古與「二
重證據
法」的要
點

偽,提出古史研究要打破「民族出於一元」、「地
域向來一統」的觀念,打破「古代為黃金世界」的
觀念。

俊偉同學 其實顧頡剛認為大禹是南方人,夏國也
是在長江流域。

立新老師 是呀,他實在有洞見力!那時代的學者
有很好的文獻基礎及經學的辨偽訓練,而且求知欲
望很強,所以往往在學術上能有創見和突破。可惜
的是,二十世紀初的中國正好處於帝國崩潰、國家
積弱、民族國家重建的關鍵時期,社會急需用古史
的輝煌來重建國人的信心。疑古派的這些真知灼見,
除了古書辯偽工作一脈相承而屢有建樹外,其它主

張則大多在信古的意識形態中、在走出疑古時代的呼籲中、在釋古的具體實踐中，被擱置於一旁。

而且，甲骨文的發現和解讀、殷墟的發現和發掘，對上古史研究和中國考古學的走向有很大影響：信古重新成為主流，考古學被定位為提供歷史研究史料的輔助學科。新史學的開拓者王國維，在 1917 年用殷墟出土的甲骨考證《史記・殷本紀》，證實所記載的商王世系基本可信。這件事給後世留下兩項重要遺產：一是提升了國人認定文獻所載「三代歷史」為信史的信心，二是他倡導的地下出土文獻與傳世書兩種史料相結合的二

∷ **Knowledge Station** · · · · · · · · ·

甲骨文

殷商占卜後在卜骨上留占卜記錄，一般占卜用龜甲、黃牛肩胛骨，極少數發現用水牛骨、鹿骨和虎骨。

黃牛肩胛骨　　　　龜甲　　　　　鹿頭骨　　　　　虎骨

重證據法大行其道。隨後也影響到考古學，因此，後來二重證據法演變成一切地下出土的資料與紙上文獻資料的相結合。

俊偉同學 其實甲骨文上的王譜與《殷本紀》的記載並不完全相同。此外，《殷本紀》所載的很多故事在甲骨文找不到痕跡，而甲骨文可以看到的記載卻沒有在《史記》中出現。雖然二者有同，但同中更多差異。

靜云老師 俊偉剛才說到重點。事實上，殷人留下來的王譜與《殷本紀》相似，並不等於《殷本紀》中記載的歷史沒有後世編撰的成分。當然，文獻不是憑空而來，它們都是基於真實的文化記憶，但同時又包含許多複雜的層面。中國歷史上曾經有商，曾經有夏，這毋庸懷疑，但這並不意味著看《史記》就能瞭解夏商的史實。其實王國維表達得很清楚：用地下史料補正紙上的史料（傳世文獻），析辨文獻哪些部分符合史實。但是後期「二重證據法」的使用者把王國維的「補正」，基本上讀為「補證」，把考古資料附會書籍所言，實與王國維原來的意思背道而弛。

立新老師 確實有這樣的情況，在夏商研究方面，一些學者是以文獻為主導，用考古資料與之相配。許宏先生曾指出他們的學術論證與認識的演繹過程：

> 既然商代歷史和《史記·殷本紀》中的商王世系已為安陽殷墟發掘和甲骨文所證實，人們就有理由相信《史記·夏本紀》中夏代世系也非虛構；這成為熟諳

中國歷史、文化的國學研究者的共同信念，而且認定「非虛構即符合史實」。因此，只要認定文獻可信且夏是真實存在的，那麼就可以依據文獻所載夏的活動範圍找到夏的遺址。雖然傳世文獻並沒有具體指出夏在何處，但因後代國家的中央地點，影響了後人對先秦傳世文獻的認識，將「夏」視為最早的以洛陽為中心的「中原」王朝，於是在這一地區發現時間約莫相當於夏時期的遺址，就被認定應該是夏文化。

在這種背景下，靠近洛陽發現二里頭小城就立刻被認定為「夏都」，而且這個「大都」居然還能「無城」，實在是一個笑話。之後在鄭州、偃師發現城址，就依據同樣的邏輯被認定為早商都邑。這樣的觀點已寫進今日的教科書，深入人心，根深蒂固，成為中國人集體潛意識中的歷史「情結」和定見。

「二重證據法」看起來似乎是一種美好的古史解決方案，我也曾深以為然。但是在其背後，很少有人深入思考，所謂考古資料與文獻資料配合使用與補正，這裡面誰才是第一手的主證資料，而誰是經過後人加工，並帶有後人意識形態痕跡，而只能居於次要位置的二手資料？如果依靠文獻的權威性來解讀一手史料，以神話為主、實物為輔，這樣只能使中國上古史研究變得類似於西亞的聖經考古：

用考古發現來印證古史記載的正確性，

並依靠現代人的想像力來視覺化神話的內容。

梓浩同學 （笑）孫隆基老師也經常說「聖經考古」，原來中國史的問題離世界史並不遠。

立新老師 考古學家經常要處理大量物質性資料，但卻不能僅僅是「以物說物」，而要以「以物說人」，追求瞭解社會生活乃至思想觀念，從物到人，這表現出急劇上升的難度。追求以物說人的時候，有兩種基本的態度。其一，事實第一，經驗和感知優先（包括科學分析結果），「有幾分資料說幾分話」，隨著討論主題的不確性提高，所能說的也就越來越少；另一種態度則強調邏輯實證，認為個人經驗是靠不住的，需要引入系統性思考方式，再加上足夠多的參照系統。借助偵探式的研究方法，並通過研究者同情式的理解，往往會產生很有意思、出乎意料的成果。但是，考古遺址只是過去人類行為的極不完整的記錄與反映，留下的實物資料極不完整，能被今人發現和發掘並記錄下來，也只是偶然事件，要從這樣零散的實物資料來理解那個社會，是一個很大的挑戰，但卻也是很有意思的偵探過程。

靜云老師 考古資料是從古代無意中留下來的，一般情況下，不會帶有古人刻意為後世留下來的假貌，更加不用說考古資料會像文獻經歷後人的改用與偽造。所以，考古發掘是直接接觸到古人生活的途徑。但是考古資料經常缺乏類似文字的自我介紹，它包涵的含義也比較朦朧、含混和多樣，具有很多不同的解釋維度，因此需要經過多次判斷、互補參照、嘗試復

原，且很難用肯定的口氣說話。文獻反而記載得很肯定，直接告訴我們發生過什麼事，並且介紹事件中不同人的角色；但問題是，文獻所載是否真的發生？而且是否就是按照文獻敘述的樣子發生過？參與人的角色是否本來就如此？透過考古學與文獻學相配的方法，我們要試圖走出迷宮，集中一切理性與感性的能力，不被個別互相衝突與矛盾的表象所迷惑，而追求聽到所有資料合唱時的音調。

「中心」與「邊緣」不固定而且歷來有變遷

立新老師 可惜，現在的田野考古遠遠還不夠審慎和仔細，而且主要的考古力量和資源更多地投向被認定的「歷代國家中心」地區。以往很少考慮，對於夏商來說，後世的都城地區其實也未必是真實的國家中心。那時的文化中心區在哪裡，本來就是個需要討論的話題。實際上，當考古資料累積到一定程度時，多做一些回頭看的工作，多對現有知識體系進行重新檢視與再思，甚至再造，這樣對於及時矯正累積起來的認知偏差，是非常必要的。

靜云老師 那時候不僅僅只有一個國家。

立新老師 對。

柏熹同學 確實如此，河南陝西的發掘密密麻麻的，但湖南、湖北，或一些邊疆地區，考古工作卻相對少很多。

詩螢同學　什麼叫「邊疆地區」？湖南、湖北就在中國的正中點！中國以武漢為地理中央。我毫不懷疑，草原馬賊進來之前，商國家的中心區就靠近武漢。

柏熹同學　對不起，說錯了，我自己在湖北參加過發掘，我清楚知道這並不是「邊緣」的文化，但是現在考古界確實奇怪地把湖北看成邊疆區。

立新老師　柏熹說得對。周秦漢唐宋時代，中國的政治中心一直位於關中和鄭洛，而兩湖地區一直都是難以掌控的楚地，史書是由歷代史官編撰的，把漢帝國在地理上的意識形態，及後人對先秦時期中央的認識，投射到國族歷史的撰寫。早年為了解決上古史研究中的懸疑而引入中國的考古學，因此最主要的發掘工作便在今天的鄭洛地區開展，於是中國新石器至三代考古學文化序列，在被視為「中原」的鄭洛及周邊地區最先建立起來：從所謂仰韶文化到所謂龍山文化，再到二里頭、二里崗文化和殷墟。這些考古學文化得到最先、最充分的發掘和研究，並成為全中國相應時代考古資料藉以比較和分析、定位和定性的標準。這種發展脈絡無形中在考古學科建構了一個以中原為中心的一元中國史，並且將「中原」限定以鄭州、洛陽為中心。

　　雖然，近幾十年來在長江流域、長城燕山地帶等地區的大量考古發現，特別是一大批早期城址、大型聚落和墓葬的發現，使新石器時代、銅石並用時代的考古學研究得以突破傳統

中國歷史與文化以鄭洛中原為中心的固有觀念與局限。因此蘇秉琦先生提出「中國文明起源滿天星斗說」，這說明最近一、二十年，至少在三代以前的研究領域，大家對於中國文明源頭的多樣性已有共識。但是，以鄭洛「中原」為中心的王朝觀念和一元歷史進程，仍主導著所謂「三代考古」和歷史研究。早期的多元和三代的一體似乎變成一種新的教條。

此外，考古類型學是考古界最經常使用的研究方法。這種方法通過探討同類器物或遺址之間的演化邏輯，藉以確定相對年代的早晚關係。從理論上講，如果沒有地層學依據作參考，器物演化邏輯是完全可以顛倒的，即在一種視角下被視為最早的，但在另一種視角下或可被看成是最晚的。

在三代研究中，有一種危險的傾向：大家動輒將考古資料對號入座鄭洛地區的出土物，再以鄭洛中原為中心，認定相似的文化因素一定在鄭洛中原最早出現；而在鄭洛中原地區，在一元史觀主導下，許多學者一定要將可能同時並存的多元主體納入到先後有別的單線歷史框架中。這使得考古區系類型學研究，特別是年代學研究所得出的結論，經常帶有意識形態和先定論色彩：將鄭洛中原地區考古遺址的相對年代定得早，而基於從「中心」至「邊緣」傳播的結果，人為主觀地將周邊地區同類遺址的相對年代主動拉晚以配合中原中心觀。可是這種年代學結論經常與碳十四 (C^{14}) 測年數據互相抵觸。在這種情況下，考古學界普遍更傾向相信類型學所做的年代分析，而無視

⣿ Knowledge Station ●●●●●●●●●

碳十四測年

碳十四測年與樹輪校正是考古學最常用也最重要的絕對年代測年技術。植物通過光合作用吸收環境中的碳十四，並通過食物鏈進入動物體內，使活著的動植物體內碳十四與環境中的碳十四比度一致。生物一旦死亡，碳十四就不再進入生物體內。從此開始，機體內碳十四按放射性元素衰變規律，每5730年衰減一半。這樣通過計算樣本中殘存碳十四的比度，就可以計算出機體死亡時間。由於大氣中的碳十四比度會隨時間波動，所以，考古學家往往還需要運用樹輪資料庫來對測年結果進行校正，這樣才可以獲得較準確的日曆年代。

●●●●●●●●●●●●●●●●●●●●●●●●●●●●●●●●●●

通過科學方法測定的碳十四年代；或選擇性應用碳十四年代或簡單否定之，而非深入討論碳十四年代的局限性、應用範圍，以及應用規則等。

　　反思當前中國上古史研究的成果和普遍認識，我們可以在其中發現一些內在的矛盾，一些流行的認識有悖於常識。如，一般將鄭洛地區二里頭文化視為夏，同一地區時代略晚的二里崗文化視為早商，而安陽殷墟視為晚商。殷墟的定位是沒有問

題的，但是前兩者問題很大。實際上，二里頭和二里崗之間具有很大的同構性，考古學家為將夏商分界劃在哪一期而爭訟不已，但為何一定要將這種高度同質的文化區分為夏和商兩種不同的文化呢？同時，它們與殷墟資料之間卻相當異質，殷墟似乎突然出現在那裡，很難將其與二里崗視為同一國家。這一問題靜云老師在《夏商周：從神話到史實》討論得很詳細，建議同學們好好看一下。

器物類型或測年數據誰優先？（學生爭議起來）

乙同學　相比起碳十四測年結果，我更相信器物組合在同一單位內共存這種層位學證據。

梓浩同學　首先，器物組合共存在同一單位中這類明確的層位學共時性證據，恐怕隨著空間距離的增大失效，若在跨區域研究中，我們在兩區域的中心地帶找到層位學的器物共存證據，也不可輕易判定甲文化某期的器物組合與乙文化某期的器物組合共時的結論。

乙同學　為什麼不可以？都已經在一個單位中共存了，這還不能說明甲文化的某期與乙文化的某期共時啊？

梓浩同學　當然不可以。因為類型學沒辦法告訴我們從甲、乙的文化核心區傳播至它們有所交集的邊緣區究竟花費了多少時間，自然不能認為它們共時。

::: Knowledge Station ············

文化傳播

這個概念描述物質特徵從一種文化向另一種文化的傳遞，在此過程中接受該特徵的文化可能會因此發生改變。例如發源於美國的肯德基速食文化，在中國也可以見到一樣的「吮指原味雞」，但中國的肯德基還能吃到米飯。傳播論往往與「文化歷史」的解釋框架緊密相連，考古學文化被視為人群或者族群，考古學文化的變化是文化從中心向外傳播的結果。

··

再說了，我們很難找到跨區域文化傳播的共存單位，否則就不會有那麼多報告濫用橫聯法，常有「因本地甲文化期的某一器物與外地乙文化期的某一器物相似，故推測甲、乙文化同時」的結論。

乙同學 ▶ 陶器本身是一種對時間比較敏感的器物，年代差不了多少的。

梓浩同學 ▶ 陶器對時間的敏感性表現在特定的地點，例如廣州偏好做 AI 式的黑陶壺，這類器物的時間敏感性，主要表現在廣州這個地點；可能在 50 年後，偏好製作 AII 式的黑陶壺時，AI 式的黑陶壺很快就越來越少了。而不是指武漢出現了 AI 式陶壺時，肯定和廣州出現 AI 式陶壺共時。因為武漢也許處在文化傳播的邊緣，在剛開始接觸到 AI 式的陶壺製作時，廣州可能已經發展為製作 AII 式陶壺。那麼，在這一時間點，武漢的一個灰坑中出土了廣州的 AI 式黑陶壺與鄭州的 BI 式彩

陶盤，我們難道能說 AI 式黑陶壺所代表的文化段，與 BI 式彩陶盤的文化段同期？

乙同學 這就是我們考古學的局限性，我們所說的「同期」，並不是絕對的同時。

梓浩同學 當然不可能是絕對的同時，但是我覺得我們可以正視這個局限性，借助碳十四測年數據，中國考古學的年代學研究便能更上一層樓。實際上碳十四的測年結果並非不可靠，只不過一直以來大家都只認識到相對年代的重要性，甚至在跨區域研究時，即使沒有共存單位的證據，還以甲文化期的某器物與乙文化期的某器物相似，得出甲、乙共時的結論，造成在碳十四數據與這種方法得出的結論相悖時，卻主觀地隨意認為碳十四數據是錯誤的。然而隨著測年技術的進步，現在的碳十四測年資料的誤差較小，已經十分可靠了。因此不可以主觀地漠視碳十四數據。

柏熹同學 國際上，年代學研究一般不會只看一種方法的成果，通常會結合相對年代與絕對年代的成果。中國現在所謂的結合絕對年代，只是用絕對年代來看一看相對年代的絕對起始，而不把絕對年代作為相對年代的檢驗，更不會把絕對年代作為年代學研究的主軸。我覺得這種只看重相對年代的年代學研究，完全表明了中國考古學還是太年輕了。

時空旅途計畫

立新老師 我們上課的流程基本上如下：每周講一個主題，由湖南考古所提供參考書目，在此基礎上師生一起準備下一次的課程，老師們也會補充一些推薦閱讀的資料。師生都要事先閱讀，並且每一個主題都會安排一位老師或同學作主題報告，引領大家進行討論。

鈺珊同學 如何決定每堂課的主講人和講題呢？我希望報告自己比較有興趣的題目，而不是被指定。

立新老師 當然按照學生自己的願望，並儘量符合同學們的專長和將來要做的碩、博士論文。例如：江俊偉同學專長為歷史地理，所以請他準備下次上課報告，介紹湖南地理與歷史的基本情況，怎麼樣？

俊偉同學 好。

立新老師 通過課堂報告討論，學生準備期末報告，在前往田野考察前，我們會安排正式的討論，請師生都發表論文和互相評論，不僅老師會評論學生，學生也將評論老師。最後希望這堂課的報告，會發展成完整的碩士論文或作為碩、博士論文的一部分，至少可以成為有價值的文章，並發表於正式學術期刊。這次上課我們不是普通的師生關係，也不只是單方面的「施」與「受」；老師們在學習新知，學生們也可以補充老師

所不知的專業知識，所以我們不是師生，而是同事，共同推進
討論。

挖土後再析治學方法（課後感想）

梓浩同學

　　我是第一次參加這樣的討論課。以往習慣了接受填鴨式的
教育，長期下來，我竟越來越甘願當一隻「填鴨」，而且當得
越來越優雅！直到兩位郭老師開設這門課，我才重新找回批判
性思考的大腦。就在這第一次導論課上，師生之間竟發生了激
烈的討論。而且，在這樣激烈的相互討論中，我能更進一步地
理解其他討論同伴的思想，因此也促進了我個人對於中國上古
史及中國考古學的思考。

　　中國考古學對於某件器物的功能研究，由來已久。在很長
一段時間裡，中國考古學對器物的功能研究，始終脫離不了研
究者個人主觀的直接經驗，也脫離不了從主觀的角度去比附歷
史文獻中的字句。聯繫歷史文獻本身並沒有錯，畢竟中華文明
延續了數千年，其各時期的經濟、政治、思想和社會均可從文
獻這部密碼中解譯後重構。因此，這些歷史文獻也就算是中華
文明之瑰寶，同時也是中國考古學研究能立於世界的其中一個
「武功秘籍」。

然而，目前的中國考古學不但沒有很好地利用文獻這個祕籍，反而是深受其累，被喻為中國考古學有「歷史的編纂癖」。這是作何解呢？

　　首先，從最為宏觀的角度來看，目前主導中國考古學的主流研究，仍是以建立時空框架為目的的文化歷史主義的研究。我們都知道歷史最為重視的就是時間和空間概念，這是歷史的基本框架。但是，如果只見框架，不見血肉，這樣的歷史將會乾癟而又瘦骨嶙峋。因此，除了編撰歷史的文化歷史主義外，中國考古學還應以更多樣、更豐富的研究方式湧現，才能使中國考古學研究不僅有日漸完整的骨架，還有架構在骨架之上的豐滿的血肉。

　　然而現在許多論文的研究方法仍是一成不變地沿襲數十年來老一輩中國考古學家所開創的譜系研究方法。由於這套方法已經「看似」十分成熟，所以不少青年學生直接運用譜系研究方法去梳理一批資料，乖乖地把論文整理出來，然後就可以獲得一個個碩士或博士學位。的確，對於趨利避害的人類本質來說，運用前人的方法來處理一批新文獻資料，這是最省力氣的，不失為一個有「效率」地獲得學位的方法。但是，這樣的碩士、博士論文，大概只能算是二流、三流的論文吧。什麼才是一流的論文呢？我覺得是要通考所有可用之資料，根據所研究問題的性質，搭配不同的研究方法，盡量避免所有先入為主的意識形態偏見或理論偏見，以追尋歷史真相為最大目標，而

不是人云亦云，隨波逐流。只有這樣的論文，才會有真正的學術價值，才能真正推動學術的進步。

　　其次，這種歷史編纂的癖好還表現在對歷史文獻的情有獨鍾。不過前述已經提及，運用歷史文獻來做考古學研究，並沒有什麼不對，而且，這也應該是中國考古學立足世界的一大優勢。然而，對歷史文獻的運用，存在如何正確使用的問題。究竟我們應該怎樣看待歷史文獻呢？在後現代史學的流行話語下，我們不妨也把所有的歷史文獻都看作是文本。文本作為一個意符，它所意指的，當然不是絕對的客觀事實，它是一種被密碼化的語言，裡面夾雜著真實的描述，夾雜著虛構的想像，蘊含著國家大一統建構的思想，寄寓了文本作者的主觀情感。古人云：「盡信書，不如無書。」因此，我們運用歷史文獻做研究，一定要對歷史文獻做解碼的工作。那麼，啟動這部文獻譯碼機的「密碼表」是什麼呢？從邏輯上說，地下發掘出土的一手考古資料應該是最有價值的。

　　但是，這個邏輯應該怎麼演繹呢？地下出土資料，由於有明確的層位關係，有明確的空間分佈，所以是古代人類社會生活的直接反應。而歷史文獻，則是摻雜了各種因素的、主觀色彩濃厚的文本。因此，對歷史文獻的證實或證偽，都應基於考古資料，應該認為考古資料具有歷史的原真性，而不是懷疑考古資料。例如，在對周代用鼎制度的經典研究中，當春秋戰國時期的士大夫級別墓葬中的用鼎數目與文獻記載不一時，則會

考古資料與傳世文獻如何相衡？

得出「此時社會混亂，禮崩樂壞，僭越之風尤盛」的結論。實際上，即使檢視兩周時期墓葬的資料，我們也可以發現，各地、各時期對於用鼎的意義，會有不一樣的理解。就如英國考古學家伊恩・霍德（Ian Hodder）在肯亞對葫蘆形器做的研究一樣，隨著時間的變化、情境的變化，葫蘆形器上裝飾的意義也會有所不同。因此，在研究器物的功能、意義時，一切需要以時間、空間為轉移，以情境而變化，並非千篇一律的「天子九鼎」。如果考古資料違背了這條文獻，也並非絕對是指對禮制的僭越。當考古資料與文獻出現矛盾時，考古學家就需要思考，究竟怎樣去解密這種情況，而且不能從直觀經驗得出結論，必需在全面收集文獻資料的情況下，加以論證，考察其脈絡。

總的來說，只有考古資料才是第一手資料，而歷史文獻則是「文本」，與編撰者的主觀因素相關，所以可以用歷史文獻來闡釋考古資料（當二者相符時），但絕不能以歷史文獻為主，否認考古資料（當二者相悖時）。

讀不完的書（推薦閱讀）

考古與歷史理論與方法：

科林·倫福儒，保羅·巴恩，陳淳譯，《考古學理論、方法與實踐》（第六版），
　　上海：上海古籍出版社，2015 年。

科林·倫福儒，保羅·巴恩主編，陳勝前譯，《考古學關鍵概念》，北京：中國
　　人民大學出版社，2012 年。

張忠培，《中國考古學：走近歷史真實之道》，北京：科學出版社，2004 年。

張光直，《考古學專題六講》，北京：生活·讀書·新知三聯書店，2010 年。

郭靜云，〈學術由問題始，「學科」不過是方法〉《中國社會科學報》2013
　　年 12 月 30 日。

郭靜云，〈「三皇五帝」和「六帝」概念為哲學範疇的意義〉，《史林》
　　2017 年第 1 期，頁 42 － 52。

郭靜云，〈古史研究主題、史料及方法芻議〉，《學術研究》2016 年第 9
　　期，頁 117 － 128。

〈對話：走出「疑古」還是將「疑古」進行到底〉（上）《光明日報》2006 年
　　11 月 28 日。

許宏，〈高度與情結：夏鼐關於夏商文化問題的思想軌跡〉，《南方文物》
　　2010 年第 2 期。

長江中游考古與歷史意義：

郭立新，《長江中游地區初期社會複雜化研究（4300B.C. － 2000B.C）》，
　　上海：上海古籍出版社，2005 年。

郭立新，〈長江中游是東亞稻作原生文明的發祥地〉，《三峽大學學報（人文

社會科學版）》2014 年第 5 期，頁 1 － 9。

郭靜云，《夏商周：從神話到史實》，上海：上海古籍出版社，2013 年。

劉俊男，《長江中游地區文明進程研究》，北京：科學出版社，2014 年。

郭偉民，《新石器時代澧陽平原與漢東地區的文化和社會》，北京：文物出版
　　社，2010 年。

孟華平，《長江中游史前文化結構》，武漢：長江文藝出版社，1997 年。

閱讀文獻的方法：

郭靜云，《親仁與天命：從〈緇衣〉看先秦儒學轉化成「經」》，臺北：萬卷
　　樓圖書，2010 年。

郭靜云，〈先秦竹書與萬世之經〉，《傳統中國研究集刊》第九、十輯，
　　2012 年，頁 138 － 149。

榮新江，《學術訓練與學術規範》，北京：北京大學出版社，2011 年。

第二場
展開時空旅行的地圖

先民開拓湖南地區

靜云老師　時空是歷史研究最重要的舞臺背景，今天俊偉同學就帶我們來領略湖南的空間舞臺，以及從舊石器時代至商周時期文化發展概況。

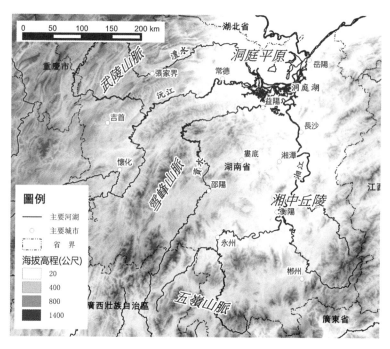

湖南地區地形圖

古人的活動舞臺

俊偉同學 我先跟大家介紹一下湖南的地形和地貌。湖南位於長江中游南岸地區，因全省大部分面積位於洞庭湖以南，故稱湖南，亦因以湘江為主幹河而簡稱為湘。湖南的地貌很有趣，大家看圖，看起來就像是一個三面環山，朝北開口的馬蹄形盆地。西面是武陵山脈和雪峰山脈，南面是南嶺，東面是湘贛邊界諸山，包圍著湘中丘陵和洞庭湖平原。

秀美同學 不好意思，學長，因為我不太熟悉湖南的情況，所以想請你再具體講一下山脈的具體情況，這個馬蹄形的山脈帶，會把湖南和其它省區隔絕開嗎？

俊偉同學 除了雪峰山脈北段海拔在 500 至 1000 公尺左右，這些山脈的海拔大多在 1000 公尺以上。但即使山脈海拔較高，古人的文化交流還是不可能被隔絕的。一方面，是因為各個山脈中間還是有一些缺口的，這些缺口通常就是重要的文化交流通道。另一方面，我們不能忽視古代山區獵民活動範圍的廣大，他們常常帶著文化的基因到處散播呢！

立新老師 關於俊偉提到的這一點，我想補充一下。我們在很多民族誌資料中可以得知，獵民的活動範圍是非常廣大的，例如美國考古學家賓佛研究的努那繆提人（the Nunamiut Eskimos），他們數個家庭居住的核心區域可以擴展至 5400 平方公里，而從中心營地出發，所走過的範圍可以達到 25000 平

⋮⋮ Knowledge Station ⋯⋯⋯⋯⋯⋯⋯

賓佛（1931-2011）Lewis Robert Binford

考古學家

於 1960 年代舉起新考古學的大旗，向文化歷史主義的
研究傳統發起衝擊。他主張藉由物質材料科學、實驗考
古學、民族考古學解釋古代人類對生態環境的適應策
略。同時，考古學家應該把文化視作一個系統來研究，
其內部的技術、社會與精神系統相互關聯，相互影響。

方公里。這是什麼概念呢？臺灣的面積是 36000 平方公里，那
你們可以大概想像一下了。絕大部分的狩獵採集者的活動範圍
都很大，而湘贛邊界山脈有很多東西向的缺口或通道，還有湘
中並不高聳的丘陵山地以及東西向的南嶺山脈，都給予狩獵採
集者在湖南中南部進行東西向活動的廣闊空間。所以，長江中
下游的山區從舊石器時代開始有一些共同的游獵文化背景，這
即是湖南考古所所長郭偉民先生所稱為「南嶺中心帶」。

靜云老師 我很喜歡他這種說法。採集人群的流動性高，透
迤的山谷走廊、溪河之蜘蛛網式交通，都是石器時代採集者們
維繫生存命脈的路徑。在這些地區不斷地遷移採集和四處遷
徙、營居的人群們，可能會在幾年內從湘西的武陵山、雪峰山
脈移居到湘東的武夷、懷玉、仙霞山脈，這便是地域廣闊範圍
內出現大體相似文化的時代背景。

秀美同學　沒想到山脈地形有這樣的影響。但現實確實可以想見，山區的空間曲折，山間小徑蜿蜒，似乎沒有出發點，也沒有目的地，如果氣候相同，可以一直走，沿路狩獵小動物，採集根莖、果實、香菇，能夠生活資源無虞……

俊偉同學　接下來我介紹一下湖南地區的水文概況。湖南地區主要分為湘、資、沅、澧四大水系，洞庭湖平原正是由洞庭湖與湘、資、沅、澧四水下游形成的沖積、湖積平原。而這四大水系的流域又各自形成多處適合早期人類居住的河谷、臺地等地貌。

梓浩同學　學長，你所介紹的都是湖南地區現在的水文情況，但是山脈少有變動，而水則常常發生河流改道的現象。我印象中，漢代都還沒有洞庭湖呢。好像西元第三世紀左右，洞庭湖地區還是「河網交錯的平原地貌」，後來才在短時間內變成湖泊。

俊偉同學　沒錯，湖南地區的古地貌與今天有一些差異之處，但人們常常不自覺地使用今天的地理探討古時候的問題，例如洞庭湖地區本來只是一個河網密佈的平原。此外，湖南的一些地貌特色也希望大家多多留意。大家看「兩湖地區地形缺口交通線圖」，雪峰山脈就好像楔子般自西南向東北插入境內，從而把湖南分為東、西兩大區域。地表形態的多樣性造成區域的差異性。

我們可以對照看下湖北的地形。湖北省是西、北、東三面高起、中間低平、向南敞開、北有缺口的不完整盆地地形。該省西部為高聳的武陵山、巫山、大巴山和武當山，北部被桐柏山、大別山環繞，東南則有幕阜山把守。前述之山前丘陵崗地廣布，中南部為寬闊的江漢平原，與湖南省洞庭湖平原連成一片，構成為一個大盆地地形。與南北向的雪峰山脈將湖南分為東、西二區，不同的是，相對比較矮的大洪山橫亙於江漢平原之北，北部與桐柏山相望而構成隨棗走廊，西與荊山並立挾漢水而出平原。今天廣闊的江漢平原中心，在距今四、五千年前，可能是水面廣闊、浩蕩似海的古雲夢澤。古代在洞庭湖的位置有低地平原，但是現在的江漢平原卻是雲夢澤湖群。

　　洞庭、江漢平原地區像寬大盆地，但並不封閉。主要通道有六條：一、通過鄂東大別山與幕阜山之間的大缺口，與鄱贛平原、江淮平原相連，長江幹流自此向東流；二、通過西北部的襄陽－南陽盆地與豫中相通；三、或從襄陽逆漢水西，可至陝西漢中、秦嶺、大巴山地區，進入陝南、川北和隴南；四、西部逆長江幹流而上，經三峽可達四川盆地、雲貴高原；五、西南經湘桂走廊可進入廣西、嶺南地區；六、在東部南北向的幕阜山－羅宵山脈中，亦有好幾個小缺口連接東西。

　　秀美同學　老師，這種地形對古代人類的發展具有什麼特殊意義？

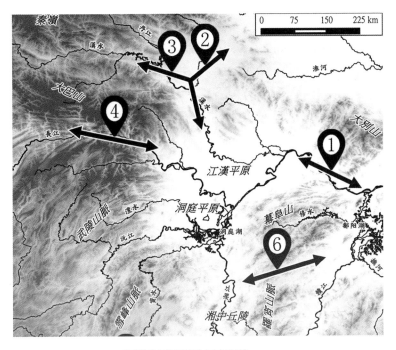

兩湖地區地形缺口交通線

静云老師　意義有四點。首先，兩湖平原四周是高山，山前為丘陵和低崗，然後再降為低地平原，低窪之處水網縱橫，湖泊廣袤，這種地形恰到好處地配合了早期人類從山地逐漸走向平原，從山地遊獵到低地農耕的發展過程，具有豐富的層次性。如此具有多樣性的地形地貌，同時蘊藏著豐富多樣的動植物資源，為人類的生存發展提供良好保障。

第二，兩湖地域十分遼闊，山地、丘崗、平原和水域，各種地形地貌的空間大小適中，為人類社會提供了足夠寬廣的發展舞臺和回旋餘地，同時也沒有大到早期人類無法掌握和利用的程度。

第三，兩湖平原多為長江及其支流漢水、湘江、資江、沅水、澧水等河流沖積而成，這種沖積土壤因為挾帶著河流上游豐富的腐殖質而十分肥沃，非常有利於開展農耕。

最後，兩湖平原正好位於中、北亞熱帶，平原核心區大約位於北緯 28 至 31 度，四季分明，夏季燥熱多雨，冬季寒冷潮濕。在這種環境下開展以年為週期的農作生產，需要有豐富的氣候知識，要掌握季節變化規律。

還有，這一地區發展出來的農業是稻作。從植物採集到栽培稻作萌生，這是一段漫長曲折的過程，逐步才開拓兩湖平原，不是一下子就開拓了整個兩湖平原。距今 15000 年後，氣候急速暖化，周圍環境亦隨之多元化，食物來源也因此豐富化了，先民於是可以減少跟著食物跑的情況，而選擇食物資源豐富的棲息地。同時，自然界還出現了兩種情況。第一、水位的上升逼迫人類離開過度潮濕甚至有淹沒風險的低窪山洞，例如歐亞大陸的阿爾卑斯山脈、烏拉爾山脈都有發現被淹沒的山洞，裡邊有舊石器時代人活動的痕跡。水位上升是全球的情況，五嶺山脈應該也有不少舊石器獵民採用的山洞在那時候被淹沒。第二、隨著氣候暖化，生物種類的豐富化使得人類可以

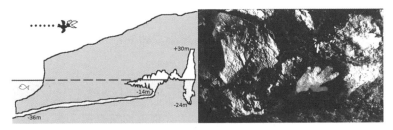

▲阿爾卑斯山脈裡的洞穴被淹沒，舊石器時代人的手印在水面下

◀烏拉爾山脈留下舊石器時代洞穴壁畫：術列干 - 塔什洞穴被淹沒

嘗試不流動的生活。這種生活區的北緣普遍到達北緯 30 度的地帶，也就是長江南岸。水進入人們生活空間，一方面帶來了很多損失，同時也帶來多樣化的生活條件，在豐富化的自然界裡，人們狩獵、捕撈、採集，依靠多樣的策略獲得不同食物。我們不妨把這種由水影響的生活變革稱為「藍色革命」。

秀美同學　那時候人們開始吃魚？

梓浩同學　不只喔……我想應該會吃蝦、鱉、螺蚌，還有蓮藕、蓮子、菱角，這些都很好吃的！而且水邊蘆葦叢中還有

鴨、鵝……（眼睛發亮）

秀美同學　那如果他們依賴水維生，他們至少應該會作舟，不可能是游泳去採蓮藕吧？

柏熹同學　是啊。但我只是知道距今萬年以後新石器早期有獨木舟，更早好像沒有發現過……其實也很難發現，舊石器時代的石器應該不能用來製作獨木舟。

靜云老師　柏熹的思路，值得大家學習：木製的東西保存得不好，但是柏熹從石質工具就解決這問題——舊石器的人應該還沒有製造木舟。可是，在庇里牛斯山脈、高加索山脈地帶，舊、新石器時代交替之際的岩洞壁畫上確實有船。

鈺珊同學　好漂亮！用圓點造型代表水面，太有創意了！

明立同學　其實看造型就知道這種結構不是木舟，也不像木筏……那這些船是怎麼做的？

靜云老師　其實，看造型也可以知道是怎麼做的，同時我們也有一套間接的證據，比如說看這幾張圖。舊、新石器之際的暖化，還沒有暖和到的北極圈內的漁獵生活也活絡起來，地球

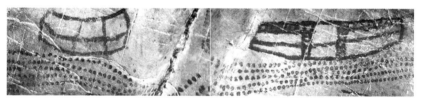

舊石器晚期卡斯蒂略（Cueva de El Castillo）石洞壁畫上的船

上不同地帶的人類會生存在不同時代。距今 4300 年，全球暖化，兩極冰蓋融化得最多，北冰洋的水最寬，那時候挪威地區也開始有像舊石器晚期那樣的人類活動。這些岩畫發現在北極圈內的巴倫支海邊，而這種舟，挪威漁民一直在用，這是北海、南海民族都用的蒲舟。生活在河邊的古人也用蒲舟，像蘇美、古埃及都有使用這種蒲舟，而古埃及自己雖然沒有木材，但自古以來就有製造蒲舟。二十世紀挪威的人類學者索爾‧海爾達（Thor Heyerdahl）製造過古埃及型和蘇美型蘆葦船，並出海做試驗。

梓浩同學　很有意思！

立新老師　南美洲安地斯高原的的喀喀湖上的原住民到現在

挪威阿爾塔岩畫

蒲舟

席帆蒲舟

還在用蒲舟。

靜云老師 也就是不加工，木頭也可以作小舟。不過，長江流域的人過去有沒有用過蒲舟，或者乘木筏，目前還沒有辦法知道。

梓浩同學 哈哈！鶴語畫了一張圖，這是什麼，不要害羞，給大家看看。

鶴語同學 （害羞）我不會畫畫，我只是想像古人乘蘆葦船，船上用魚鏢打魚。

立新老師 這船頭是什麼？

鶴語同學 （更加害羞）貓。梓浩不要笑，我不會畫畫。我的指導老師很喜歡貓，她在家裡養四隻貓，也經常餵貓，貓愛吃魚。長江邊上應該有很多蘆葦。

立新老師 哈哈！但是漁民從不養貓，農耕生活穩定後，人類才開始為了保護廩倉而養

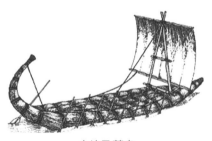

古埃及蒲舟

現代南美洲原住民用蒲舟

「食物廣譜」想像圖

貓抓小老鼠。農民用魚鏢捕魚也少，基本上用網，所以在這圖上有兩種時代和生活交錯。

梓浩同學　河邊還有鴨、雞、鵝！（繼續兩眼放光）

立新老師　哈哈！梓浩好像太餓了！（大家笑）。在長江這地帶上，溪河邊除了蘆葦叢，還有野生稻叢。在這裡生活的人可以捕魚蝦鱉，可以採集水生植物，可以射鳥，也可以採集和栽培水稻。

俊偉同學　老師的意思是，古人找魚而順便找到水稻！

立新老師　沒錯！

靜云老師　告訴你們一件好玩的事情：希伯來語的「魚」是dag，而「穀」是dagan，兩者是同根詞，其他閃語族的語言、原亞非、古埃及語也是一樣。這個現象的來源，在語言學界一直難以解釋，但從舊石器末期至新石器初期的人類生活經驗來看：離開森林、

食物廣譜：天中食物

野生稻 Oryza rufipogon

選擇在河邊活動的人們，在捕撈及狩獵水邊動物的同時，同時也在茂盛的野生禾叢中採集甘甜的穀物。所以「魚」和「穀」在人的生活中有同根關係。

在距今 15000 － 12600 年間，氣候有幾次波動，難有穩定的新生活，但經過千餘年的冷化後，於距今 11000 年左右，又回到暖和且基本上穩定的氣候，而湖南地區丘陵間的濕谷地正是野生稻的盛發地帶，這應是人們最早嘗試食用稻穀之地。這些新石器早期時的人們又進一步發現，在湖南丘陵地帶最容易進行最初的「稻作」，即居住在臺地上的先民在濕潤谷地裡初步觀察、照顧、栽培稻穀。這種生活方式對古人而言，能獲得較穩定的生活條件。從此，以往在山地間大範圍且無規律的遷移生活模式，被週期性的遷移所取代。有些族群進一步發展為季節性的遷移，秋冬在山區狩獵，春夏到寬闊盆地或背靠山麓的二級臺地，在河湖邊依賴水裡和水邊的食物。對於這種生活，湖南地區預備了完善的條件。

兩湖地區長江、漢水、澧水等河流，在進入兩湖平原之前因海拔的高度差較大，地表水沿斜坡快速下流，從上游的山林間帶來大量肥沃的沉積土與腐殖質；進入兩湖平原以後，海拔高差快速減小，水流變慢，江水漫流，逐漸形成大範圍的平原水網，有利於肥沃的沉積土與腐殖質形成新的、廣闊的沉積土。當然，其它支流和小溪河的影響也使長江流域的平地符合農耕的需求，但是兩湖平原的條件仍是最為理想的。這問題我

們會在下一次課堂上專門討論。

俊偉同學 老師您的描述好像有些問題？長江下游太湖平原也十分寬大，應該也適宜稻作文化起源吧？

靜云老師 你的問題很好，但是你理所當然地站在現在的情況去看，沒有意識到自古至今，自然界是會變化的。例如漢代之前並無洞庭湖，後來卻有「八百里洞庭」，現在洞庭湖的面積又日益縮減；再如過去湖北是有雲夢澤的，但現在雲夢澤卻成了江漢平原。過去也沒有鄱陽湖，在新石器時代，這也是很好的發展稻作之地，江西、浙江都有符合我們上面所討論的生活方法的小區域，將來應該還會有新的考古發現。但是太湖流域卻在其之外。

俊偉同學 老師，您的意思是，稻作萌生階段的長江下游並沒有太湖嗎？

靜云老師 不對，太湖是一直存在的，它也是一個十分古老的湖潭。然而，太湖平原的土壤卻十分年輕。我們研究歷史，上至天文，下至地理，從自然科學，再到人文社會科學，沒有什麼知識是無用的。只有廣博地學習，才能夠回到古人的生活條件，才能用他們的眼睛來看自然界，才能設身處地地想他們所想。土壤學的研究揭示，新石器時代早中期太湖平原生態環境貧乏，直到距今 7000 年左右才有一層稀薄的沉積土。在距今 6000 年後，太湖平原才開始符合稻作的發展條件，而考古學的證據所顯示的也是如此。

俊偉同學 謝謝老師，學歷史實在無所不包啊！

立新老師 只有這樣，史家才能做到劉志偉和陳春聲二位老師常說的「同情式理解」，陳寅恪先生也說過史家要「同情之理解，理解之同情」。

梓浩同學 （撓頭）我早已知道需要瞭解田野考古、製陶技術、文獻、歷史地理等等……果然還有土壤學、化學、物理學、生物學等等。為什麼感覺研究新石器時代的歷史是越學越多了，當初一位老師告訴我，新石器時代的歷史沒有文字，只要會用考古資料就好了，好學。現在怎麼覺得好像反了，有文字的才最好學。

柏熹同學 估計那位老師也被上一輩老師「騙」進了這條路，所以是一代騙一代，這樣上古史研究才能薪火相傳，哈哈。

詩螢同學 還有醫學呢。假如原來一個聚落，突然發生人們死絕，不再有人居住的情況，這種情況說不定與疫病有關呢，不過現在考古學似乎很難發現疾病的因素。還有煉銅與鑄銅技術……（梓浩表演口吐白沫、趴在桌上痙攣狀，同學們大笑）

立新老師 其實不是沒有辦法發現，而是缺少這樣的問題意識。考古發掘是由主持發掘者的問題意識決定其發掘水平的，若發掘者有準確而前瞻的問題意識，並擁有豐富的知識儲備，他就能從一次發掘中提取出大量的資料和訊息。

鈺珊同學 還有天文學，我記得老師上課時用天文學解釋古

人的想法，超級有意思！

瞭解古人的星空

靜云老師 各位同學，不要害怕，我們並不需要成為所有學科的專家，只需要學會利用這些學科的研究成果，並嘗試瞭解這些學科的基本規律。文藝復興時代的人同時研究物理學、化學、光學、醫學，也同時寫下精彩的詩作、創作精彩的名畫，大家還記得達文西吧，他的一生完全是「興之所至」，在許多領域都作出了卓越的貢獻啊！我們同樣身為人類，不用妄自菲薄，只需要相信自己的能力。我們彷彿在叢林中跟著自己的求知欲前行，跟著北極星一步一步修正方向，雖然四周昏暗不明，但遲早能找出正確的路線，這非常好玩吧？

立新老師 我們都是幸福的人，可以一輩子玩這種遊戲，也教你們一起玩。（笑）

梓浩同學 好啊，那我們努力和老師們一起玩！

立新老師 好，那我們繼續玩吧。靜云老師剛才說了幾個要點，我還有兩點補充一下。第一，今天湖北省會武漢有「地當天下之中」、「七省要道」、「九省通衢」的美稱。翻開中國

地圖，可知此言不虛。如果說中國地區是東亞早期人類文化發展的重要舞臺，那麼，這個舞臺的中央，就是江漢平原、兩湖盆地。其次，大家知道，秦嶺—淮河一線是中國最著名的地理、氣候的南北分界線，而兩湖地區，特別是江漢平原北部、襄陽—南陽盆地一帶，正好緊鄰這一地理分界線的南緣，歷次氣候的波動對這種地理交界帶的影響最為顯著，換句話說，這種地理交界帶對氣候波動的影響很敏感。

自然環境
交接帶

梓浩同學　這種對氣候波動的敏感意味著什麼？這似乎恰巧與賓佛的邊緣區農業起源理論相似。

柏熹同學　（嘲笑）梓浩很喜歡表現他看理論方面的書多，所以說話超聰明的樣子，讓學妹欣賞！哈哈！但這些理論名詞往往不會讓話變簡單，大家其實都不懂你在說什麼。

梓浩同學　柏熹又在消遣我！我來說明所謂的邊緣區農業起源理論。賓佛於〈後更新世的適應〉一文中，提出農業首先出現的地方，應不是澳裔英籍考古學家柴爾德（Vere Gordon Childe）所說的綠洲，也不是美國考古學家布萊德伍德（Robert J. Braidwood）的山側地帶，而是自然環境的邊緣地帶。他認為，由於居住在邊緣區的人們很容易受自然環境與人口因素的影響而產生食物資源的壓力，這種壓力驅使

人們必須強化利用某些具有潛力的物種，因而出現了動植物的馴化。

立新老師　這種觀點有一些合理的基礎，在山上移居至邊緣地區的人群，由於邊緣區對於氣候的波動十分敏感，故容易出現短暫的食物短缺壓力，這就反過來壓迫邊緣區生活的人群必須開拓更多的動植物資源，並選擇其中效率較高者進行強化。

靜云老師　但是最基本的原因完全相反。如果所謂邊緣地區的環境不良，人們就不會在那裡久留，那時候空地很多！在舊石器末新石器時代初期，山麓是邊緣，同時也是資源最豐富的地方，既有山林的食物，亦有平原低地的食物，還有水邊和水中的食物，所有的邊緣地帶都是這樣，所以就是邊緣地帶才能吸引人家定居。農耕起源的重點在於定居，而定居的區域一定是食物資源最豐富的地方。但是，雖然豐富，如果定居下來的人們只用這一小區域的食物，人口稍微一增加，食物就會不夠，而且如果定居，生命的風險變少，人口自然會增加。同時，人們一旦習慣定居生活，就不太願意再繼續流動，自己選擇的棲息環境挺好，好吃的植物可以加以栽培而變多。農耕起源會在自然條件最好、資源豐富而多元的區域開始。

梓浩同學　其實老師說的這些和賓佛的理論一點也不矛盾。邊緣區最初也是資源豐富的地區，一旦人們習慣定居生活，就不會想遷移，所以如果遇到人口上升，以及氣候變化，邊緣區的反應是最為敏感的，所以才會進一步選擇植物來強化栽培，

而這個強化栽培的行為，就是農耕。

立新老師　梓浩說得對。在這裡，所謂邊緣區其實是一個相對的概念，指相對於某種文化或某種生活方式而言，位於這種生活方式的邊緣區。華南舊石器時代人們住在山洞裡，他們生活的中心區域是連綿的山地，那麼，靠近低平地區的山麓和山前地帶，對他們來說就是邊緣區。

靜云老師　這些問題我們在下次上課的時候再討論，現在先請俊偉繼續講。

從舊石器到商周的湖南

俊偉同學　好，介紹完這個空間的舞臺後，我接著介紹湖南地區從舊石器時代一直到商周時期的歷史文化進程與概況。總體來說，湖南地貌既有南北差異，亦有東西差異的特點，文化發展也據此呈現出一定的次區域性，且不同時期文化發展的重心區域有所不同。所以，隨著時空舞臺的變化，不同的戲劇內容會隨之上演。就像奢華的中國式樓閣舞臺背景，上演的是《杜蘭朵》；當舞臺背景一變，在陰暗潮濕的地下水洞中，正在上演的是魅影引領克利斯汀，走入巴黎歌劇院下神秘的地下湖。（眾同學十分興奮，似乎大家都對《歌劇魅影》的話題很感興趣）

　　迄今發現的湖南地區舊石器時代文化，主要分佈於湘西沅

水和澧水流域，這兩大舞臺似乎繁衍出沅水文化與澧水文化二大類群。沅水文化類群分佈於沅水中上游流域，而澧水文化類群分佈於澧水流域與沅水下游。相對於沅水文化類群分佈於山地與丘陵區，澧水文化類群的範圍涵蓋部分山區與大部分平原。澧水流域與沅水下游地區的新石器時代早期文化為彭頭山文化，這一地區在舊石器時代時，就已經有半定居的文化遺跡。此外，沅水中上游發現的新石器時代遺址如高廟文化等，與舊石器時代沅水文化類群分佈範圍大致相當，也值得注意。

時序跳轉至新石器和青銅時代早期時代，何介鈞先生認為可劃分為「洞庭湖西北岸澧水流域和沅水下游、湘江和資江中下游、沅水中上游、湘江和資江中上游四個區」。目前以洞庭湖西北岸的澧水流域和沅水下游的考古工作做得最多，考古學文化編年最清楚，從距今 10000 多年開始，該區先後經歷了彭頭山文化（距今 10000 － 7800 年）、皂市下層文化（距今 8200 － 6800 年）、湯家崗文化（距今 7000 － 6000 年）、大溪文化（距今 6300 － 5300 年）、屈家嶺文化（距今 5500 － 4800 年，有些學者將這個階段的早期單獨劃分為油子嶺文化）、石家河文化（距今 5100 － 3850 年，有些學者將其晚段單列稱為後石家河文化）等幾個階段。該區的考古學文化，在大溪文化之後，逐漸與湖北地區的考古學文化趨同，融合到同一發展進程之中。

静云老師　我認為，在彭頭山文化之前，還有最早的新石器

文化——十里崗文化。它的年代只能大致上判斷，約距今 12000 － 9000 年。

立新老師 同學們不要著急記錄，這些文化我們還會討論很多，也會實地考察，所以將來不可能忘記。

鶴語同學 我對這些文化不熟悉，為什麼有這些名稱？是怎麼命名的？

俊偉同學 彭頭山、皂市、湯家崗，這都是澧陽平原的小地名。在這些小地名上最早發現了一種文化的遺物，於是以首次發現的地名作為文化的名稱，這三個文化範圍主要分佈在洞庭湖平原。大溪文化最早發現在重慶巫山大溪，所以有這樣的名稱。屈家嶺和石家河文化最早發現在漢水北岸平原區的小地方。而這三個文化範圍涵蓋湖北和湖南，後兩個更廣，影響河南的南部和中部。這些文化的內容，現在很難簡單說清楚，下幾次課會請其他同學講一下。

乙同學 學長，你說的年代很奇怪，彭頭山文化距今 7800 年才結束，怎麼可能皂市下層文化距今 8200 年已經開始？如果按你上面的這個年表去研究考古學文化，那就搞不清楚那重疊的 400 年究竟是彭頭山文化呢或者是皂市下層文化呢？

俊偉同學 清朝已建國，但鄭成功還在堅持大明。紫禁城之外已經是新生的民國，但紫禁城內還存續著清朝的文化。一個國家內，王室朝代都沒辦法一天內被取代，更不用說生活方式與其文化觀念。也就是說，皂市下層文化的聚落已發展起來

了，但同時彭頭山文化的聚落也還在某些地方存續下去。

梓浩同學　我知道，這好像玄孫已出生，但老爺爺還活著。

俊偉同學　是，可以這樣說。那我繼續講。除了相對完整的文化發展序列，澧水流域和沅水下游亦發現其它地區少見的遺址，如彭頭山文化晚期八十壋遺址的環壕聚落、城頭山城、雞叫城等早期城址，以及各時期豐富的稻作遺址等。

　　讓我們跳轉至另一個舞臺。目前在沅水中上游地區發掘的遺址有高廟、松溪口、征溪口、高坎壟等。根據發掘者的研究，這個地區的文化序列，從早到晚分別為高廟下層文化（距今 7400 － 6500 年）、高廟上層文化和大溪文化高廟類型（距今 6500 － 5300 年）等。懷化高坎壟遺址被認為是屈家嶺文化的地方類型，也就是說，自屈家嶺文化起，該地區的文化發展已融入到北部以江漢洞庭平原為主導的文化發展進程中。

　　在另一個舞臺上，資江中下游流域，主要以今洞庭湖南岸益陽市區出土的遺址為主。這個區域特別的地方在於，同時受到洞庭湖東部與西部的文化影響，而且具有明顯的地方特色。早期的遺址從距今約 8200 年開始。這一區遺址的分佈在南北狹長地帶，可能與湘江流域南北長的丘陵區有關。湘江和資江中下游在青銅時代早期也並非一直是獨立的文化區，郭勝斌等先生將附山園晚期遺址歸類為石家河文化，顯示此區在石家河文化的範圍內，向桃初先生也同意這個看法。所以，我們可以發現，儘管新石器時代各個區域的文化有所不同，但到了青銅

時代，各區域都受到石家河文化影響，在文化上有開始趨同的情況。

最後，湘江和資江中上游的情況目前尚不清楚，需要進一步研究。該區重要的遺址為道縣玉蟾岩，考古學家在這裡發現了稻米與新石器早期的陶片。

立新老師　剛才俊偉提到沅水中上游的懷化高廟下層文化的年代為距今 7400 － 6800 年。這個年代是根據碳十四測年資料直接推斷的。我認為這些年代數據可能比實際的年代偏早幾百年。眾所周知，湘西南至嶺南廣泛分佈著石灰岩，那裡的地下水中多含碳酸鈣，其所含的碳多為「死碳」或「老碳」，即因年代久遠，衰減到沒有任何放射性的古老碳。碳標本生長或埋藏在這樣的環境下，很容易受環境污染而使測試的年代偏老。為此，需要依據標本中的死碳摻入比例進行校正，校正的公式是 $8266 \ln (100 ／ (100 － a))$ 年，這裡 a 指的是摻入死碳的百分比。依據這個公式，年代偏老的程度與樣品中混入的死碳比例呈正相關，經計算可知，在樣品混入 1% 死碳的情況下，年代會偏老 83 年；混入 3% 死碳時年代偏老 252 年，混入 5% 死碳時年代偏老 424 年；混入 10% 時年代會偏老 871 年。所以，關鍵的因素是觀察、確定不同類型樣品中死碳的摻入比例。

北京大學碳十四實驗室和中國社會科學院考古所碳十四實驗室做過測試，他們在桂林地區採集的樹木、人骨、稻穀、嫩

竹、生草等樣本中的碳十四比度，均比同期大氣碳十四比度偏低 0.4% 至 4.5%，由此造成的年代偏差為 83 至 381 年（樹輪校正前）。

我對照《碳十四數據集》這本書中有關雲、貴、川等石灰岩地區既有碳十四數據，同時又通過類型學研究已獲得較為明確年代資訊的樣本，按不同的死碳比例（1－10%）進行計算和校正，並將所得結果與類型學斷代結果進行比照，發現貴州地區的數據若按摻入死碳 4－5% 的比例來算，校正後的碳十四年代與類型學斷代最為吻合；川西則以摻入死碳 3－4% 的比例計算時較為符合類型學斷代結果。

高廟地區樣本的死碳摻入比例，如果依照鄰近的貴州地區計算，以 5% 計，那麼經過碳酸鈣校正後的高廟文化年代，大約為距今 6800－6300 年，與湯家崗文化年代大體相當。松溪口遺址的年代則大約在距今 6150－5500 年間，年代大體相當於大溪；征溪口貝丘遺址的年代更晚，大約在是距今 5600－5300 年間，相當於大溪與屈家嶺交界時代。

梓浩同學　（又撓頭）那這樣整個年代譜系要重新檢查啊！

柏熹同學　本來就不能只用層位學和類型學這種相對年代研究方法來研究年代學，而應該以更多的研究方法進行相互比較。通過多方法的共同攻關，才能使年代學研究更具科學性。

立新老師　是。我們有做不完的事情，有很多問題，足夠上百個學生寫碩博士論文。（笑）

梓浩同學 我覺得這確實很有意思，在很多方向中，可以選擇自己發展的方向……這些資訊我還需要消化一下，再找老師談談。

立新老師 好的。先讓俊偉繼續報告。

俊偉同學 石家河文化之後，在距今 4000 － 3500 年左右，詳細的情況，詩螢應該會在後面的討論課中向大家介紹，這裡我暫不細說。（參見第八場討論課）

乙同學 但從資料看起來，在青銅時代，湖南東部地區出土的青銅器遠多於西部。這種情況跟新石器時代正好相反，在新石器時代，湖南地區文化最發達的是位於西北的澧陽平原和洞庭西北部。這是為什麼呢？

俊偉同學 大家都知道，湖南境內數量眾多的青銅器，除了少數為外地傳入以外，大多為本地生產的青銅器，這就需要有銅料才能鑄造。然而，銅礦並不是各地都有，青銅器出土較多的湖南東部區域，目前還未發現銅礦遺址。因此，湖南本地生產的青銅器，其銅料來源應當是來自外地。

　　就目前所知，湖南周邊的商周銅礦遺址，有從商代中期開採的江西瑞昌銅嶺、湖北大冶銅綠山、湖北陽新豐山洞等，較遠的安徽地區亦有西周開採的銅礦等。這些銅礦多位於湖南以東地區，開採時間涵蓋商周時期，可能有一部份銅料就是作為湖南青銅器的原料。

　　如果湖南青銅器的原料來自東部的各個銅礦，那就可以解

釋湖南地區的青銅器為什麼大多出土於東部。從地理位置來看，顯然湖南東部比西部更易取得銅料，因此湖南東部的青銅器文化也較發達。

詩螢同學　　學長，你剛才提到銅礦遺址的時間可能有一些問題。湘鄂幕阜山銅礦的開採年代，至少可追溯至石家河文化，目前已經發現石家河文化晚期的採冶遺跡。實際可能還是更早，人們對幕阜山的利用應該起源於更早的時候，是因為地表裸露的銅礦均採集完畢後，人們依然對銅礦有強烈的需求，才會開始向下開採，但是採集的遺跡難以發現。

湖北大冶銅綠山古銅礦遺址
最新考古發現其開採時間可追溯至石家河文化時期。銅綠山蘊藏豐富的銅鐵礦床，有孔雀石、赤銅礦和自然銅等。其中，該地產的銅礦石（孔雀石）從距今 5500 年已可見於平原地區，如天門龍嘴城、石家河城等等。由此可見，中國冶煉技術源於此地。

靜云老師 銅礦的位置影響中心區域的變遷，在長江中游也可找到同樣的情況。如石家河文化以天門市為中心。石家河文化之後，在其東部，位於武漢市黃陂區的盤龍城崛起，亦出現大量青銅器。盤龍城遺址與湖南地區商周時期的銅料來源可能都來自東部的銅礦。盤龍城遺址的位置，比石家河古城更接近東部的銅礦。

梓浩同學 這樣一來，武漢盤龍城的位置恰好位居東面銅礦從水路運向西面的重要位置，所以後來盤龍城成為江河中原的中心了。石家河城址可能除了因全新世洪水事件而變弱以外，還可能是因為沒有扼住銅礦的咽喉。

俊偉同學 關於前面的推論，還有一個間接證據。何介鈞先生認為，「經過對南方大銅鐃演變的重新分析，可以認定它的最早形式出現在銅礦資源豐富的贛西北、鄂東南」，向桃初先生也認同這點。既然湖南的銅鐃、銅鎛是從銅礦區傳來，那麼鑄銅的銅料當然也有可能隨之傳來，而湘江流域與銅礦區距離不算遙遠，兩地可藉由長江、湘江等水系往來，交通並不困難。位於銅礦區東部的的長江中下游流域，亦是銅鐃出土地的集中區，也應當與地緣關係鄰近有關。

因此，接近銅礦區是湘江流域的青銅文化能夠獲得發展的一個因素。然而，銅礦來源的因素不會一直是青銅文化發展的主因，有了穩定的銅礦來源後，此因素對青銅文化發展的影響就會減弱，政治、貿易等其它因素亦會加強青銅文化的發展。

秀美同學 湖南青銅器多麼美啊！

立新老師 是的，湖南青銅器風格很獨特，技藝特別高超。因為離銅礦近，累積了幾千年的經驗。剛才俊偉從銅礦資源分佈的角度，分析為什麼在青銅時代湖南地區文化重心東移，很有道理。靜云老師提到湖北也存在同樣的情況，社會發展需要很多不同的資源。但是，每個時代所關注的和急缺的關鍵性資源可能會有所不同。兩湖地區西山多美石、東山有佳銅，在大溪和屈家嶺－石家河文化時期，人們可能更關注做工具用的石料、灌溉條件等那個時代的關鍵資源。隨著青銅時代的來臨，銅礦作為這個時代的關鍵資源變得日益重要，由此而引發了政治、經濟和文化中心自西向東移，湖北如此，湖南亦如此。我們今天先到這裡，請徐老師規劃下次上課主題。

湖南寧鄉出土兩件商時代
象紋銅鐃

湖南出土西周銅鎛

「此地是我開，此樹是我栽」的領土觀
（準備下堂課的討論）

徐堅老師　下次討論課的題目是「中國稻作農業起源」，請靜云老師作說明，順便解釋同學們要怎麼準備，看什麼書。

靜云老師　我們今天討論過山麓與低地之間邊緣地帶稻作的萌生，這是生態環境良好的地區，但是空間有限。人們新石器早期定居在這裡，食物十分充足，所以人口增長；而隨著人口增長，人們就需要開拓更大的空間，為發展稻作而轉往更寬闊的地域居住。先民容易與自己耕作的土地產生親密感情，而這養活他們的一畝三分田也就成為了他們要保護的家鄉。

農業起源與文明起源，是歷史和人類學研究中兩個最重要，而且有密切關聯的問題。雖然在歷史中，有些古代社會並不依靠農耕，但是那些依靠自我、從內部成長起來的原生文明，都是在農耕的基礎上發展起來的。只有農耕這種生計模式，才能轉變人群的生活方式，獲得年年不變週期性的規律，形成群體社會和規律化的生活。此外，農耕的生計模式，會自然形成人群與土地的長久關係，這就會進一步發展出土地的所有制關係，並促使人們對自己的土地進行規劃、管理和保護。在長久的發展中，人群與土地的關係，最後會導致「領土」觀念的形成。

「此路是我開，此樹是我栽」的領土觀

因此，我們應該從農業的起源講起，之後才演進至定居聚落及城的發展，最後才是文明起源。我們現在的室內課程正是為之後的湖南考察作知識方面的儲備，湖南是迄今發現早期稻作遺址最為豐富的地區。這種討論課，老師和同學都要做好課前準備，需要做一些相關的專門知識的積累，才能有一個比較好的討論氣氛。如此一來，一門討論課結束後，無論老師還是學生，都能有較大的收穫，還有可能碰撞出一些新的火花，不少學術巨著也是在這樣的討論中逐漸形成的。因此，我希望經過這門討論課，老師和同學都有獲益，並帶著新的問題到湖南去考察，隨著考察過程中深入思考這些問題，進而逐步解開大家心底的疑問。

我們似乎在戰略電玩裡（課後感想）

柏熹同學　要瞭解遙遠過去古人的生活談何容易？他們的生活不比我們現代人的生活簡單，要瞭解過去社會的方方面面，研究當代社會的工具也同樣適用，其中像地理學的知識與方法

特別重要。從過去到現在，歷史不斷在改變，而很多東西就像我們今天所看到的地理環境一樣，也不斷隨著時間而改變。自然環境在整個人類的歷史中不斷地改變，生活在這個自然環境中的人類，理所當然地會受到它影響。人類與環境有著不可分割的關聯，生活於不同生態區域、不同時期的群體對環境依賴的程度有所不同，當中有很多不同的因素影響人地關係。

　　過去流行一時的環境決定論，現在可能只剩下少量的鐵桿粉絲，但也不代表環境因素已經矮化至沒有任何地位，事實上環境對人類生活的每個環節都有重要的影響，它也許不是決定性的，但至少可以說是積極參與和建構人類生活的重要基礎性因素。以今天我們生活的方式來看，人類無疑已經擁有了改造環境的極大能力，一座座高樓林立、遍地水泥柏油路面的城市就是最好的明證。這種改造的能力很大程度上基於技術的進步，但同時也是生活方式選擇（或被選擇）的結果，君不見現在阿拉斯加、亞馬遜、部份非洲地區等地的生活方式仍然非常原始，與自然的關係仍極為密切。這類型的社會，不論古今都極為依賴自然環境的直接供給，一旦環境產生變動，往往就會對這些社會造成巨大的衝擊，嚴重時可以導致整個社會的崩潰。因此，我們可以說，自然環境是人類活動的舞臺，是所有故事的巨大背景，它可以提供資源，但同時也帶來不同的邊際制約而框架發展的方向。說到底，每一次技術進步或文化選擇，都是對既有資源的利用和對制約條件的適應與突破。就像

我們在玩一個即時戰略電玩，開始時的地點有木、有金，但沒有石……（內心 OS：這是有多坑人的隨機地圖啊）這時候，你無可奈何只能生產不用石材的單位、升級不用石材的科技樹（城牆都建不了，等著被敵軍虐殺吧！！！），又或者與其它玩家交易石材，甚至生產出大批部隊把他們的石礦場搶過來（哼哼！！！）。

我們現在玩的電玩都經過精心設計，難易度適中，內部有平衡的機制，但真實世界卻要面對現實。在藏北高原，你只可以用動物糞便做燃料；在北阿拉斯加永凍土，你就不要指望發展農業了。這些自然環境的制約，在人類歷史越早的階段越明顯，特別是資源的分佈尤其重要，例如：你家鄉沒有可資利用的銅礦，怎麼可能率先發展出煉銅技術？又或者，你家鄉沒有野生稻種，怎麼可能是稻作農業的起源地？這些都似乎是常識性的問題，但越是簡單的事情，越是容易被忽略。所以在研究歷史時，我們必需考慮到環境的制約和影響，給予我們的故事一個合情、合理、合法的舞臺。

夜梟在看書（推薦閱讀）

張修桂，〈洞庭湖演變的歷史過程〉，《歷史地理》創刊號，頁 101。

袁家榮，《湖南舊石器文化與玉蟾岩遺址》，長沙：嶽麓書院，2013 年。

郭靜云、郭立新，〈從新石器時代刻紋白陶和八角星圖看平原與山地文化的關係〉，《東南文化》，2014 年第 4 期，頁 76 － 85。

郭立新，〈長江中游地區新石器時代自然環境變遷研究〉，《中國歷史地理論叢》2004 年第 2 輯。

郭立新、郭靜云，〈上古國家與文明研究中年代學方法的反思〉；《南方文物》2016 年第 4 期，頁 17 － 31。

郭靜云，〈澧陽平原「十里崗」文化：東亞新石器革命的發祥地問題〉，2016 臺灣考古工作會報論文集，臺中，自然科學博物館，2017 年 7 月。

郭勝斌等，〈附山園－黃家園遺址的考古發現與初步研究〉，《長江中游史前文化暨第二屆亞洲文明學術討論會論文集》，長沙：嶽麓書院，1996 年，頁 167 － 176。

何介鈞，〈湖南考古的世紀回眸〉，《考古》，2001 年第 4 期，頁 3 － 12。

向桃初，《湘江流域商周青銅文化研究》，北京：線裝書局，2008 年。

中國社會科學院考古研究所，《中國考古學中碳十四年代數據集》，北京：文物出版社，1992 年。

潘茂輝，〈羊舞嶺文化遺存試析〉，《江漢考古》，2012 年第 4 期，頁 52 － 60。

中國社會科學院考古研究所編，《中國考古學中碳十四年代數據集 1965—1991》，北京：文物出版社，1991 年。

Henrik Tauber,Possible Depletion in 14C in Trees Growing in Calcareous Soils，*Radiocarbon*, Vol 25, No. 2, 1983, pp. 417-420.

北京大學歷史系考古專業 C14 實驗室、中國社會科學院 C14 實驗室，〈石灰岩地區碳－ 14 樣品年代的可靠性與甑皮岩等遺址的年代問〉，《考古學報》，1982 年第 2 期，頁 243—250。

第三場
農業與上古文明

稻作的故鄉在哪裡？（師生討論）

立新老師 中國的稻作農業起源於何方，這是一個具有爭議性的話題。從早期認為稻作農業起源於印度、東南半島、雲南山地，再到寧波河姆渡遺址距今 7000 年的碳化稻殼發現後，學術界把目光轉向了長江下游，認為長江下游地區才是稻作農業的起源地。後來，又發現了距今約 9600 年的湖南彭頭山文化遺址和略晚的八十壋遺址，其中發現的古栽培稻成為了農業起源的新焦點，有學者提出稻作起源於長江中游。最近，由於浙江上山和小黃山遺址發現早期的稻作遺址，支持稻作農業源於長江下游的說法又逐漸增多。同時，還有學者依據河南賈湖遺址所發現的稻作，提出淮河流域也是稻作起源地的觀點。總之，中國考古學的稻作起源研究，一直以來都是被資料牽著鼻子走。當然，不可避免要用新資料、新發現來提出新觀點，這就意味著一定程度上要被資料牽著鼻子走。但有時候我們也要考慮一些人類社會最基本的常識和規律，但凡是人，不論是早期人類還是晚近的人類，都不能跳脫出這些常識和規律。

靜云老師 其實最重要的是「讓資料自己說話」，不管它是新出土的或者是舊的，都要不斷地比較。我們要做的，只是在全面收集資料後，替資料發聲而已，且需要排除很多先入為主的觀念。長江中游的稻作與長江下游的稻作應該如何比較，這就是一個好的例子。同學認為究竟哪個更早呢？

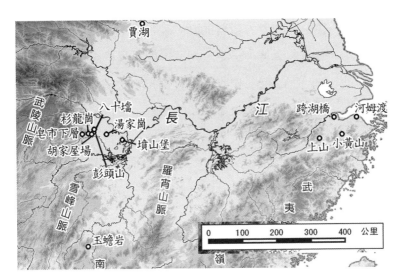

早期稻作遺址重要遺址

長江中游或下游？

梓浩同學　　我看了這方面的研究文章，有學者認為是浙江的上山遺址比較早，上山遺址的碳十四測年也到了距今 11000 年，這比長江中游的彭頭山遺址要早將近 2000 年。而上山遺址中發現的夾炭陶片和紅燒土中出土的稻殼和稻葉，更被視為長江下游最早的水稻遺址。所以，根據現有資料，我覺得可能長江下游比長江中游的稻作起源要早。

靜云老師　　是，很多人認為上山文化的測年年代早於彭頭山文化，這也是支持稻作農業長江下游起源說的學者們最為核心的證據之一。但如果我們一直去看別人的文章，卻不去直接翻

看一手的考古資料的話，就很容易落入「圈套」，被別人牽著鼻子走。相反，如果我們全面地收集資料，自己整理和收集所有相關的考古資料的話，可能就會得到與大家相同的結果，但自己能踏實地掌握這個結果的研究過程；不過，也有可能會得到完全不同的研究結果。接下來，我們一起來分析資料。首先，我們來看一下「上山遺址年代較早」這個主要證據。

怎麼看碳十四測年數據？

我們要翻查第一手的測年數據，看看上山遺址是不是真的年代較早。在上山遺址已發表的簡報中，碳十四年代資料共有 6 個。大家看此表格上的數據——同學們，有沒有發現什麼問題呢？

梓浩同學 在這個表格中，碳十四的校正數據還是很早呀，基本上都超過 10000 年，這不就正好說明上山遺址早於彭頭山文化了嗎？

詩螢同學 我覺得有問題。未經校正的數據顯示，最早的年代是西元前 9400 年，最晚的是西元前 7070 年，差距太大，而且大部分數據都指出上山遺址不超過西元前 8000 年。他們之所以說上山遺址是西元前 9000 年之前，是取了一個異眾值的數據，這樣說很不合理。

標本編號	出土單位	樣品	C14 年代 (BP) (T½=5568)	校正年代 (BP)	樹輪較正年代 (BC)	
					1 σ (68.2%)	2 σ (95.4%)
BA02236	H31 南 8	夾炭陶	9610±160	10936±214	9220(67.1%)8790	9400(95.4%)8450
BA02235	F2 南 8	夾炭陶	8740±110	9821±196	7960(68.2%)7600	8250(95.4%)7550
BA02237	相當難 7	夾炭陶	8620±160	9709±205	7950(67.2%)7520	8250(95.4%)7300
BA02238	相當難 5	夾炭陶	8050±110	8929±178	7180(3.5%)7150 7140(61.6%)6800 6790(3.1%)6750	7350(95.4%)6660
BA06136	H420	夾炭陶	8855±40	9984±126	8210(47.1%)8030 8020(20.8%)7930	8220(95.4%)7810
BA06137	H420	陶屑	8180±35	9137±78	7290(1.5%)7270 7250(7.8%)7220 7190(58.8%)7070	7310(95.4%)7070

上山遺址碳十四年代測定數據表

靜云老師 沒錯，測年之後，整理測年數據時，我們應該在排比數據的基礎上，排除較特殊的數據，即所謂的異眾值。

另外最好玩的是，簡報直接說這表格上第一件和第二件標本都發現在最下一文化層之下，所以距今 10936 年是異常數據，而距今 9821 年的數據或許可以視為上山遺址存在的年代上限。

後面兩個數據註明了這些標本都來自這個 H420 灰坑裡，同一個灰坑的年代不可能相差那麼遠！如果你們挖一個垃圾坑填埋垃圾，難道這個垃圾坑能用 1000 年？聽起來就好笑！同個垃圾坑的東西，年代差很難超過 20 年。按照年代學原則，同一個單位共存的樣本，其年代應以最晚的為準，所以距今 9137 年的數據為準。其實上山文化的很多資料和大部分標準器物出自 H226 灰坑，其開口在第 4 層，所以年代應該不早於第 5 層距今 8900 年。這樣來看，上山文化年代可能在距今 9800 － 8500 年間，年代並不早于長江中游彭頭山文化。

立新老師 靜云老師剛才說的年代是右邊一欄的中間數據，只是用距今而不是西元前的算法，這是校正後的數據。

秀美同學 「校正後的數據」是什麼意思？

柏熹同學 用儀器檢測出來的碳十四原始資料並不是實際的日曆年代，因為這個數據不能計算實際上每年碳十四含量的細微變化。因此，若配合樹木年輪數據調整偏差，我們可以得到更準確的結果。所以，現在一般會採用碳十四年代的樹輪校正

數據。

靜云老師 但是，以往在報告中公佈的一些測年數據常常未經校正。如果新發掘的遺址的校正數據與過去的不校正數據相比較，會發生什麼問題？從上山的表格就可以看出，中間的一欄是未校正前，右邊的是校正後。

柏熹同學 一定會得出新發掘遺址的年代更早的結論。

靜云老師 沒錯，彭頭山和上山比較的情況中就有這種因素。

柏熹同學 那就應該全部數據都重新校正後再作比較。

靜云老師 沒錯。但是，碳十四的樹輪校正數據也存在著一些致命的缺點。第一，因為 3000 年以上的樹木很少見，所以距今 5000 年或 8000 年的數據缺少實證數據，其校正曲線是建立在統計模型之上的，準確性無法實證，所以目前只能看成是一種可能性。

第二，樹輪校正的計算方法不斷地被修正，導致早期和晚期的校正數據，因計算方法的變化，數據間不能準確對照。一般來說，新出土數據會用最新的測試和計算方法來斷代，而過去計算出來的舊測年數據又不再修正。因此，如果大家去對照不同的數據時會發現，相同的原數據，在運用不同的方法下校正後，其結果相差數百年。

第三，樹輪校正法在實際運用上還有兩個條件限制，其一是採用本地帶的樹木作為標本，其二是採用同一種樹木，得出的結果才比較準確，尤其是緯度不同，樹木年輪表現不同，如

熱帶沒有冬季，樹木根本沒有年輪。由於中國境內沒有本地的樹輪校正資料庫，因此採用自然環境並不相同的歐美校正表，而且這個歐美校正表還沒有使用本地樹種的數據交叉比對過，因此結果的確會產生誤差。

不過，如果我們做跨區域的文化比較時，例如我們要比較上山遺址和彭頭山文化的早晚關係，我們除了用同樣校正方法得到的數據外，可以選擇使用未校正的數據，以便可以簡單地掌握二者間的相對年代。其實目前地質學研究也不慣用樹輪校正，因此，不校正的原始碳十四數據還能為之後進行環境的分析提供便利。重點是：一定要用同樣的數據，才能確定幾個文化的相對年代關係。

俊偉同學　老師，我想問一些比較基本的問題。我本身的研究離不開考古資料，讀過很多考古報告，在殷墟工地也實習過三個月，所以對考古方法不算很陌生。但我其實不太瞭解科技考古相關內容，這次在準備上課時，讀了中英文科技考古的文章，感覺更加迷惑。

首先就碳十四測年來說。這是理工學科的工具，所以原則上應該有客觀明確的校正方法。但是在查閱資料時，我發現針對碳十四測年的研究根本就是百家爭鳴。我總覺得每位學者的研究成果雖然相異，但似乎都有一定道理，變成「公說公有理，婆說婆有理」的情況，這感覺不太像精確客觀的科學呀！另外，有些國家堅持只用本地校正數據的資料庫，中國反而使

用北美或英國的資料庫。但北美、英國和中國的氣候難道是一樣的？植物不同、濕度不同、夏冬溫差不同。這些因素難道不會影響碳的變化？難道不會影響樹木年輪的生長？

對不起，老師，我的這些問題算是外行，但是讀文章真的會充滿疑問。比如說用標本的問題，報告裡常說是木炭，但我怎麼知道這塊木炭是年輕的小樹苗，還是古木的樹根呢？這塊木炭，究竟是樹幹的邊緣呢，還是樹心部分呢？老樹木的樹心比邊緣層的年齡會老幾百年！而且，好多測年樣本出土單位的共存器物根本沒有公佈，所以很難清楚測年樣本究竟在具體文化分期中的位置。這些問題如果不釐清，那測出來的年代根本不知道是指什麼。而且，好像不是每個遺址都做了足夠的碳十四測年，有的遺址的測年資料就只有兩三個，甚至只有一個數據，學歷史都知道「孤證不立」，如果資料過少，感覺很不可靠呢！因為我所主攻的殷商時期研究，只要摸摸陶片，看看器物，讀讀甲骨卜辭，可以完全不需要碳十四，就知道這是武丁時代，那是康丁時代。但是在新石器時代，如果沒有基本的碳十四測年數據、沒有層位學支撐的類型學又不可靠，那跨區域的文化年代比較，根本不知道應該怎樣做才好。

立新老師　俊偉說的問題非常重要。它其實包含三個問題：第一，有些遺址碳十四標本很多，測年工作做得很細緻，所以可以排除一些異常的數據，剔除一些受污染的數據。但有些遺址的測年數據太少了，測年錯誤的偶然性很難排除。這個問題

往往牽涉到對遺址重要性的主觀看法，依照重要程度來測年，輕視那些在主觀上認為不重要的遺址。這十分不符合科學研究的理念。第二，用校正過的碳十四數據，還是用未經校正的原始碳十四數據更好。如果統一使用未校正的數據，殷商的碳十四原始數據恐怕會相當於西周時代的日曆年代，所以校正是需要的，但是用哪種校正方法才是問題的核心所在。第三，不同校正方法的混淆問題，這牽涉到數據是否統一的問題，只有統一的數據才能做跨區域的比較。例如彭頭山遺址的碳十四數據沒有經過校正，所以不能用它與校正過的上山遺址的數據直接比較。

俊偉同學　立新老師對於第二個問題的看法，我有不同觀點。我覺得如果在新石器時期需要知道不同區域的考古學文化的年代早晚關係，即使不校正為日曆年代也是可以的。以彭頭山遺址與上山遺址的年代比較為例，看碳十四測年的原始數據，我們可知彭頭山從距今 9300 年起，上山從距今 9600 年起，這 300 年完全有可能是樣本的問題，所以我偏向認為兩個文化是同時的。而且簡報說距今 9600 年的樣本是在文化層之下，而後來發現略早些的彭頭山文化遺址，所以不排除彭頭山文化甚至比上山文化早。

柏熹同學　那這不就表明了長江下游的上山遺址大體與中游的彭頭山文化是相對共時的嗎？

靜云老師　對！其實，也有其他學者對上山遺址的校正年代

表示質疑，例如嚴文明先生根據文化面貌指出，上山文化的年代絕對不可能到達一萬年前，上山和小黃山都不可能比彭頭山早。紹興小黃山遺址雖然找不到可用的測年數據，但是我去過，通過遺物的觀察，小黃山可能是距今 8000 年以後的遺址；張忠培先生的看法也差不多。所以，支持長江下游起源說的這個「重磅」證據是不成立的，浙江並沒有發現比彭頭山早的栽培水稻遺跡，上山文化與彭頭山文化是年代相當的文化，而且關於上山文化發展稻作的依據相當不足。

那麼，我們下一步就是重新去整理長江中游和長江下游的資料，盡可能地從不同資料的角度去比較，重建稻作萌生的整個生態環境背景，回到古人生活的社會去思考他們發展稻作的動力。

靜云老師 首先，若要瞭解農業的起源，我們需要「穿越」到舊石器時代末期，上次已說過距今 15000 － 12600 年間在短暫的數次冷暖交替後，人類的食物來源變得多樣化，時而在水邊搭弓射鳥，時而在淡水中捕魚、在附近採集各種植物等，這就是所謂的「食物廣譜革命」。經過數十年的考古之後，考古學家們也找到了一些與這類生計模式相近的山洞遺址，它們都位於江南山嶺地帶，如湖南道縣玉

藍色革命：從豐裕的原始生活到辛苦的農作

蟾岩是最具代表性的遺址。這些居住在山洞遺址的人開始照顧稻穀，同時也有進行漁獵和採集。於是，人們從以前的大空間流動，逐步過渡到在較窄的空間範圍內，進行週期性的遷移活動。他們會在一個相對固定的區域內，隨季節的變化而採取不同的生存策略，並利用不同生態區位的食物資源。慢慢地，隨著栽培知識的日積月累，人類也開始出現定居化的趨勢。而定居化的趨勢，又反過來促使人類花費更多的時間和精力去照顧植物，從而出現了植物的馴化、稻穀的馴化，人類的歷史也因此邁進了一大步，也是稻作萌生的初始階段。

到了新石器早期有些族群出山生活，之後還有些族群因居住的山洞淹沒也跑出山區。他們在臺地上安排臨時或較長期的居住區，並在濕谷中採集和初步栽培水稻，同時又維持稀林地帶的遊獵和溪邊的漁獵。通過在濕潤谷地中栽培水稻的過程，人類又逐漸積累了關於水稻栽培的知識，從而使水

小稻小稻快長大

稻的馴化向前邁進了一大步。

梓浩同學　美國人類學家薩林斯（Marshall Sahlins）在《石器時代經濟學》一書中，曾提出狩獵採集的生計模式是「豐裕的原始生活」。為什麼人類要放棄豐裕的生活？

靜云老師　「豐裕的生活」是相對的概念。它可能對 100 個人來說是豐裕的，但對 300 個人來說是貧窮的，對 1000 個人來說則是會餓死的生活模式，因此如果在地球上保持舊石器時代的人口，條件確實相當豐裕，尤其是在暖化期各種食物很多。熱帶非洲現在還有過舊石器時代生活方式的族群。但若僅依靠自然資源，就不能增加生育，不能擴張社會團體；如果增加生育，就要擴展空間，而具備豐裕條件的空間總是有限。

掌握空間是生物的本能，但只有人這一種學會生產的生物，才能掌握地球，甚至開拓外星。因此栽培的生計模式，首先是一種加強生命力量的策略。第二，狩獵採集的「豐裕生活」既不允許擴展生育，亦不允許定居，必須跟著食物跑，沒有生活的穩定感。第三，不要忘記狩獵的危險性。部分人類開始食用水生的動植物，這是生活方式的變化。依靠水邊的生活又讓人們認識穀類，這才能慢慢放棄很辛苦的流浪生活，擴展生育，開拓愈來愈多的土地。我們在前面提過，這是一次「藍色革命」。

柏熹同學 但是，從今天的情況來看，平原地區的農業發展程度是遠遠超過山地和山前臺地的，這是為什麼呢？

靜云老師 這是十分正常的現象。山地和臺地由於其空間的局限性，無法擁有大範圍的腹地，給不了大規模發展稻作農業的空間，自然也就無法形成促進農業發展的各種技術。但是早期的小規模稻作，反而應該起源於丘陵地帶。這代表了一種定居於山前臺地的生活方式，他們平時在臺地之間的沼澤地種稻，同時也在溪河中捕魚，在附近山麓狩獵，農獵並行，且稻作的比重往往不如漁獵和採集。然而，到了稍晚的階段，雖然丘陵地帶的生態環境多樣且豐富，資源足以供應早期定居的部落。但是，隨著部落擴大、農耕發展，人們就被迫進一步開拓空間更廣闊的平原。因此，最先萌生農業的是丘陵區域、山前地帶，並不是後來農業的發達區。而農業真正變得發達則是受益於平原腹地的開拓。

人類開拓平原地帶是在新石器早期，位置在大約北緯 28 度至 30 度左右，山地森林邊的平原帶開始有稻作，這以湖南的彭頭山文化為代表。

梓浩同學 我在準備這次討論課時，看了一些關於稻作農業起源的相關研究，許多學者都認為稻作起

岳陽費家河平原稻田

源的北界不超過北緯 30 度，但是關於稻作起源的南界就有諸
多爭議，例如郭偉民先生就把南界定在南嶺以北（即大約北緯
24 度以北）。這是因為在氣候暖化的階段，南嶺以南的地區
已經進入熱帶的範圍了，其一年四季的動植物變化不大，人類
食物來源穩定，種類繁多，易於獲取。我覺得這個界線劃得十
分準確，但為什麼老師又把南界北移至北緯 28 度呢？

靜云老師　　這並不矛盾，只是表達不同的發展階段。郭偉民
先生所談的不成傳承體系的岩洞遺址，如廣東的牛欄洞和湖南
的玉蟾岩，這是未離開依靠洞穴舊石器時代生活方式的家族
群，不過他們捕魚和採集野生稻；而我討論的是新的生活方
式：這些人群在平地定居、栽培水稻以成為稻作文明的祖先。

這過程大體從 11000 年開始，而這是從新石器時代以來一脈相承的發展。

根據地理學家對北極地帶沉積層的研究，在距今 10000 至 8200 年前，地球的氣候處於一種十分穩定且緩慢的冷、乾化趨勢。距今 8200 年的短暫冷化是古氣候學的熱門論題。因為有些人群對稻穀形成某種程度的依賴性，因此，這一時期生活在水稻自然產區北界的人們，無法只依靠採集而獲得足夠的稻穀，才會開始照顧這種植物，在栽培植物上花費更多的心力。所以，以緯度為北緯 29.68 度的彭頭山遺址為代表的澧陽平原，成為了稻作的萌生地。至於同一緯度的浙江浦江上山遺址，它也有機會成為稻作農業的搖籃，但其腹地空間太小，不足以發展成大文明。

什麼是稻作農業的起源

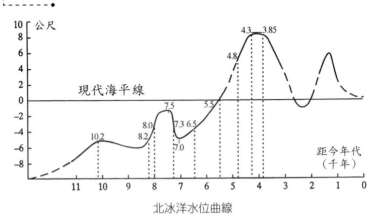

北冰洋水位曲線

俊偉同學　我們已經討論過，彭頭山文化和上山文化的年代是相當的，老師又認為它們都是稻作農業的搖籃。那是不是可以認為，長江中游和長江下游，都是稻作農業的起源地呢？這兩個地方的人們在相近的環境下，在相近的動力背景下，獨立地發展稻作農業的技術，並形成「大溪─屈家嶺」和「馬家浜─崧澤」同樣輝煌的古文化。

靜云老師　首先，我沒有說過上山遺址有稻作，只是說有這種可能性而已。

俊偉同學　但是上山遺址有發現稻穀。

靜云老師　沒那麼簡單。彭頭山文化曾在遺址發現稻穀的植矽石，浙江小黃山文化也有，但它的時代略晚。而上山文化只是在陶胎中發現稻草的遺跡而已。這可能只是因為周圍稻草很多，上山先民在製陶時，用周圍的稻草來作製陶的摻和料。周圍有很多稻草，用稻草作陶器摻和料，並不足以證明人們食用稻穀，更加不能證明稻作的萌芽。

此外，我們從另一個角度思考，長江中游和長江下游，是否都是稻作農業的起源地呢？恐怕只有長江中游才可以算是稻作農業的起源地，而長江下游則不是。在回答這個問題之前，我們必須釐清一個概念，即「什麼是稻作農業的起源」。雖然長江中游和長江下游對稻穀的栽培、馴化方面都有著重要的貢獻。但是，孩子出生了，卻不見得每個都會長大成人。稻穀的原始栽培行為，只能算是「原栽培稻階段」或「農業發生

期」。若涉及某種大型技術的起源問題，這類技術必需是經歷了「萌生期—發展期—成熟期」三個階段。如果某地的稻作農業技術在萌生期後就中斷了，這種沒有後續發展的起源，對我們尋找傳承至現代的某項技術的起源，自然沒有任何意義。因此，技術起源的重點在於「發展」二字。

野生稻與栽培稻的差異

俊偉同學　老師，不好意思，我還有一個有關科技的問題。很多文章討論野生稻和栽培稻的差異，但是我作為植物考古的外行，看文章裡有關統計野生稻與栽培稻的指標，基本上不大能說服我，似乎早期栽培穀類的指標很模糊，遺傳學的試驗也做得不多，一般只是用形態學去談，但幾千年、甚至上萬年的穀物早已碳化，變形程度也很大，當時栽培的程度更難以確定。所以有些學者認為上萬年前已有栽培稻，另有些人認為距今 8000 年還是野生稻，標準不一，標本也不甚明確。所以這問題使我迷惑。

靜云老師　俊偉確實看出要點！在新石器時代早中期，野生稻、栽培稻雖然可通過形態學研究進行區分，但一些形態上界於二者之間的標本就很難界定了。目前遺傳學方面的研究尚顯不足，但最近學界正在積極討論並嘗試補充這方面的證據，雖然目前還沒有公認的標準，無論如何，這都是好的嘗試。

不過，大家可以不用過分糾結，我們的研究對象不是植物而是人的社會，植物的形貌只是為我們提供更多的論證資料而已。所以我們沒有必要只看科技對植物的檢測結果，反而需要有系統地考察當時人的生活方式：包括他們流動率的高低、定居生活的有無、糧食佔比的多少等；此外，還需全面參考當時的自然環境，瞭解聚落的安排、用具、禮器、埋葬方式等等。

長江中下游的多元與傳承

長江中游和下游的自然條件與農耕發展

靜云老師 那我們接下來就具體對比一下，長江中游和下游在早期栽培稻穀後，兩地農業技術的發展情況，看看哪一區域在稻作萌生後，還能持續發展其稻作模式，而且技術和文化呈現一脈相承。

首先，我們來看長江中游的情況。在這裡，整個技術體系、文化體系、社會組織都是一脈相承的。這一傳統從彭頭山文化時期便開始了。在彭頭山文化晚期，皂市下層文化開始接續彭頭山文化，雖然皂市下層時代人們換新的聚落，開拓旁邊的平地，但文化的連續性毋需存疑。除了傳承文化、發展農耕技術外，居民的聚落點也逐漸向平原地帶擴展。

其後的湯家崗文化在傳承的同時，更進一步發展農作技術、聚落建設、精神文化等。湯家崗文化的先民已發展出可以在一個聚落生活數千年的技術，如城頭山遺址的地層從湯家崗文化至石家河文化都有。這時，由於人口的發展，促進了更大規模的稻作形成。因此，澧陽平原和洞庭湖平原的稻作面積大幅地擴展，也擴大了自然的沼澤地。同時，在湯家崗文化、大溪文化時期，由於氣候持續暖化，淡水的江河湖泊水位和海平面都不斷升高。於是，湯家崗文化晚期已明確出現治理水系的情況，以此保障豐收的穩定性。而且，由於長江中游地區離海較遠，沒有海侵的傷害，所以土壤不易鹽鹼化，其土地之豐腴，地域之廣闊，保障了長江中游農業的可持續發展。

而且這種「廣闊」不是過度「廣」，而是廣得恰到好處。對於剛發展稻作的彭頭山先民而言，澧陽平原不廣不窄，正好符合當時人們所能掌握的大小；地形又不過於平坦，通常是相對高度 3 至 25 公尺的崗地和低窪濕地以及之間不高不低的平地，構成理想的生態環境。崗地下有小動物棲息而隱藏其獵獸之區；淺溪中有小魚、蝦鱉、蛤蜊、淡水螺，所以這也是水鳥獵區；深河有大魚；沼澤湖泊中蓮藕、菱角密佈，河邊、溪邊有水稻。這是漁獵、採集、以及發展農作的天堂，促使這一地區維持了數千年間一脈相承的發展，進而形成高水平的生產力和結構化的社會組織。其後皂市下層與湯家崗文化的先民繼續向東開拓更大的洞庭平原，而大溪文化的先民則邁出鄂西臺

地，挺進到更為廣闊的江漢平原腹地。總的來說，稻作技術與文化的每一次進展，在長江中游地區都相應配合開拓一個更大的、與這種技術能力相適應的平原區。

但是，反觀長江下游的新石器時代中期，相較於澧陽平原穩定的自然條件。寧紹低林山麓地區生態環境雖良好，但空間很窄，回旋餘地很小，海侵、海退的波動造成了其另類的發展模式。我們現在如果秋天去浙江可以觀察聞名的「錢塘潮」，每年陰曆八月十六至十八日，由於太陽、地球與月亮幾乎成一直線，這幾天地球上的海水受到的引潮力最大，容易出現海潮，這也是長江下游發生海侵的實例。

梓浩同學 唐朝詩豪有詩云，「八月濤聲吼地來，頭高數丈觸山回。須臾卻入海門去，捲起沙堆似雪堆。」就是描述錢塘潮。

靜云老師 對，但是這種詩意感實際上很可怕。現在錢塘江兩岸有高聳的石堤岸，海潮還是會跨越它，不過現在的技術條件已基本上使其只成為賞看的景觀，但這更容易使我們相信，在技術不足的早期社會，在未有任何防護堤岸之前，會一直造成農產與居住的風險，更不用說，它對農產的發展帶來的負面影響。

長江下游的地形破碎，平地的海拔很低，這不僅對聚落造成風險，農作還因經常性的海水倒灌現象而受害。所以，我們可以看到這地區上山文化、小黃山遺址，錢塘江邊上跨湖橋文

錢塘潮

化（約距今 7200 － 6800 年）和聞名的河姆渡文化（約距今 7000 － 5500 年），他們的文化面貌明顯不同：聚落的安排、建築結構、農作技術、工具、用具的樣式繁多且互不相似，整個長江下游新石器中期的文化面貌顯得十分破碎，在距離間隔相近、時代接近的地區裡，竟然可以發現好幾種互相之間極少傳承的文化，而且這些文化也因環境不穩而相互斷絕。

詩螢同學 跨湖橋和河姆渡兩個文化都很精彩，但是真的差異很大，差不多同時開始（距今 7100 年左右），但是跨湖橋的位置太低，存在大概 300 年就被淹沒了，河姆渡人很厲害，發明高於地面的干欄式建築，所以能繼續生活。上過靜云老師中國上古史課的同學，都印象很深。

柏熹同學 上過立新老師新石器時代考古課的同學，也印象很深。

立新老師 不熟悉的同學，請自己翻閱資料自行補課，這門課沒時間都講得完整。

明立同學 不好意思，老師，我有一個問題。從今天的地形圖上看，長江下游環太湖平原是一片開闊的相對完整的區域。我們都有一句話，叫「蘇湖熟，天下足」，意思是蘇州、湖州的稻米收成好了，就足夠全天下的人吃用了。老師為什麼會認為長江下游的地形比較破碎呢？

靜云老師 因為我們要站在古人的角度去思考，去看看古人眼中的長江下游有怎樣的地貌特徵，這就需要借助一些地理學

的研究資料了。首先，無高低海拔差的平地是生態很貧乏的環境，小動物沒有地方可以棲息養幼，猛獸、鷙鳥因沒有食物也不會來。地形過於平坦，則樹木難於生長，樹林中的鳥禽猛獸也因而缺少棲息之區。加之草坪稀薄，所以吃草的動物也少來，昆蟲也缺乏食物，土壤很難變得肥沃。

而且根據土壤學的研究，太湖平原的土壤，實際上是十分年輕的土壤，這個我們上次已經談過，經過幾次水位升降，慢慢累積堆積層，距今 7000 年前後土壤開始發育，距今 5500 年土壤變得肥沃豐腴，低地形成了很多肥沃的沼澤，而崗地則發育有較好的常綠、落葉闊葉混合林，並開始看到稻作的證據。而且由於此時長江中游的稻作已累積幾千年的經驗，長江下游可以借鑒和模仿，所以下游地區的稻作發展迅速，約於兩、三百年內全面開拓了太湖平原。這就是輝煌的崧澤—良渚環太湖文化圈（約距今 5600 − 4300 年）。

所以，如果我們挖掉太湖平原這一大塊廣闊的空間，再來看長江下游地區，我們看到的就是一些支離破碎的小型流域平原，例如寧紹平原即河姆渡文化所在之區，它擁有農作田地的自然條件，但其腹地卻十分狹窄，且離海邊也太近。即使河姆渡人不斷地發揮自主能動性，不斷地嘗試去適應這個環境，但那些先進的干欄式建築、對於農業週期的深刻理解，都無法助其擺脫困境，曾經輝煌的河姆渡文化只能在掙扎中失傳，只有部分精神文化被後來的良渚人所繼承。

相比之下，長江中游擁有優良的發展環境。以澧陽平原為例，它的地形是複雜崗地和低谷沼澤、洪積平原、沖積平原相結合的結構，生態豐富。同時，澧陽平原的低地是河流沉積土，是理想的肥沃半沼澤土壤。加上澧陽平原背後有廣闊的發展腹地，長江中游地區又不受海侵影響，自然就成為了農業起源和發展的樂土，一脈相承的文化也由此衍生。

長江中、下游的來往

詩螢同學 如果跨湖橋文化、河姆渡文化的稻作技術都沒有傳承下來，那後來馬家浜文化、崧澤文化的稻作技術又源自何方呢？

靜云老師 我剛才已經說了，長江下游地區的稻作技術，應該是從長江中游傳播過來的，尤其是崧澤文化（約距今 5600 － 4800 年）。

詩螢同學 是不是在馬家浜文化時期（約距今 6800 － 5500 年），長江中游和長江下游的人群就有了比較緊密的聯繫呢？

梓浩同學 根據一些學者的研究，長江中游和長江下游在馬家浜文化以前就有文化的交流了，皂市下層和跨湖橋文化，甚至早到彭頭山文化和上山文化。

靜云老師 這我反而不贊同，長江中下游的交流應該從屈家嶺和崧澤文化才成為常態，在此之前的交通只像是稀疏的蜘蛛網。有學者認為，跨湖橋文化

的陶器，與長江中游皂市下層接近，並認為後者受前者影響。但是，各位同學請仔細對照皂市下層與跨湖橋文化陶質禮器，其實兩個系統之間很難發現實際的關聯性。皂市下層文化已經是完全定居的農耕文化了，而且主要生活在自然條件十分優良的澧陽平原，還沒有出現大的災害和人口壓力，而且在澧陽平原與錢塘江海口之間的距離近一千公里，如果走當時較可用的長江的路線顯然更遠。

立新老師　如果從澧陽經漢口、九江，沿長江到江蘇南京、鎮江，再沿太湖南下到杭州，大約 1800 公里。

靜云老師　是。此外，跨湖橋文化人們的生計與採行農耕的皂市下層文化不同，跨湖橋文化的人群主要依靠河海為生，植物類的採集、海上的漁獵活動往往超過農作。那麼，已定居並從事農業的人們出於怎樣的動力，導致他們背井離鄉，從生活便利的地方遷徙至必須更換自身原來生活方式的遠地，嘗試從農夫的角色轉換成漁民呢？這種邏輯實在是難以讓人信服。

梓浩同學　但是，跨湖橋文化與皂市下層文化之間，陶器的特徵確實存在相似之處呀。

靜云老師　這種相似性其實並不大，而且很可能是因為陶器製作目的相近的緣故。大家親眼比較：左邊是皂市下層文化的鏤孔紋的白陶盤；右邊是帶彩繪紋的跨湖橋文化豆。

梓浩同學　這兩件的器型的確不像，但應該有器型更為相近的。

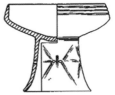

左：皂市下層文化圈足盤　　　右：跨湖橋文化豆

立新老師 是有形狀近一些，但也近不到需要考慮為文化來往的程度。

平原上的創造者與山嶺間的傳播者

靜云老師 不過這並不意味著長江中下游從無關聯。首先，一群以狩獵採集為生活方式的族群一直流動於澧陽平原周圍的山脈一帶。以湖南高廟文化為例，他們傳承了舊石器晚期深刻的精神文化，並從農耕新族群中吸收了一些技術，一些新的資訊，並保留了遊獵採集這種流動率高的生活方式。比較高廟文化與湯家崗文化，我們可以發現陶器的器型有十分相似之處。如果高廟文化的陶器沒有那獨特的刻紋，不熟悉這兩種文化的同學甚至可能會混淆他們的陶器器型。由於這些「山地人」有高流動性，他們在江南山地中流動，自然會傳播陶器技術和形狀，例如高廟文化的白陶，在晚期也有少數到達長江下游地區，出現在錢塘江北岸馬家浜文化羅家角遺址以及太湖以南丘陵地帶等遺址。所以，山區小徑當時是整個江南一嶺北地帶的關聯之網，是文化

交流的重要線索。

鈺珊同學 太美啦！能不能再說說年代？

靜云老師 沒錯！湯家崗文化在澧陽平原從距今7000 到距今 6000 年左右；高廟文化也大概是從距今7000 年或略晚開始，但是到差不多距今 5000 年還在；長江下游的白陶片大概出現在距今 6000 年的地層中。

鈺珊同學 高廟的陶片上還有鳥頭，太精彩了。而且它跟河姆渡的鳥頭禮器很像！看起來他們也有來往！

梓浩同學 郭偉民先生好像也提出了「南嶺中心帶」的概念。

南嶺中心帶

靜云老師 沒錯，就是「南嶺中心帶」。而且這種印紋陶不僅是在嶺北才有，也傳到嶺南珠江流域，一路到香港，所以南嶺確

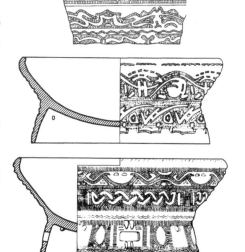

湯家崗文化白陶

高廟遺址出土的印紋白陶

左：浙江羅家角遺址出土的印紋白陶

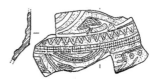

右：江蘇神墩遺址出土的印紋白陶

實是一個主軸。第二，水上交通的發展。如跨湖橋遺址的先民雖然已有簡單的耕作，但生活在自然環境不夠穩定的情況下，他們的生計模式主要應該是依靠漁獵和採集。生活在錢塘江匯入海洋海口是為了全面獲得淡水和鹹水裡的動物和植物維生，跨湖橋人應該是採取半流動的生活方式，既不是山地獵民的高流動，也不是早期農作的季節性遷徙或完全定居，而是循水路流動。跨湖橋遺址發現的大量石錛、木槳、木舟的殘塊，以及那大得驚人的獨木舟，就是遠路水上交通的最好證據。

悠然見南山

跨湖橋遺址出土的巨大獨木舟

因此，山谷逶迤小徑、河溪的蜘蛛網式交通網絡，以及平原江河的寬廣通道，形成了一個龐大的傳

播網絡，從而形成了採用相近器物的「大江南文化體系」。但這一體系實際形成的時代應該要稍晚一些，可能在距今6000年以後。這時候馬家浜文化的人從錢塘江的北岸往北擴展，開始開拓太湖平原。在幾百年後，崧澤文化的先民開始循長江而下，並到達太湖平原和長江三角洲。崧澤文化的工具與長江流域的工具基本相同，稻作技術也與湯家崗文化相仿。不過快速習得這些技能之後，崧澤、良渚文化的先民又配合自己的需求，再進一步更新技術，進而發展出獨特的社會與文化。

詩螢同學　老師是不是認為馬家浜文化的先民是本地人，而崧澤文化的先民則是從長江中游順流而下？我沒聽錯吧？

靜云老師　不完全這樣。馬家浜文化在錢塘江下游形成，因先民需要發展稻作，進而逐步開發及利用至太湖之北。崧澤文化的形成應該在太湖以西的丘陵地帶，即寧鎮丘陵區域。崧澤文化的先民應該是獵民族群，崧澤遺址下層的部分遺跡顯示了獵民的特徵。這些獵民因為沿著長江流動，熟知長江中游耕作的生活方式，並已逐漸瞭解到這種定居生活的優勢。在距今5600年以後，有一群太湖以西的獵民下到平原耕地，之後在很短的時間內形成技術和文化水平都很高的崧澤文化，擴展也很廣，基本上覆蓋了原來馬家浜文化的區域，而且向北越過了長江，開拓江北、江淮地區。

　　不過，我剛才所說的是一種翻看資料而得到的感覺，還不是嚴謹的結論。

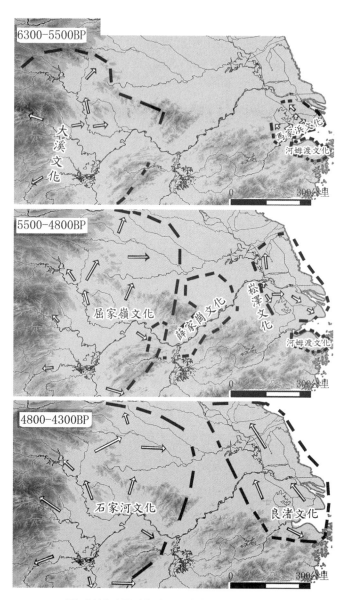

長江流域建國時期主要文化範圍及擴展方向

梓浩同學　其實我也有這種感覺。人群的流動這個問題實在很有意思。考古學家其實就是偵探，我們要從他們留下的蛛絲馬跡中瞭解他們的生活。

靜云老師　這方面目前還沒有系統的研究，感興趣的同學可以考慮搜集這方面的資料，循著長江來瞭解馬家浜、崧澤、北陰陽營、凌家灘、薛家崗等文化的關係。這是我很希望看到的論文。嗯，我們已經說得太遠了。總結一下稻作起源的問題：我認為，稻作農業的起源和發展，都應該在長江中游，而且最早正是在湖南的澧陽平原發展起來的。

從爬樹到種地，從種地到建國
（準備下堂課討論）

立新老師　我們還是回到長江中游的主題。地球上的生物層，經過幾億年的演化，衍生了人類這個物種，不僅採集食物而且學會自己創造，這種創造食物資源的方法就是栽培。從生活到生產是一個漫長的歷史，但是接著還有新的歷史開始：從食物的生產到國家文明的衍生。這是我們下幾場課要討論的問題。

　　在距今 5500 至 4800 年的地圖上，可以看到長江下游崧澤文化人群發展稻作的時候，在長江中游有屈家嶺文化，這是中國境內最早的「聯城邦國家」。就長江中游而言，星羅棋佈的

城址群最為引人注目。大家都知道，在目前發現的諸多屈家嶺—石家河城址中，澧陽平原的城頭山遺址是迄今最早的、發掘面積最大的城址之一。而年代略晚、已經發現的還有二十多個城址分佈在澧陽平原及江漢平原一帶。因此，長江中游的屈家嶺—石家河文化城址，是世界上古史不容忽視的問題。

實際上，這些城址的產生、發展、變遷和衰落，牽連著長江中游以稻作農業為基礎的生產體系，與以大雲夢澤為中心並以湖泊水網為樞紐的區域合作交換，影響聯盟體系的興衰。

麗霞決定碩士論文寫城頭山遺址，所以下次由麗霞作報告，請同學也詳讀相關資料，能夠參加討論。希望我們每次討論越來越熱鬧！

從爬樹到種地

沃土，山嶺，草原
——我們的世界是多樣的（課後感想）

詩螢同學　關於稻作起源的相關問題，我以前對這方面涉獵較少，只知道稻作應起源於長江流域，並且於多個地點都發現距今 10000 年左右的水稻痕跡，我本以為稻作可能是多元起源，或者尚未有肯定的答案。但根據靜云老師的分析，我知道了這個問題並不是只看水稻遺址的碳十四年代，反而比較時代早晚就可以確定的。

　　碳十四年代雖然是通過科學檢測來得知的定年方式，然而其結果並非像以往我所認為的準確數字，而只能算是一種可能性。雖有樹輪校正的方式來增加準確度，但樹輪校正的計算方式由於早期和晚期方法不一，而產生出不同的結果。所以在利用碳十四進行比較研究時，應以同樣的校正方法得出的年代數據為基礎。

　　靜云老師由比較長江中游與下游的自然環境入手，雖然長江流域都屬於野生稻可以生長的區域，然而長江中游地區的自然環境遠較長江下游地區優良，因為空間廣闊、土壤肥沃、地形完整、水資源豐沛，並且無海水侵蝕的威脅，因此長江中游地區孕育出的文化具有一脈相承的特殊性，雖然歷經千年時光而內在因素有所改變，但卻是從未斷絕，無論是信仰內容、工

藝技術、建築方式等各方面均可見到其傳承的痕跡。

長江下游則不然，其肥沃的土壤較晚才沖積形成，地形在距今 10000 年左右相當破碎，土壤也比較貧瘠，尚無太湖平原，又常面臨海侵威脅，這種自然環境造成文化不易傳承，技術也時有斷絕。在這種惡劣環境之下，要緩慢培育水稻、發展種植水稻技術是相當困難的，而長江中游則因為得天獨厚的自然環境使得他們可以發展出最早的水稻技術，並傳至長江下游，長江下游的水稻技術因此和長江中游有部分相似之處。

而長江中游和下游之間技術的傳承與交流，靜云老師認為可能是經由居於山地的狩獵採集族群傳播的，當他們在江南山區活動時，自然地會交流各地的技術而達到傳播的結果。我認為這個想法相當有意思，一般在分析古代各地交流情況時，談到流動的族群，總認為是草原上的騎馬族群，至於山區的狩獵族群較少談論其流動情形，這是否也和我們現在對於山地的狩獵族群瞭解不足有關呢？我們經常不知不覺地將定居農耕族群的思考方式，套用在目前的新石器時代研究中，認為山地未開發，所以應該沒什麼人居住，或是認為山地被居於平地的定居農耕族群所掌控，受到農耕文化的覆蓋，彷彿當時的山間居民皆是定居，與農耕族群採取同樣的生活方式，但這顯然是比較晚近時代的情況，和上古時期大不相同。所以靜云老師這樣的說法雖然新鮮，但我認為應是較符合實際情況的。

夜梟睡不著，看書！（推薦閱讀）

郭靜云、郭立新，〈論稻作萌生與成熟的時空問題〉，《中國農史》，2014
　　年第 5 期，頁 3 - 13，第 6 期，頁 3 - 13。

郭立新、郭靜云，〈上古國家與文明研究中年代學方法的反思〉，《南方文
　　物》，2016 年第 4 期，頁 17 - 31。

郭立新、郭靜云，〈早期稻田遺存的類型及其社會相關性〉，《中國農史》，
　　2016 年第 6 期，頁 13 - 28。

郭偉民，〈南嶺中心帶史前文化現象考察〉，《考古與文物》，2008 年第 5
　　期，頁 13 - 17。

嚴文明、安田喜憲編，《稻作、陶器和都市的起源》，北京：文物出版社，
　　2000 年。

呂烈丹，《稻作與史前文化演變》，北京：科學出版社，2013 年。

陳勝前，《史前的現代化——中國農業起源過程的生態考察》，北京：科學出
　　版社，2013 年。

GW Crawford. Early rice exploitation in the lower Yangzi valley: What are we
　　missing? *The Holocene* 22(6) 613–621.

Dorian Q.Fuller Emma Harvey & Ling Qin. Presumed domestication?
　　Evidence for wild rice cultivation and domestication in the fifth
　　millennium BC of the Lower Yangtze region. *ANTIQUITY* 81 (2007):
　　316 - 331.

Laurent Sagart. The expansion of Setaria farmers in East Asia. Past Human
　　Migrations in East Asia: Matching Archaeology, *Linguistics and Genetics*,
　　2008.

第四場
國家誕生的曙光：
城頭山城址

「史前」是誰的史前？有人，就有歷史！

（上課時間已到，同學們開始互相熱烈討論……）

梓浩同學 噓！我們今天要討論史前城址，麗霞已經準備報告！

靜云老師 首先要特別說明，學界常用「史前」一詞指稱屈家嶺文化與石家河文化，包括用「史前城址」的用語（已有城、已有古國社會怎麼還會被稱為「史前」呢？）。「史前」（prehistory）一詞的本義是指文字書寫出現之前的時代。同時，這一詞在使用過程中還往往帶有將歷史他者化和滅亡化的意味，似乎史前屬於他者已滅絕的歷史，是跟我們後來的歷史不相干的。在人類學裡，「史前人類」常指與我們現代人不同的過去的人種；而生物學裡「史前動物」或「史前植物」常指已滅絕的生物種類；同理，殖民者來到美洲，把之前原住民的歷史視為「史前時代」。

史前？

在討論中國上古史時，如果採用文字起源的指標來認定「歷史時代」，那麼可能會因為中國早期有很多文字沒有留傳下來，所以無法確定「歷史時代」從哪裡開始，以及「史前時代」的終點在哪裡。同時也意味著所

定義的「史前」，與後期的歷史發展不相干，這個詞在當下具有意識形態化的色彩，當前學界將其終點確定在距今4000年左右，這其實是受大一統的王朝歷史觀的影響，即武斷地認定夏王朝存在於鄭州洛陽地區，且開始於距今4000年，以此作為中國歷史的起點。在這之前都是他者的、滅絕的「史前」，是「非中國文明」的人類活動。

然而，通過實際的研究，我們已經知道，長江中游地區具有文字的國家文明發端於距今5500年之前，經屈家嶺文化、石家河文化和盤龍城文化，一脈相承到殷周及以後。石家河文化和盤龍城文化的範圍大致相同，以湖北為中心帶，涵蓋湖南、河南的西部和中南部（所謂二里頭和二里崗屬於盤龍城文化的北方類型）、江西的西北部。盤龍城文化以目前在中心地區發現的最大而且遺址最豐富的武漢盤龍城遺址命名。盤龍城文化的興起，所代表的就是湯商國家。石家河文化大概涵蓋堯舜三苗及夏的歷史。越早的歷史往往是越模糊的傳說，但根據考古資料，從大概距今5500年興起的城頭山城，到大概距今3700年興起的盤龍城，是一個大文明的發展歷史，中間經過數個國家組織型態和朝代的變化。其中，城頭山早期農耕國家型態奠基於湯家崗和大溪前國社會的發展，後者又以彭頭山和皂市下層稻作生計和文化為基礎。八十壋遺址是長江中游彭頭山文化晚期的遺址，8000年前的一環壕牆垣聚落，而城頭山是天下第一座城及約5500年前建的小邦國，盤龍城則是強大王國的都城。

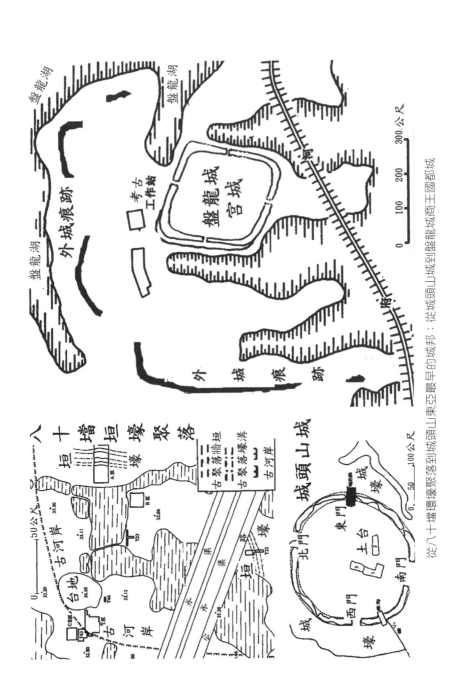

從八十墻環壕聚落到城頭山城 從城頭山城到盤龍城商王國都城：東亞最早的城邦

夏和湯商的歷史發生地不是在鄭州洛陽，而是在長江中游地區，並奠基於更早的文化傳統。在此情況下，如果繼續以距今 4000 年為界、將歷史劃斷，用「史前」這一概念指稱此前的時代，一方面並不符合實際情況，同時還意味著割裂歷史的聯繫，或否定長江流域作為文明起源地的重要性。把「史前」和「歷史」劃分在距今 5500 年之前的屈家嶺文化城邦出現之際也不妥，因為屈家嶺文化之前也可見一脈相承的發展過程，不宜用這種表達「滅絕」的概念來割裂它。

對於大多數人來說，當前「史前」這種用法雖屬集體無意識，但很容易誤導研究者和民眾，或將中國的文明起源研究引向一個錯誤的方向。所以在討論中國上古史時不建議使用這個概念。

國家出生的地層學

稻作聚落仰賴治水能力

靜云老師　今天這個主題很重要，在同學開始展示之前，我再給各位同學一些思考的要點。首先，彭頭山遺址其實很有趣，那時還沒有城，但是看它的房子佈局就可以發現很明顯的定居聚落區。由於稻作是一種比較困難的農作方式，一方面需

要高效協作而求高產，另一方面則需要涉及精密的水的使用與管理，這兩方面共同決定了稻作需要一種共同協作的勞動方式。因此，從彭頭山文化的生計模式和聚落形態，我們可以斷定彭頭山文化的人已經不是零散地居住了。再來思考北方黍作的情況，由於黍作往往是靠天吃飯，不需要共同的協作，以部落為單位就可以生產了，不需要涉及到管理水等複雜的問題，所以聚落出現的時間較長江中游晚。

立新老師　　對，以八十壋遺址為例，它的聚落是圓形的，彭頭山聚落外面也是圓形的壕溝或河道，圓形裡面大概有三萬平方公尺左右的空間。這顯然是一個比較大型的聚落。因為發掘面積小，所以內部的結構還不是很清楚，但是壕溝裡面發現的作物和水生的植物很豐富。彭頭山遺址實際上已經有初步的管理水的技術。

梓浩同學　　老師，也有學者說它是乾溝，雨季排水用，而不是蓄水用作稻田使用的，因為溝底沒有發現淤泥堆積。

立新老師　　我認為這些壕溝應該涉及到對水的疏導、管理和利用。這一點還需要更加深入的研究。

靜云老師　　我認為乾溝的概念，更適用於討論北方的遺址，主要是忽略了稻作的實際需求。理由很簡單，因為管理水既是為了保護聚落，又是為了保護稻田。並不僅是「排水」，而是「治水」，讓水按照稻作的需求，在需要的時候流向特定的地方，而且還能讓漲水時不致淹沒居住區，所以這兩點沒有矛

盾，是同時並存的。你需要在比較高的地方來營居，同時也要讓水在需要的時候流進來，在不需要的時候流出去，以此保護自己的農作和居所。

> **立新老師** 好，這次我們有請劉麗霞同學重點介紹城頭山遺址，而下次請趙柏熹同學介紹其它較晚的城址。

城頭山：
自然環境
與居住的
關係

城頭山考古挖掘現況

> **麗霞同學** 首先介紹一下區域的地理環境。城頭山城址位於東經 111.40 度、北緯 29.41 度。城址所在的澧陽平原屬洞庭湖平原的一部分，與江漢平原連成一片，呈喇叭形扇形帶。城頭山城址坐落在徐家崗南部東端，徐家崗平均海拔高度為 45.4 公尺，高出兩側河床 2 公尺多。城址東、南、北三方分別為高度 43 公尺和 44 公尺的平原地帶。

> **立新老師** 大家要注意這個地形，並且要仔細思考，為什麼中國目前最早的城會誕生在這個山前平原地帶。新石器時代在此居住的人類，他們究竟做出了怎樣的選擇？有選擇，就自然有犧牲，他們又犧牲了什麼，創新了什麼。我常常說，要有問題意識，大家要帶著這些問題，去看資料，並儘量回歸到當時的情景中，去發掘資料內隱藏的線索。

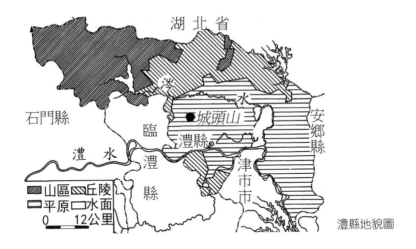

澧縣地貌圖

麗霞同學 下面介紹這個地區的基本氣候。澧縣屬中亞熱帶內陸季風氣候區，春秋溫和，夏熱冬冷，四季分明，光照充足，雨水豐沛。年均溫 16.5 攝氏度。土壤多係水稻土、紅壤、潮土，富有機質，涵養水分，適種糧、棉、油、林、桑、蠶等。城頭山遺址存在時間大致為全新世中期，也是全新世氣候最宜期——熱量、水分條件非常適宜各類植物繁茂生長。

柏熹同學 但是，這是現代的氣候條件吧，新石器時代的氣候條件應該與現在的氣候條件有一定的差距，這裡你用現代的資料來說明新石器時代的氣候是不科學的。

立新老師 柏熹說得對。我在《長江中游地區初期社會複雜化研究》書中，第一章就涉及到關於長江中游新石器至青銅早期氣候的變化情況，大家可以參閱。此外，近來我和靜云老師

進一步研究北冰洋氣候變化曲線與中國考古學文化興衰的關係，發現新石器時代至早期青銅時代，中國考古學文化的興衰與氣候變化息息相關。

麗霞同學 謝謝老師提醒。城頭山的發掘從 1991 年冬開始，至 2002 年春，連續發掘了十二年。發掘面積達 6064 平方公尺。在這十二年的發掘中，湖南省文物考古研究所做了大量的工作，清理了從湯家崗文化到石家河文化的大量遺跡和遺物，最後出版了《澧縣城頭山》發掘報告。就考古學文化分期而言，城頭山遺址主要包含了湯家崗文化到石家河文化的遺址。其城址則由大溪文化開始，經歷了從開始到消亡的過程。

立新老師 他們工作開展得多，而且也發掘得很細緻，加上長時期堅守在這個有重要發現的遺址上，有點像當年中研院史語所發掘殷墟的情況一樣，長期的堅守後，最終換來了世人肯定的成績。作為一名考古工作者，大家應該向這些前輩學習。

柏熹同學 （摩拳擦掌狀）我也希望將來能夠主持一處能長期主動發掘的遺址啊。

梓浩同學 你有機會的，你打牌時手氣不錯。

立新老師 哈，除了拼智能和耐力，有時考古人還真的需要拼運氣呢！柏熹能把打牌的運氣轉到發掘中就好了。（同學們都大笑）（按：後來，柏熹參加了 2015 年度石家河城址的發掘。應老師吉言，柏熹把打牌的好運氣用到了發掘上，親手參與發掘出上百件珍貴的玉器。這些玉器製作十分精美，其工藝水平明顯超越

了良渚玉器，以往還曾經被誤認為是西周時期的玉器呢。於是，柏熹就成了我們同學之中最大的土豪，大家都羨慕他。）

麗霞同學 好，言歸正傳，接下來介紹一下城頭山發現的主要遺跡。

我們之所以會把城頭山遺址稱為最早的城，其證據在於它有明顯的、迄今為止最早的城牆。不同於北方地區後時代的城牆，南方地區早期城牆往往是斜向堆築而成的。城頭山最早一期的城牆在大溪文化一期（距今 6300 年）便已經存在，遠遠早於北方黃河流域最早的城址。

由於城址的拓展，又或者是城址發生某些功能性的變化，這些可以留待大家思考，之後又修了三期城牆，一共四期，每一期都是在上一期城牆的基礎上向外拓展，其中城南部較少變化，北部則向外擴張較多。城內面積一期只有五、六萬平方公尺，到四期擴大到 8 萬平方公尺。到了屈家嶺文化中期，城頭山完成了

石家河城中譚家嶺出土的玉器

最後一期「聚落拓寬工程」，同時，底寬達 37 公尺的超巨型城牆也隨之竣工。另外還配有環壕和護城河。事實上，環壕和護城河所指的一樣，只是在不同時期稱呼不同罷了。早期的壕溝稱為環壕，與三、四期城牆並存時稱為護城河。大溪文化時期一期至四期的壕溝遺跡，其中一、二期為環壕。大溪文化二期後段的時候，環壕開始淤塞。

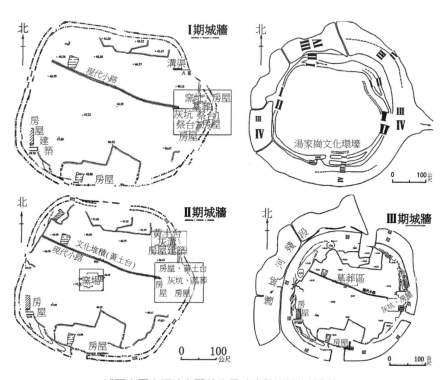

城頭山歷來垣壕和聚落佈局（據發掘報告繪製）

梓浩同學 小時候，我家的旁邊就有一條小河涌，它的底部會積累大量的淤泥。淤泥多了，河涌就有可能堵塞，如果長期放任不管，這條河涌就可能被淤泥填滿了。

麗霞同學 對，就是那樣淤塞了。到大溪文化三、四期時幾乎全部填滿，環壕上還出現了建築物，再後就在淤塞的環壕上築造了第三期城牆，並重新在城牆外挖出一條更加寬闊的護城河。有趣的是，地層中有一層是靜水沉積層，其中發現了木槳、木艄以及可能是船構件的帶榫眼的木板和很長的圓木，於是推測這個靜水沉積層可能是第二期城牆時期使用並兼做停船的處所，也就是我們所稱的「碼頭」。

梓浩同學 這就是說城頭山當時已經有碼頭了？如果大家出入都用輕舟，不就是兩湖地區的威尼斯嗎？哈哈。

麗霞同學 這個也有可能哦！例如在江南的那些水鄉，坐船當然是比走路快呢！我想請教大家一個問題，如果說壕溝是用來防禦的話，那麼報告中提到的護土坡的功能是什麼呢？我想是不是防塌呢？

柏熹同學 有可能。根據一些建築的常識判斷，由於早期的壕溝和外面的水距離比較近，所以需要這樣的護土坡來保護，防止塌陷。而到了晚期的時候，因為護城河與城牆距離比較遠，所以就不需要了。

靜云老師 其實我們還需要反思一些問題。在我們研究上古史的過程中，腦袋裡裝的觀念起碼是以百年為單位的。然而，

這樣去思考問題真的正確嗎？大家想一想，城頭山是一座土城，土城能承受以百年為單位的滄桑變化嗎？尤其在河網密佈的南方，每一年的季節性洪水過後，這些土城牆肯定都需要修復吧。經歷年復一年的修復與改建，最後才成為我們看到的城牆遺跡。我舉兩個現代社會的例子，譬如臺灣的學校在寒暑假中會有一天停電，以便做全面的檢查，避免在關鍵的時刻沒有電，如果需要維修，則會預先檢修好，而不是等到出事了才去維修；我的堂哥在美國一個部門擔任資訊工程師，他每天早晨六點上班前檢查內部網路的安全性，尋找有沒有駭客能利用的弱點等等。同樣的邏輯，土城也需要做日常的管理和維護，需要加強薄弱部位，避免洪水破壞廩庫或發生其他災禍。

　　這就給我們一個啟示，是否大溪文化早期時，並沒有一個完全完整的城？或者那時候城頭山遺址的聚落只有一部分被城牆所保護，而另一部分則是暴露在外的呢？或者有部分的城牆，曾經被洪水沖毀後又重建起來。我表達這些，想要說明的就是「羅馬不是一天建起來的」，城頭山可能也不是一下子就能建成完整的城牆。因此，如果我們以更微觀的時間框架去看問題，可能會有更多有趣的發現。

麗霞同學　老師，我有一個問題，報告中講到護城河裡面的水跟自然河道相通，那護城河裡面的水是如何導引來的？也做為城內居住區的人使用的水嗎？

立新老師　八十壋遺址的環壕也是與古河道相連，這種做法

源遠流長。水到處都有，外面是一大片平地，水可以從高處流進來。因為過去的河道走向現在已經很難完全瞭解了。從目前來看，這個城址比周圍稍微高一點點，周圍是一大片平地，所以一漲水，這裡就面臨水的威脅，所以我覺得它最初建圍壕是為了治水、用水和水運，而不是防人。之後，除了要建壕溝之外，還建立了城牆，這時才有了防人的意義。

城內稻田：是否神廟用於饗饋神明？

麗霞同學　我們先看湯家崗時期的遺跡。目前發現那時候的一些灰坑、墓葬、壕溝和稻田。到湯家崗

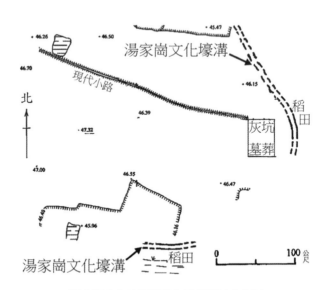

湯家崗文化時期聚落佈局與遺跡分佈圖

文化時期，水稻的生產在長江中游地區已經經歷了漫長的發展和演化，其演化要比更早期的八十壋遺址古稻的演化進展大很多：

古稻遺址	比普野稻粒長縮短	粒寬增長	粒厚增長	粒重增加
八十壋距今 8000 年	5.84%	5.84%	7.69%	8.14%
城頭山距今 6500 年	4.67%	27.24%	36.26%	74.24%

城頭山與八十壋古稻差異

　　總結來看，城頭山湯家崗文化古稻已屬較為成熟的古栽培稻，當時人們的水稻種植技術已相當成熟。城頭山遺址最為重要的發現之一，就是湯家崗文化時期的稻田遺跡，它發現於第一期城牆和最早的文化層之下，生土層之上，露出純淨的青灰色靜水堆積，其中還可以採集到碳化稻穀、螺殼等動植物標本。在水稻田的旁邊還發現了田埂，而且水稻田的耕作面積非常大，斜向橫跨了四至五個探坑。由此可見，這階段的稻作水平比彭頭山文化時期有了較大的進步。

柏熹同學　　我發現了一個很有意思的現象，那就是稻田遺跡附近有明顯的祭祀遺跡，這兩者之間是什麼關係呢？這片水稻田會不會是進行儀式專用的水稻田呢？

靜云老師　　在郭店楚墓發掘的《老子乙》中，有這麼一句話：「治人、事天，莫若嗇」。這裡面的「嗇」是什麼意思呢？在我看來，就是收穫的意思，可以進一步理解為農業。對

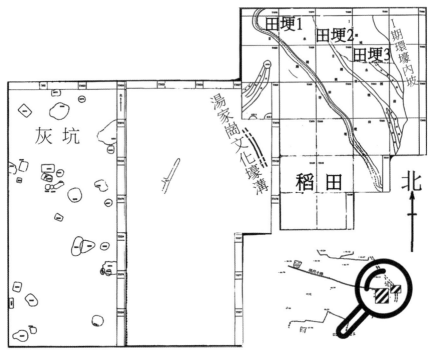

湯家崗文化的稻田

於以農立國的古代中國而言，農是國之根基所在。為了有好的收成，首領和祭司會在稻田旁邊進行祭祀也並不奇怪。我們一起看這幾個甲骨文的字體：

𣎵 這是「禾」字，無論是粟或稻，成熟時有這種形狀。

𣎵 這是「年」字，禾成熟，所以人背著禾走，年就是收成。

𣎵 這是「黍」字，與「禾」字有所不同，所以「禾」字最有可能是稻禾的象形字。

這是「米」，明顯已經是除草、除殼的大米。

這是「來」字，以禾形表達來歲、來福等意思，此禾形字後被借用來表達麥子禾，本義待考。

這就是「麥」字，看起來像是人手裡握著成熟的禾草。

這是什麼字？看起來也很像某種禾……俊偉來告訴同學。

俊偉同學 在甲骨學的研究史中，最早羅振玉和吳其昌先生都把這個字釋為「求」，後來很多學者開始讀為《說文解字》裡的「㳰」字。最近又不少學者提出，應該讀為「求」。這個字在金文和楚簡的寫法一致，而金文與楚簡都讀為「求」，所以在甲骨文也應該是「求」字，甲骨文裡一般是表達祈禱的意思，所以從用意來說也沒錯。老師在下面列的字是甲骨文「奏」字，是一種祈禱禮儀，寫法從「求」，這兩個字的讀音也相近，所以上面這個字應該就是「求」字。

靜云老師 沒錯。 這個字是「奏」字，兩隻手舉未成熟的禾，也就是「求」字。

為什麼「求」的祈禱對象為禾本植物？上面的幾個字意思都是指某種禾，而後面兩個是指祈禱？

甲同學 為什麼手裡握著的是禾本植物而不是木？「木」字好像也寫成差不多的形狀。

靜云老師 嗯，我們可以考慮 （「木」字）可能與「求」相關，但是如此一來，「奏」字要怎麼解釋呢？一個人兩隻手

舉起一棵完整的樹，包括它的樹根？聽起來，好像要大力士才辦得到。（同學們大笑）

立新老師 我認為「求」這個字有點像稻禾把的樣子。所謂稻禾把，就是那種將稻穀不脫粒而直接將稻穗稻草一起割下，捆紮成一把把的。我在廣西龍脊壯族做人類學調查時瞭解到，以前那裡有一種習俗，姻親之間送禮時外家需要給婿家送禾把，此處禾把象徵著生命的種子。也將禾把、稻米用於祭禮祈禱儀式中。師公作法時，一般首先用稻草掃除和淨化儀式空間，稻草似乎被認為有某種淨化能力；師公手持禾把或米粒，嘴中念念有詞以與神溝通，送神時也燃燒禾把或稻草，就好像稻是幫助人們與昊天諸神聯絡的媒介或本身就是諸神的象徵；不管什麼儀式，祭品中一定會有稻米或米飯，它們還是獻享給神的必備禮物。

靜云老師 立新老師說的民族誌例子很有意思。這是古代儀式的影子，經常由邊緣民族保留。稻禾既是天恩的表現，也是由人向天表達謝意的祭品，又是人與天之間的聯絡者。這觀念與城頭山城內的稻田有什麼關係？其實有很直接的關係。我個人認為城內的稻田並不是一般農產作用，而應該是廟用的稻田。當時社會應該已到達以神廟為最高的神權單位，神廟應有自己的經濟活動，但由神廟所生產的各種東西，經常都有神秘作用，如保護大家的年收，居住於城內外的人們構成以該城為中心的社會，求「年」（就是求稻禾）的祭禮活動在城內進

行，廟田裡的進行的祭祀活動就有求「年」的作用。

這類似於後期《禮記‧祭義》所描述「天子為藉千畝」的禮儀。意思相同的王藉田的記載在甲骨文也可見。湯家崗文化時代雖然還沒有「王」身份的人，但是，無論是晚期所謂「天子」或早期神廟的主祭司，都被相信並非以人力藉田，而是以天力藉田，以保豐年。城頭山的人們在城外應該有足夠的稻田從事生產活動，並不依靠城內狹窄的空間和小塊的稻田維生。所以，城內的小塊稻田應是社會祭禮、早期神權的遺跡。

甲同學　沒那麼神秘兮兮的吧！再說了，這些神秘兮兮的觀念，考古資料也不會直接告訴你這些。如此一來，所有的認識都是建立在「猜字決」的基礎上，完全不能實證。所以說，用考古資料來研究上古人類的思想觀念，是根本不靠譜的。

梓浩同學　按你這麼說，咱考古學科是不需要去理解古人的精神文化了？但你看國外的考古研究，英國考古學家科林‧倫福儒（Colin Renfrew）主張的認知考古學研究、霍德經典的結構象徵考古學研究不也研究古人的象徵系統嗎？

柏熹同學　甲同學不認同用考古資料來研究上古思想，主要是目前中國考古學的精神文化研究臆測的成分太多，所以讓人覺得不靠譜。但實際上，考古資料應該是可以研究精神文化的，只是比較困難，需要放在系的歷史脈絡以及盡可能細緻的出土情境中，以整合式的思維去瞭解古代精神文化的某些線索。所以，只要在有成熟的、可行的方法支撐和足夠的知識背

景下，我相信考古資料是可以研究上古精神文化的。

城頭山聚落的文化發展

麗霞同學 按照現有城頭山遺址的發掘成果，大溪文化一期時期，城內最主要生活區為城東區域，有房址、灰坑、墓葬、祭台；在城西南也發現有多座建築遺跡；城南湯家崗文化時期也有稻田，且在大溪文化時期依然被人們使用，其地層中發現了大量稻穀和稻草遺跡。

大溪文化一期城頭山聚落內部沒有發現窯址或其它手工業作坊，而大溪文化二期城內發現窯址，

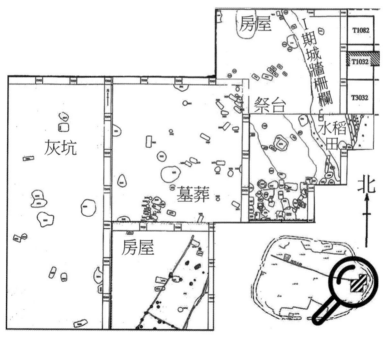

大溪文化一期聚落遺跡分佈圖

最主要生活區仍為城東區域，有房址、灰坑、窯址、墓葬、祭台和黃土台，無論從數量、分佈範圍、還是分佈密度來講，這一時期的城內生活區都要比前一時期豐富很多；在城西南也發現有多座建築遺跡。

　　總而言之，在大溪文化一期、二期時，城頭山聚落的發展速度十分迅猛。首先，從環境氣候的因素看，此時正值全新世大暖期的鼎盛時期，十分適宜人類的生存與發展，這主要表現在進步的農業技術和人口增長。澧陽平原的稻作技術飛速發展，在養活更多的人口的同時，由於人口持續增長，澧陽平原的聚落從點到面地擴散開來。其次，從城內佈局看，這一階段發現了人們用以居住或者進行公共活動的房屋建築，大溪文化一期較少，但有長方形的多間排房，應該是城內居民居住的房屋；而大溪文化二期發現的六座房屋建築，三座位於窯址附近，可能與燒窯設施有關，另三座分別位於兩處祭台附近，可能與祭祀活動有關，這樣看來，這些大溪二期的房屋遺跡似乎都不是用於城內居民居住和生活。

俊偉同學　不好意思，學妹，我打斷一下，你是怎麼判斷大溪一期的多間排房是城內居民居住的房屋呢？

麗霞同學　我也不能確定一定是居住用的。

立新老師　我首先補充一下。多間式排房，包含多個並列房間，這些房間並排構成一個整體的大房子。根據結構人類學家李維史陀（Claude Lévi-Strauss）的家屋理論，這種大房子可能

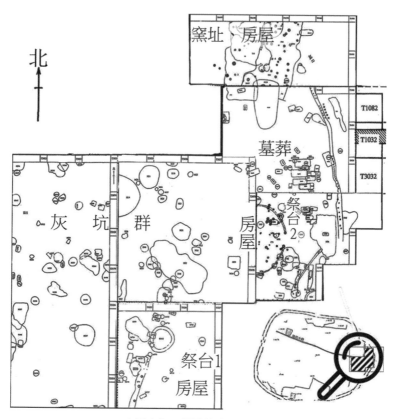

北

窯址 房屋

T1082

T1032

T3032

墓葬

祭台2 房屋

灰坑群

房屋

祭台1 房屋

大溪文化二期聚落遺跡分佈圖

代表一個親族團體，而每一個房屋則代表這個親族內的一個家庭單位。前者是一個「大家屋」（Great House），後者是一個「小家屋」（house）。有關城頭山的多間式排房是否用來住人，要從微觀和宏觀的角度去進一步分析。首先，從小處來看，這個房屋遺跡內部的空間結構如何，出土什麼樣的遺物遺

跡，有什麼樣的特徵？各自的出土情境又如何？其次，一步步放大來看，這個房屋遺跡與周圍的遺跡在空間上有什麼樣的關係？然後適當參考民族誌的情況，以及同時代其他遺址聚落的情況，最後作出自己的判斷。

麗霞同學　瞭解。通過對大溪文化二期灰坑中器物的件數和灰坑數進行排序，我發現這一時期的灰坑的情況也顯示出某種社會分化。大溪文化二期發現了窯址，且其規模較高、範圍較大，旁邊還有房屋建築等附屬設施。從陶窯的延續使用性和周圍灰坑出土的器物來看，這些陶窯是在為城內居民或者至少某一更大或更小的群體專門生產生活用具。同時，這一階段的祭台使用率也很高，甚至出現了兩處祭台共存的現象，在距離並不遙遠的兩地出現兩處祭台，說明祭祀的群體具有自我認同感和自我識別性，應是不同的社群各自進行喪葬、祈福或者祈求豐收的儀式性公共活動區。

立新老師　也有可能是同一社群在不同地點進行不同的儀式，而這種可能性更大。

麗霞同學　此外，大溪文化一期的墓地較為分散，墓葬等級分化並不十分明顯，個別墓中隨葬品數量和種類較多些；到了大溪文化二期，墓葬的規劃較前一時期集中，且出現了等級分化十分明顯的墓地，有隨葬品高達近 30 件的大墓，也有無任何隨葬品的陪葬墓或者低等級墓。

靜云老師　從麗霞提供的資料可以看到「中高等級墓葬的安

排一致」，這基本上說明了當時已形成有系統的喪葬文化。

麗霞同學　老師，看城頭山的遺跡，大部分屬於所謂的核心區域或特殊功能區，房屋與祭台跟祭祀活動有關，窯址及其周圍的房屋建築則是為集體生產日用器的場所。請問真正的普通居民居住、生產、活動和喪葬的地方何在？

靜云老師　你的觀察很準確。城是一個特殊功能中心，一般人不住在城內，城外一定有很多聚落和生產地。環壕的排水、儲水觀念，也就是治水的觀念十分有意思。從一個環壕聚落，一步一步發展為城址的演化過程也十分有意思。你看城內的所有房子，都是按照「四方」安排的，非常具有規劃性，這顯然不是一般的自然聚集的村落。目前城內的發掘面積還不足10%，而且如果城頭山真的是一個城，更大的人類活動區域應該是在城外，而不是在城內。城內是他們最關鍵的地方，是他們要保護的核心區域，這裡面包括了祭祀坑、主要的房屋、墓葬和保護區、專門化生產的作坊、儲藏倉庫等等。所以，城外是我們下一步考古發掘應該聚焦的地方，進一步瞭解當時一般民眾的生活情況。

麗霞同學　老師的意思是城內可能是那些有一定身份和地位的人活動的地方，而更多的居民可能是在城外區域居住。

靜云老師　是的。當一座城正式形成，就不再是普通的聚落了。而且那麼多房子有明顯的規律性，這很特別。

麗霞同學　換句話說，城頭山聚落不僅僅包括城內部分，可

能會更大，而修建的城牆可能只是為了保護群體共同的財產和集體的利益？

立新老師　一定是這樣。城與周圍的中、小型聚落構成一個體系，城的出現影響村落的演化。希望對這個問題，范梓浩同學將來能夠準備一個專題報告。先請麗霞繼續講。

麗霞同學　大溪文化三期的城頭山已經具有了較前一階段更為完備的功能區統一規劃，房屋、灰坑、墓葬、窯址和城牆、壕溝有機聯合，合理佈局，構成相對複雜的聚落系統，早期城址朝向更為集約的趨勢發展，人們生活區擴大的同時，集體公共的功能活動區也逐漸增多。

　　這一時期的發現可以概括為五點。第一，發現較高等級居民生活建築，在周圍的灰坑中首次出現玉器（玉墜和玉環）。第二，首次出現大型公共類建築，城東的七區北部也是大型建築遺跡的殘留。第三，開始發現有石鋤這類生產工具，又發現有紡輪、石鑿、石錛等生產工具出現於這一區域。據以上資料綜合分析，在該區域與第八發掘區之間的區域，甚至該區域範圍內的城外部分，可能確實還有與大型建築相關的一系列遺跡，若城頭山後續進行發掘，可對該區域重點關注。第四，首次在近城中心位置開闢專門的功能區，如大型手工業作坊區，中心區的佈局和功能更加成熟，似是在預先設想和規劃的基礎上修建和利用的，顯示出新石器時代人們居住的理念和生活的智慧。第五，燒窯場內房屋建築的居住面上，首次發現使用緊

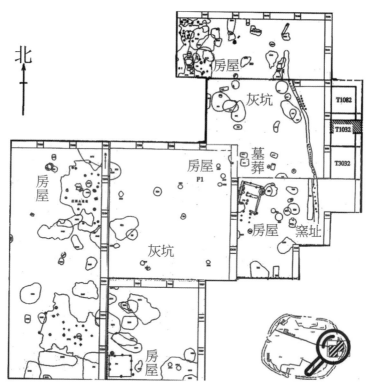

房屋

灰坑

T1082

T1032

T3032

房屋
F1

房屋

墓葬

房屋

窯址

灰坑

房屋

房屋

北

大溪文化三期聚落遺跡分佈圖：東區

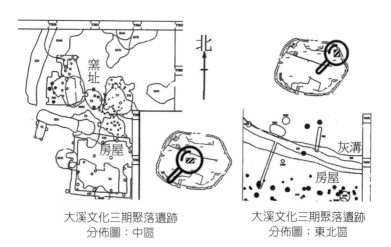

窯址

房屋

大溪文化三期聚落遺跡
分佈圖：中區

北

灰溝

房屋

大溪文化三期聚落遺跡
分佈圖：東北區

緻而堅硬的灰白土，與紅燒土面具的製作有異曲同工之處。這一系列「首次出現」，使得城頭山聚落發展更趨系統化。

　　大溪文化四期和屈家嶺文化一期，與前階段相比，聚落結構發生了更加重大的變化。首先，在大溪文化四期時，城東區域衰落，僅發現數座灰坑和一座房址；城南的第一發掘區發現零星房屋建築；而在城中偏北的第四發掘區，突然出現大批墓葬。其次，在屈家嶺文化一期時，城東進一步衰落，而城中偏北的第四發掘區，沿襲了大溪文化四期的功能，分佈有成批的墓葬。

　　屈家嶺文化一期晚段，二區的房屋建築群配套設施顯得完善、規整且功能齊全，並出現很多大型的房屋。在城中心出現的這些房屋建築，具有很強的公共性和功能組合性，面積也很大。

　　`立新老師`　屈家嶺時期的房子，普遍有一個特點——多間——甚至有很大規模的，從八里崗、黃棟樹、青龍泉到肖家屋脊遺址等，都出現多間房屋。城頭山城址內屈家嶺文化的房址群也存在這樣的特點，房子有明顯的街區規劃，這樣的規劃完全是城市的規劃。我覺得這些特點反映出這個時期的社會結構特徵。我認為，這個時期的社會組織具濃厚的集體取向。我以前提出過，屈家嶺這個時期的競爭很多時候是在不同社群之間發生的。每個社群自成一體，群體的內部結構是向心型的，成聚力強，強調社群的集體利益和成員間行動的一致性，群體成

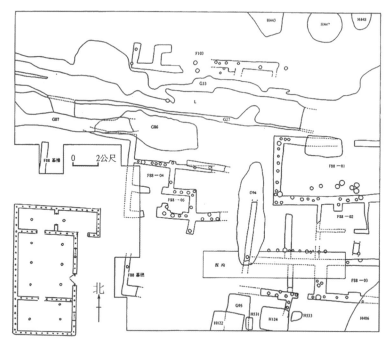

屈家嶺文化一期房址

員對內認同程度高，內部各成員之間分化並不太明顯，但各群
體之間的分化較為明顯，有些群體勢力大而有發展成為區域中
心的趨勢，有些群體勢弱而淪落到成為他者附庸。從早期原生
文明起源的階段性來看，這些特徵符合所謂神廟國家或廟權國
家時代，即前王國時代的情況。

于薇老師 這房子多少平方公尺一個？

靜云老師 看比例尺，不小。我就覺得這城內的房子不是普
通的房子，雖然它與普通的房子結構類似，但是普通房址的規

模、等級都沒這麼大，而且，它們在功能上可能也有差異，這可能是一座廟或有其它功能的，社會共同重視的場所。這些房子都有比較精緻的燒土面，可見並非一般使用的房址。不過至於其明確的功能，我們還要再斟酌。

徐堅老師　城頭山是中國目前發現最早的城址，也是長江中游群城文明的發祥地。麗霞報告得非常好，建議照這樣的思路，繼續研究相關資料，應該可以寫成很好的碩士論文。

下次我們再繼續專門討論相關的問題，試圖從大中國以及世界的角度瞭解城頭山的價值。我們下次請靜云老師主講，但同學也需要好好準備。

學生報告「壓力山大」！（課後感想）

梓浩同學

麗霞是各位學生中較早報告的一位，她今天詳細地介紹了城頭山城址的情況。她報告得很好，看來後面報告的同學要「壓力山大」了（包括我）。

最近在讀一些西方學者研究中國新石器和銅石並用時代的考古學論文，我發現他們都把焦點放在了黃河流域、遼西地區或長江下游，卻很少有學者關注到長江中游的考古資料。這讓人納悶，長江中游可是有中國最早的稻作、中國最早的城址、

中國最早的區域群城，怎麼能簡單地用三言兩語打發過去呢？

　　幸虧，長江中游還有一批考古學家，始終堅守著自己的田野陣地。麗霞今天向我們展示的城頭山遺址，就是湖南省考古所的前輩堅守十多年的成果。他們的成果確實讓人驚歎！其中，稻田及周邊的祭祀遺跡，700多座墓葬，屈家嶺時期的多間式房址讓我最為震撼！尤其是稻田與周邊的祭祀遺跡最讓人印象深刻，這一系列遺跡似乎揭示了稻田也與祭祀神相關。靜云老師認為這應該是屬於神廟財產的田地，和兩河流域的情況十分相似。難怪之後長江中游也發展出與兩河流域相似的城邦結構，他們的確有很多相似之處，以後可作進一步比較研究。

　　出自學士畢業論文延續下來的興趣，我對墓葬研究情有獨鍾。因此，當我看到城頭山遺址有700多座墓葬時，我覺得我又找到了一個新的「好墓地」，可供我之後研究。可惜的是，從麗霞展示的一些圖片上看，南方地區的人骨保存情況並不理想，恐怕不能像我研究東北大甸子墓地一般，深入到性別與年齡的社會結構分析。

　　目前，長江中游其實尚有大量的城址未曾發掘。有的雖然已經發掘過，但其發掘的方式過於粗放。我有時候會做一下白日夢，想想如果這些城址都可以仔細地進行主動發掘，都能像城頭山一樣堅守十年，甚至堅守二十年、三十年，像龐貝古城那樣花盡幾代考古學家最好的年華，那麼在未來，長江中游的璀璨文明還會被西方學者忽視嗎？

夜晚陪夜梟讀到新知識（推薦閱讀）

湖南省文物考古研究所編著，《澧縣城頭山——新石器時代遺址發掘報告》，
　　文物出版社，2007 年。

湖南省文物考古研究所，國際日本文化研究中心編著，《澧縣城頭山——中日
　　合作澧陽平原環境考古與有關綜合研究》，文物出版社，2007 年。

張文緒、顧海濱，〈湖南澧縣城頭山遺址古稻研究〉，《作物學報》，2005
　　年第 6 期，頁 736 － 741。

郭立新、郭靜云，〈早期稻田遺存的類型及其社會相關性〉，《中國農史》，
　　2016 年第 6 期，頁 13 － 28。

郭偉民，《城頭山遺址與洞庭湖區新石器時代文化》，長沙：嶽麓書社，
　　2010 年。

郭偉民，〈城頭山城牆、壕溝的營造及其所反映的聚落變遷〉，《南方文物》
　　2007 年第 2 期。

袁建平，〈試論中國早期文明的產生——以湖南城頭山地區古代文明化進程為
　　例〉，《中原文物》，2010 年第 5 期：頁 22 － 27。

荊門市博物館編著，《郭店楚墓竹簡·老子乙、丙》，北京：文物出版社，
　　2002 年。

第五場
世界史視野的跨文明討論

「雲夢澤蘇美」的埃里都金城

上上古文明
的星斗

宏觀鳥瞰世界文明

靜云老師　目前的考古發掘成果顯示，中國境內的古城最早建於澧陽平原。對於城頭山建城時代的文化屬性，因建城年代大約為距今 5500 − 5300 年間（即上一場麗霞介紹的城頭山第三期城牆時期），故學界習慣性地將其定為大溪文化晚期。但是考古學文化的發展不能用整齊劃一的時間來看，可能有些區域較早進入新的考古學文化，但有些區域卻仍守護著傳統，長期地保留舊的考古學文化。因此我們不能簡單地把歷史「一刀兩斷」，應把考古學文化放到相對的時空中觀察。

　　從文化特質上來說，屈家嶺文化最具代表性的有：精緻的石器，包括難以製造的大型斧、鏟，以及快輪製陶、薄壁素面的磨光泥質黑陶或紅衣陶，認識到銅料，以及早期古國社會的出現。從這些指標來看，屈家嶺文化的早期古國社會最早可能形成於澧陽平原，其早期的上限不會晚於距今 5600 年左右，根據測年資料推論，其上限甚至有可能在距今

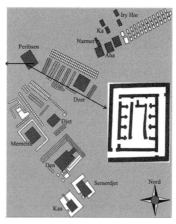

▲古埃及早王國：阿拜多斯城的現況和發掘遺跡

▼蘇美埃里都金城現況：恩基（Enki）水神階梯金字形廟的廢墟

5500 年左右。這年代恰好相當於古埃及早王國首都阿拜多斯城（Abydos）的時代，以及蘇美前期首都埃里都（Eridu）金城。

個人認為，從時代、經濟與社會情況、國家結構等數項指標來看，以雲夢澤為中心的古國可稱之為「雲夢澤蘇美」，而城頭山的位置則類似於埃里都城在兩河流域蘇美文明中的位置。

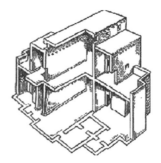

埃里都房屋復原

麗霞同學　城頭山遺址還發現了 75 座不同時期、保存情況較好的房址、結構相對完整的多座窯址、790 座墓葬……這些發現都為我們提供了一批很好的聚落考古研究的素材。不過，老師，我還是不知道怎麼確定城頭山這個城的年代，是從大溪文化時期就已經開始，還是到了屈家嶺文化時期才形成呢？那它在湯家崗文化時是不是還只是聚落，能否這樣理解嗎？

埃里都的發掘場

青銅早期聯城邦國體系（左：長江中流；右：兩河流域）

靜云老師 其實我跟立新老師討論過一個問題，我們現在定義的大溪文化、油子嶺文化、屈家嶺文化這樣的考古學文化概念，定得有些模糊。考古學文化概念目前只是一個時空的概念，當某一個地方的部分區域已經率先進入下一個社會發展階段，那麼我們到底要怎麼看待這個地區呢？是認為這個地區還停留在大溪文化階段呢？還是說已經進入了屈家嶺文化的階段呢？這是一個問號。有沒有經過油子嶺文化的階段才進入屈家嶺文化，或者有些地區是從大溪文化直接進入到屈家嶺文化階段呢？我個人認為，只是依靠陶器組合來確定考古學文化的標準有很多弱點，既然稱為「文化」，就應該考慮到整體的文化面貌。而從較全面的角度來看，我們傾向認為，具體在城頭山遺址所謂的「大溪四期」，或許已經進入屈家嶺文化階段，從

歷史角度來說，這是從前國時代進入國家時代的階段。但是為了更準確回答問題，其實需要重新立體地判斷，確定這些文化的核心指標。

從宏觀宇宙到長江流域的文明搖籃區

梓浩同學　郭偉民先生認為，城頭山遺址的大溪四期和屈家嶺一期可視為油子嶺文化晚期，老師您是憑什麼認為城頭山遺址的大溪四期開始就已經是屈家嶺文化呢？

靜云老師　首先要說一個重點，不同的遺址有自己獨特的發展情況，不同文化的社會有時候會長期並存，如湯家崗文化和大溪文化在不同的遺址中同時並存了 300 年左右；而且，就像很多人類學家指責單線進化論一樣，這些遺址也未必一定要經過油子嶺文化才能進入屈家嶺文化，甚至有些聚落能長期生活在舊石器時代的文化世界裡，然後突然跳過兩三個階段而進入最新的文化世界。

接下來要強調第二個重點，陶器的器型或技術並不是文化的一切，需要系統的觀察和分析。目前我還未非常系統地研究城頭山遺址的具體情況，但從我初步的一些感覺來看，我和立新老師認為從城頭山遺址大溪二期至三期間的變化很大，而大溪四期後的變化都不算很大，所以我認為大溪四期後再也沒有從一種文化轉變為另一種文化的突出體現。

至於油子嶺文化也未必符合澧陽平原的情況，這些問題都需要細化分析。目前我比較傾向，當黑陶遺址大幅度增加時，油子嶺文化便已轉變為屈家嶺文化。梓浩，你對這時代的技術發展好像很有興趣，要不要將來往這方向走？觀察大溪、油子嶺、屈家嶺文化的特點和時空範圍，以及區域關係。這需要全面搜集資料，重新排列整個系統的變化過程，你考慮一下。

梓浩同學 好啊，我先翻翻資料看看。但這恐怕不是一個容易解決的問題，我現在腦海裡的問號愈來愈多。

立新老師 目前考古學文化體系單純地從考古遺址，特別是陶器類型的變化，來建立和區分，這種文化指標並不足以清楚地表達生活方式和社會結構的變化。如果說考古學研究在剛開始的時候，在資料不足、研究尚不充分的情況下，我們只能依據器物形制和類型組合這一類外在的、形式上的標準來區分考古學文化，隨著資料不斷增多和認識不斷深化，特別是在我們對某個地區社會文化發展的階段性有較為深入的認識後，是不是可以通過更為內在的社會結構特徵，充分考慮社會文化發展的階段性，建立起與此相搭配的考古學文化發展序列？

我們現在所講的屈家嶺文化是以陶器型制來劃分的，但我們如果不用這個標準，而是用城、快輪製陶等技術類標準的話，從這個角度來看，或許可以將目前所謂的大溪文化晚期、油子嶺文化等都納入到一個大的屈家嶺文化（早期）範疇。這樣，我們就可以說，屈家嶺時代是一個以快輪製陶、泥質和磨

光黑陶、玉石器加工等技術為代表的專業化生產、遠程貿易興盛的城居革命時代。

　　以往，屈家嶺文化的年代一般說是距今 5000 年。如果依照前面的標準，實際上這個文化可以早到距今 5500 － 5300 年前，與下游的崧澤文化同時且文化性質比較接近。這一時期快輪製作黑陶技術普遍興起，磨製石器技術有很大進步。只是崧澤文化目前還沒有發現城。

靜云老師　也許崧澤文化的社會還比較年輕，所以還沒進入古國階段。

鶴語同學　那如果這樣的話，是不是可以說我們界定屈家嶺文化的黑陶，其實是從湖南地區起源的。

靜云老師　關於黑陶的製作工藝，究竟是發端於湖南城頭山，還是湖北油子嶺，又或者是江蘇崧澤文化，這需要思考。

梓浩同學　我初步看了資料，崧澤文化沒有泥質全黑陶，只有黑皮陶，應該是模仿外表的效果，但是技術不如長江中游，所以黑陶技術的發明地應該在長江中游。另外，泥質黑陶在湖南和湖北同時出現，早期的數量也大致相當，但是後來在湖北發展得比較快，普及程度較高，數量變得最多，所以我認為泥質黑陶可能是在湖北漢水北岸地區發明的。

靜云老師　喔，原來如此，那按這個邏輯，蘋果手機應該是中國大陸發明的才對。

梓浩同學　為什麼？

靜云老師 這是按照你的邏輯：在哪裡製造最多就相當於在哪裡發明。

梓浩同學 的確是有問題。火藥發明在中國，但是歐洲國家用它來打中國……怎麼感覺好丟臉。假如泥質黑陶發明在城頭山，但是因為漢北地區製造多，大家就認為是漢北地區發明了泥質黑陶，那城頭山人也會覺得很丟臉。

靜云老師 這是很常見的錯誤，把大量出土的地區當作發祥地。實際上，按照你說的情況，沒辦法確定黑陶在兩湖之間是由誰發明。湖南澧陽平原有高嶺土，他們同時做白陶，漢北地區如果想做白陶必須進口原料，而做黑陶只需要掌握技術就可以，也許是因為如此，他們才選擇集中製造黑陶。

立新老師 如果進一步追問，這問題會變得更有趣，這牽涉到區域之間整個交易體系的變化——從產品的交易轉變到技術的傳播。我認為，那時候城頭山的社會更加發達，由他們發明的可能性較高。但是活動於漢北的人們從這時候也開始快速發展，所以他們學會澧陽平原的技術而迅速超越自己的老師們。在屈家嶺文化之前，湖南地區走在前面，但從屈家嶺文化起，漢北地區開始從後趕上，並成功成為兩湖地區的核心區域。

靜云老師 而且泥質黑陶的傳播成為時空大主題：發明在長江中游，然後傳播到長江下游的崧澤文化，再被良渚文化繼承，並再傳到黃河下游的山東地區，成為山東龍山文化的寶貴禮器。

梓浩同學 喔！我想研究黑陶問題。如果做成碩士論文怎麼樣？

靜云老師 挺好，但一定要通考長江中下游的資料，才有價值。包括屈家嶺文化與崧澤文化的資料，還要注意連接中下游的薛家崗文化、北陰陽營文化等。

立新老師 在這幾個文化並存的時期，長江中下游已經形成了一個共同的交互作用圈，它們之間技術的交流非常頻繁，其頻繁的程度可能超出了我們的想像。我們現在可能會覺得當時的交流很困難，但實際上並不是這樣。

靜云老師 所以我們現在即使把資料全部拿來分析，也不一定會得到答案。因為它們處於一個交流頻繁的相互作用圈中，考古學上的時間往往是以一、兩百年作為年代劃分單位的。但我們又怎麼能判斷究竟是誰早幾年或者誰晚幾年呢？

「銅石並用時代」翻案古中國

還有一個核心問題是文化的階段劃分問題。在中國只有兩個概念：新石器時代和夏商周時代，夏商周被認為是青銅時代，早於夏商周的就是新石器時代，毫不顧及長江中游的人們比夏商周早得多的時候就已經開始煉銅。另外這也進一步涉及到「銅石並用時代」的概念，目前這一概念在中國考古界的認識其實還不太清楚，也鮮有著作討論這一概念。

我們要做一個地區的研究，一方面要非常注意細節，另一方面又需要在腦海中有一個大背景。那些新石器時代、銅石並用時代等概念，也不是僅僅局限於中國考古才有的概念，而是整個世界考古的概念，所以我們要瞭解這些世界考古的概念，要跟上國際同行的概念。你們可能也看到過很多報告，同樣的器物卻有截然不同的器名，這是同樣的道理。我認為，「銅石並用時代」這個翻譯的用詞很容易讓人產生一種錯覺，即以為這是銅、石兩種材質的器物都有的時代。要是這樣去理解的話，那麼西周也是銅石並用時代。

于薇老師 那現代社會也是銅石並用時代。哈哈。

（同學們被于薇老師的幽默逗笑了）

靜云老師 哈哈。所以說，這個概念不是指既有石器又有銅器的時代，其重點在於工具和社會。在工具方面，人類已經可以熟練地把握陶器的燒製溫度，而且有的窯爐擁有更先進的還原氣氛結構，在偶然的情況下甚至可以突破燒製陶器的最高溫度限制，達到熔煉紅銅的水平。所以他們可以做溫度要求較高的硬質陶器，還可以做溫度控制要求較高的黑陶等高技術陶器；此外，這一時期的石器也很精緻，這是構成銅石並用時代的幾個主要技術條件。

柏熹同學 陶器的製作過程中有很多的變量。那麼，陶器溫度的提高和控制代表了什麼呢？

靜云老師 首先代表了窯爐技術的發達與穩定。如果陶器的

燒製溫度很高,而且在人們居住區有銅礦,他們可能會在偶然的機會下發現銅,也可能會用它們來做小鑽、小鉤或者一些簡單又漂亮的裝飾品。剛開始古人很少用銅料,因為還不知道其功能。如果對煉銅已有初步的掌握,那麼這不僅僅是符合銅石並用時代的標準,而且已經是發展紅銅技術的文化階段。但如果在某個地區沒有銅礦,也就缺乏發現銅的基本條件。但是即使沒有礦的地區,如果製陶技術已達到能煉銅的程度,該文化已經到達銅石並用時代的屬性,這就是 Chalcolithic(源自古希臘文 khalkolithos)或 Eneolithic(源自拉丁文 aeneolithicum)的真義,即所謂「銅石並用時代」。

這個概念在全世界都是這樣用的,它的時代大概在距今6000 - 5000 年間。但是在中國,這個概念定在了距今 4000 年或者乾脆不用,那個時候青銅合金器都已經出現了。試問,如果沒有早期的小型的銅裝飾品,小的銅針之類,這些澆鑄成型的青銅器從何而來呢?打個比方,如果沒有製作桌上型電腦的技術,又怎麼可能發明筆記型電腦呢?因此,我認為長江流域油子嶺、崧澤以來(不晚於距今 5500 年)已進入銅石並用時期了。長江中游可能還早些,距今 6000 年大溪二期的時候,已經會有認識銅的能力。如果你頭腦裡有預設「新石器」觀念,不認為這個時期已進入銅石並用或紅銅時代,你怎麼會去刻意尋找和注意這個時期遺址中是否有銅製品?如果你頭腦裡沒有「這是新石器文化」的前提,你才會去注意,才有發現的

可能性。然後再去看大溪文化、屈家嶺文化、石家河文化……。

詩螢同學 油子嶺文化早期的龍嘴遺址已經發現人們從鄂東地區專門採集並運送到漢北地區的銅礦石。從油子嶺文化早期的遺址中就開始發現銅礦石，也就說明長江中游這時已不僅僅是符合銅石並用時代的指標，這無疑是屬於紅銅文化的時代，而且已是處於摸索並逐步掌握煉銅技術的階段。

甲同學 我不同意你的觀點，也許那些可作為銅礦石的孔雀石是作為裝飾品的原物料。今天不也有大量的孔雀石裝飾品嗎？你怎麼能肯定這些孔雀石一定是煉銅用的。

詩螢同學 於鄂東地區的孔雀石缺乏鈣元素，所以是很難用於雕刻的，也就做不了裝飾品。如果漢北地區的人在油子嶺文化時期對孔雀石沒有特別的認識，他們怎麼可能從鄂東地區運一塊沒用的石頭呢？

靜云老師 就是這樣。早古王國的古埃及是紅銅國家文明，屈家嶺文化與它相比，又在哪裡有不同？兩邊有意去山上採集銅礦石，或者與山地族群交易；兩邊已經有了聯盟城邦古國的國家體系。兩者之間的差異都不牽涉到社會發展階段的差異。二者的差異在於以下五點：

古埃及尼羅河文明與長江流域屈家嶺文化可以比較！

第一，工具技術的差異：長江流域磨製石器技術長久滿足對工具的需求，而尼羅河流域沒有磨製石器技術，但是最早發現銅料、全世界最早開始依賴銅質工具的古文明，而同時期兩河流域用銅也只是少量做小型用具和裝飾品。因此，古埃及的銅器多而顯明，而屈家嶺文化雖然不缺冶煉技術的痕跡，但卻與兩河流域一樣，長久沒有大型銅器製作。

第二，文獻保存的差異：長江中游的人們不在石頭上刻字，他們根本不用這些永垂不朽的載體，沒有像古埃及一樣的希望凝結時刻以永存的目的，所以沒有留下可以解讀的石碑。

第三，考古資料保存的差異：古埃及的遺跡在沙漠裡基本上能保存得很好，但在尼羅河沉積土壤裡卻很難發現幾千年前生活的遺跡；而長江中游平原地帶都是這類沉積土壤，每一年春季豐水和秋季枯乾，在這種條件裡，即便堅硬的青銅器也會鏽到認不出來，更不用說早期以原始技術冶煉的小型紅銅器。

第四，現代社會認識的差異：在大家的眼中，發掘古埃及是發掘偉大古文明的榮耀，我也同意這種感覺；但是長江中游的遺址基本上只是被當作新石器時代「史前」的文化遺址而已。其實，這一樣是偉大的古文明，是中華文明最深層的基礎。

第五，發掘情況和破壞程度的差異：古埃及的發掘超級仔細，尼羅河西岸沙漠區也少有因近現代城市建設而破壞的情形；長江中游迄今沒有系統的、有規模的發掘計劃，很多重要的遺址早已被現代城市破壞；此外，長江中游的遺址很多都是

重質粘土，發掘難度大，也造成客觀障礙。就是因為如此，兩種同時期的大文明的訊息差異會如此巨大。

屈家嶺文化之後的石家河文化肯定存在青銅遺物，為什麼？因為即使在大家還沒有這種認識的情況下，考古發掘還是發現了青銅合金。夏鼐先生曾經說過：想挖到什麼，就能挖到什麼。如果在沒有想到的情況下，仍然可以挖到，那這已經是很明顯的證據了。所以我相信對考古時代的界定需要改變，就目前的資料和證據來看，至少應該將石家河文化定為青銅時代早期階段。

梓浩同學　實際上，嚴文明先生好像上世紀 90 年代便已經提出了屈家嶺文化進入了銅石並用時代的觀點，張緒球先生也持同樣的觀點。巧的是，他們兩位都是上世紀 80 年代後期石家河發掘的主持者。

石家河出土的青銅刀

靜云老師　當然，這是因為嚴先生和張先生對實際資料熟悉，包括沒有列入考古報告的資料也知道，所以判斷很準確。回到城的起源的討論上，在世界文明史上，銅石並用時代就普遍存在城，而且有的地方一開始還存在小型國家一類的行政管理。城頭山遺址作為一個文明化的「火車頭」，在中國考古圈內卻只有很低的關注度，這是不應該的。根據目前我們所知的，城頭山遺址是最早出現文明曙光的地點之一。

最早的城
怎 麼 出
現？

麗霞同學 老師，我還有一個問題，如果我們現在看到的城只是一個上層階級的小型中心區域，那麼這個城是不是一定由小的聚落演變過來？

靜云老師 有時候是，有時候不是，要看具體的情況。例如城頭山就是從聚落延續到城址，逐步演變過來的，從它的地層疊壓現象就可以看出它有很好的文化延續性。這主要是因為城頭山這個城址的海拔比周圍略高，而人類早期定居往往就在這些山前崗地，以及崗前平原地帶，所以這裡也很早就有人類活動，於是便有了早期聚落。

但有的城址則可能是不一樣的發展模式，當地的先民可能選定了一個地方然後直接建城。比如在甲地有一個聚落，然後這個聚落的人覺得乙地各方面條件都比較好，經商議後決定在乙地建一個城，而且部分人搬到城內居住。這就出現了第二種建城的情況了。

立新老師 剛才靜云老師講的內容中，我覺得有一點需要特別注意，就是考古的認識有相當的主觀性，其中還不乏人為的建構。而這種人為的建構很容易誤導人們，很容易被原有的認識牽著鼻子走。我們的課程就需要大家跳出這樣的模式，我們講文明起源的過程中，在所有的史書記載中，都指向河南那

一帶地方最重要，但實際上是不是真是如此呢？答案需要存疑。

甲同學 但一直以來，考古學界都在中原一帶找到很多重要遺址，相比之下，長江流域的重要遺址少得多。這就說明了中原在新石器時代，在整個上古社會，一直以來都是最重要的，是重瓣花朵模式中的花心。既有早期燦爛的彩陶文明，又有後來相容並包的二里頭文化。

詩螢同學 覺得這個想法正是值得反思的部分，究竟是不是真的如此，還要再研究。

這才是真正的「中原」

靜云老師 其實，對於這個問題，我個人稱之為「中原神話」。在此必須先說明「中原」概念所指出的空間。《詩·小雅·小宛》曰：「中原有菽，庶民采之」；司馬相如《喻巴蜀檄》曰：「肝腦塗中原，膏液潤野草。」可見早期文獻中「中原」的意思是寬廣空曠而宜於農耕的肥沃大坪。但若仔細探究今日常用的「中原」概念，即會發現其意思不符合最基本的地理事實。現在的「中原」概念，經常涵蓋河南、陝西和山西之南部——即周文明的核心地區，這明確是違背自然地貌的一種政治性概念，因為此區域代表從周到北宋這些統一大國的中心區。但從自然地理的角度來看，這一「中原」的命名似有不

妥。因為本地區包含了平原、山脈與峽谷，呈現出一種支離破碎的地貌。

對商周以來的混合文明來說，自然地理的邊界並不那麼重要。但對早期文明來說，這個邊界反而是很重要的。因而研究這些地理條件的異同，便可藉以表達不同生活方式族群的活動範圍：如住在肥沃平地的農耕文化之發展區、山林遊獵族群的活動區，以及幾種雖然選擇了定居、但卻將農耕視為次要的中間地區，其生計可能是以馴養、漁獵或石器製造為主要的經濟基礎。此外，還有寬大的草原：此一特殊的地理條件，導致了多族群的互相融合，並多次威脅到農耕文明國家。而且，草原恰恰是古代很多軍用技術的發明區，同時也是遊牧和游戰生活方式的發祥地。

若從自然地理的邊界來探討，則「中原」這個概念應有另一種屬於自然地理條件的理解，即「中心的平原地帶」。在中國地圖上，這是分別以大別山和大巴山為東、西界的寬闊平原地，北緣到黃河南岸，而南邊則經漢江下游涵蓋鄂豫平原，又過漢江連到鄂湘江漢、澧陽和洞庭平原，構成寬闊的農耕地區。並且，因豫南地區及大別山間有許多谷地，其範圍本於河南，跨越大別山，到達淮潁平原的信陽、駐馬店、許昌，到達黃河南岸的鄭州。若由自然地理的觀察角度來看，只有這個位處其間的寬闊平原，才能被稱為「中原」。而且我們從自然地理的角度可以觀察到：漢江下游是這一廣大農耕區域的中心。

甲同學　老師您怎麼能認為古人一定是這麼想的，也許他們把很窄的地方稱為中原。例如現在渭河谷地，雖然狹長，但其上有大量被稱為「原」的地點。其實「原」可以是相對的，狹窄的地區，一片平地就足以稱為原。再加上，古人只要認為自己那裡是中心，那麼就可以稱之為中原了，為什麼非得是老師所說的那個範圍才是中原？

詩螢同學　江漢平原的人就自認不是中心，擁有那麼一大片原野卻不說自己是中原？非得說自己是貧窮落後的「三苗」？以中山大學作為比喻，你作為中大的學生，是否會承認自己是

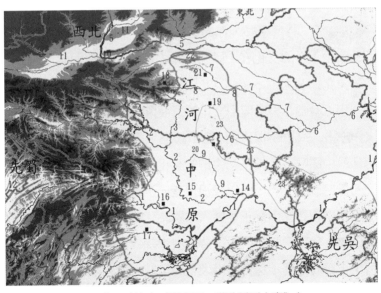

江河中原（摘自《夏商周：從神話到史實》）

遠離正統學術的南蠻地？恐怕你還是會標榜自己的母校是擁有學術自由的中心聖地吧。

> **甲同學** 這……（啞口無言）

> **靜云老師** 我稍微補充說明，「三苗」是上古部落或部落聯盟名稱，是上古傳說中與堯、舜、禹時期共存的一族。很可能是今天長江中游地區周邊山地，特別是鄂西山地的以遊獵和貿易維生的山地族群，他們曾深度介入長江中游地區的文明化進程，在夏之前很可能經歷了一個由三苗統治的階段，「禹征三苗」的記載背後所反映的，可能是夏戰勝三苗的史實。但從該傳說已可知，這是同一地區內勢力的鬥爭，而不是像現代教科書所講，好像大禹是自遙遠的北方外來的佔領者。

> **乙同學** 詩螢學姊，你的比喻不對。中國考古學界已經公認黃河中下游的文化在中國處於領先地位，你怎麼能說長江中游的文化比黃河中下游的文化還發達？端看半坡和廟底溝的彩陶，南方有嗎？再看龍山文化的蛋殼黑陶，南方有嗎？

> **詩螢同學** 說的中國是什麼中國啊？上古社會的時候，哪裡有什麼中國啊。至於長江中游的文化比較發達，因為我自己研究的是盤龍城文化，所以我很清楚。至於彩陶的情況，廟底溝文化不是在長江中游正要進入古國時代時就解體了嗎，變得支離破碎。我不是說黃河中下游的文化就一定落後，我只是說黃河中下游的地理不適合發展大型的早期古國，不適合醞釀原生大文明。

梓浩同學　其實山東龍山黑陶出現得那麼晚，大家還追捧它，真是讓人費解。相反，年代上早得多的屈家嶺文化的薄胎全黑陶卻無人關注。看來，長江流域的文化，在後娘眼裡不是親生的孩子。（笑）

柏熹同學　這年頭，啃老族不是都過得特別爽嗎？

（幽默熹又一次發揮了他的特長，全班同學大笑）

靜云老師　各位同學，我們還是就事論事，讓資料來說話。首先，地理資料告訴我們，從客觀的角度來看，大的連續性平原只有江漢平原。其次，在進入古國時代，屈家嶺文化的北漸，石家河文化的北進，盤龍城文化的強大，這都顯示了長江中游文化的強勢。只有到了殷商，原本在草原森林交界地帶活動的北方族群南下到黃河下游北岸活動，並形成新的中心，自此以後黃河流域才掌握政權。從文化的角度來說，黃河流域文化在很多方面傳承了江漢地區農耕大文明的脈絡。

在殷周時代，江河中原文化脈絡才大量擴散到黃河、渭河、汾河流域，河北、山東二省，以及許多其它地區。由於殷周政權中心靠近黃河，憑藉黃河作為要道，將原來屬農耕文明北界的地區發展成為中央，中央和邊緣的關係至此產生變化。因此，歷史上的「中原」概念出現了戲劇性的變化，從自然地理所指的中間農耕平原（以澧水為南、以黃河為北、以江漢為中），變成以殷周王畿為中心的殷周政權的影響區域，直至漢唐帝國更加確定了傳統的「中原」概念，並影響後世對「中

原」的認識。

梓浩同學 所以說，「誰掌握了現在就掌握了過去，誰掌握了過去就掌握了未來」，說的就是對歷史記憶的竄改。「中原」這個歷史記憶，就是從殷商開始才形成的，而漢唐帝國對「中原」概念的加強，則是借助中原這個歷史記憶加強「漢」民族的邊界，增強自身的認同感。因此，我們「漢」民族似乎從來沒有懷疑過這個「一脈相承」的概念。

靜云老師 所以，我們不宜採用周以來的（實際上主要是東漢以後的）政治化「中原」概念，而是需要回到自然地理的角度來思考。因此我提出「江河中原」概念，以此表達中國自然地理中的寬曠平原、農用的肥沃大平原，即是殷周之前農耕大文明發展最大的區域。

立新老師 我們以往在研究這一段歷史的時候，往往是用一種「單線式倒推」的方法進行研究。比如說秦漢帝國時期陝西、河南那一帶最重要，是京城所在地；再往前走，周的都城也在渭河谷地；再往前走，殷商也是在安陽；再往前走，雖然沒有文獻記載了，我們還是繼續走到新石器時代，並認為黃河地區還是最重要的。

在建立了以黃河地區為核心的標尺後，我們再去比對各地方的考古學文化，大家都按照「核心區」的標尺去套。例如，最先發現並定名的仰韶文化、龍山文化，都是黃河流域的文化，然後大家都知道仰韶文化以彩陶為代表，龍山文化以黑陶

為代表。於是，中國各地都開始套用這個標尺，把各地的彩陶文化貼上「仰韶文化」的標籤，又將黑陶文化全部統稱為某地龍山文化。如果有同學有興趣去做一下知識考古學的回溯，就可以發現在考古學史上，考古學家對大溪文化的最早認識是根據其出土的彩陶而命名為長江中游的仰韶文化。隨著大溪文化遺址的發掘數量越來越多，才逐漸把剛開始時的錯誤認識矯正過來。

從這裡就可以看到「套標尺」的做法很有問題。現在大家逐漸發現這樣的思路是不對的，但在一些人的思維框架裡面，不知不覺，有一些概念已經根深蒂固，總是以考古資料去迎合自己內心的假設。那要怎麼跳出這個框架？那就是要尊重事實和細節。我們現在的認識，很容易被考古學的發掘史、發現史所左右和誤導，我們要跳出這樣的框架。

柏熹同學 說得也是，看中原地區不同年代積累的考古資料就是比其它地區多啊！看來還是「早起的鳥兒……不，是早挖的遺址名聲大！」哈哈！

立新老師 哈哈，回過頭來講，又如稻作的起源問題，學界已經有很多的討論了。回顧稻作起源問題研究的歷史，我們可以發現最早期大家認為是印度起源的、東南亞起源的；因長江下游河姆渡遺址的發掘，大家又認為是長江下游起源；後來又有了彭頭山和八十墳的早期稻作遺址，又有不少專家認為是長江中游起源。實際上是我們被一些考古新發現和新資料牽著鼻

子走，這很難避免盲目性和偶然性。

我覺得，這裡面有一個結構性的問題，我們一直以來沒有注意整體背景的思考，而且總是被新出資料搞得暈頭轉向，像牆頭草一樣兩邊擺。其實，只要當資料累積到一定程度的，我們不妨環顧一下四周，做一做通考的工作，嘗試重建整體性的背景，從事物起源與發展背後的一系列動力去思考，思考古人為什麼要這樣做，思考怎樣的過程才能出現眼前的結果。具體資料和細節可以幫助我們重建當時的情景，回到過去的狀態。資料越豐富，細節越多，重建的場景就越可能趨於真實和清晰。從這樣的背景出發再看具體的資料，是可以在很大程度上避免前面所講的盲目性和偶然性的。

我們習慣從歷史的結果看歷史，腦海裡一直離不開「中國」概念，但是中國這是幾千年演化的結果，而不是本來就有。靜云老師剛才提出「雲夢澤蘇美」和「雲夢澤埃里都城」的概念，是從宏觀人類歷史的角度，思考農耕文明起源共同的規律。

靜云老師 其實我們所討論的「雲夢澤蘇美」，這已經是發達國家的興盛時代，如果思考更早的稻作文明起源，這應該在湖南洞庭湖平原。

甲同學 我有點混淆，怎麼可能文明起源在湖南？我記得古代中央都在河南、陝西……至少從小學到今天沒有聽到在湖南，您這是開國際玩笑吧？

| 立新老師 | 你說的「古代中央」是指什麼？ |

| 甲同學 | 安陽、周原、長安、洛陽、開封等等。 |

| 立新老師 | 什麼時候中央在安陽？ |

| 甲同學 | 大概 1400BC 前後。 |

| 立新老師 | 過 2500 年後，南宋時候首都遷到了哪裡？ |

| 甲同學 | 南宋在杭州。 |

| 立新老師 | 那是不是離安陽蠻遠的？南北朝的首都又在哪？ |

| 甲同學 | 那時候沒有統一的國家吧。 |

| 立新老師 | 好。那為什麼你認為五千年前有包含全中國版圖的國家呢？ |

甲同學 我沒有這樣認為，我想當時也應該不會有現代「中國」這個概念吧。

立新老師 當然！怎麼能想像五千年前有大帝國！這樣說的人或者想像力太豐富，或者另有目的，只是重複漢唐時代發明的三皇五帝概念，而不加思考。

靜云老師 都是為了權力這個目的，所以形成一元史概念。如果沒有一元史概念，漢代帝國將會分裂。從漢代以來帝國意識形態一定要強調大一統的意識形態。漢代以後，唐帝國比漢更甚，一直到民國的民族主義國家概念等等。

立新老師 對的。在這方面有一些很有意思的研究。王明珂先生指出，一個社會群體往往透過對過去的選擇、重組、詮釋，乃至虛構，來創造自身的共同傳統，以便界定該群體的本

質，樹立群體的邊界，並維繫群體內部的凝聚。英國歷史學家霍布斯邦（Eric Hobsbawm）也指出：「那些表面看來或者聲稱是古老的『傳統』，其起源的時間往往是相當晚近的，而且有時是被發明出來的。」（同學們開始竊竊私語，私下裡悄悄地討論）

立新老師　各位同學有任何問題都可以大膽地說出來，在這堂課上，現在我們可以互相討論，我們更應該像是相互啟發和對話的學術夥伴。

梓浩同學　那您的意思就是，我們現在的中華民族和炎黃子孫的觀念，並不是一個連續五千年的傳統，而是近代被「發明」出來的？

立新老師　對。

（歷史系的同學似乎很清楚，表現得很淡定。考古學專業的同學似乎十分不解）

誰是「炎黃子孫」？

甲同學　這和我們以往課堂上說的不一樣啊。經過多期的中華文明探源工程，* 我們基本已經可以「走出疑古時代」

---

* 【編按】「中華文明探源工程」為中華人民共和國政府推動之跨學科整合的國家型計畫，旨在探尋中華文明起源與考察中國古代史研究。前期研究於 2002 年列入「十五計畫」，為「夏商周斷代工程」研究計畫的延伸，「中華文明探源工程」第四期計畫已於 2016 年 3 月結束。

了，在中原地區的考古學文化中找到黃帝、炎帝、堯舜、夏禹等傳說人物的活動痕跡肯定也是指日可待的！

立新老師　那我們來看看黃帝這個神話究竟是怎樣發明出來的吧。沈松僑先生有一篇著名的論文〈我以我血薦軒轅——黃帝神話與晚清的國族建構〉。在文中他指出，「國族」（nation）作為一個「想像的社群」，有著不容否認的「現代性」色彩，但它的建構和表達，卻幾乎毫無例外地指向渺遠的過去。自十九世紀中葉以降，中國長期在西方以堅船利炮為後盾的優勢文化衝擊下，不得不俯首下心，逐步放棄傳統天朝中心的世界秩序，轉而以西方民族國家（nation state）為典範，著手從事中華民族的塑造。晚清知識分子從遠古的傳說中，尋覓出一個撲朔迷離的神話人物——黃帝，奉之為中華民族的「始祖」，以之為國族認同的文化符號。一時之間，「炎黃子孫」、「軒轅世冑」等，成為時人普遍接受的自我稱謂。

　　他指出，迄今可見的最早的關於人格化黃帝的確鑿記載為西元前 356 年的齊威王因齊作 鐘 銘：「其惟因 育 揚考，紹踵高祖黃帝，米嗣桓、文」。此後隨著各地域人群日趨激烈的競爭與融合，華夏各國族源傳說逐漸串聯混雜，慢慢形成一套樹狀的祖先源流體系。稍晚出的《國語‧魯語》便出現這樣的記載：「有虞氏禘黃帝而祖顓頊，郊堯而宗舜；夏後氏禘黃帝而祖顓頊，郊鯀而宗禹；商人禘舜而祖契，郊冥而宗湯；周人禘嚳而郊稷，祖文王而宗武王。」將堯舜三代的祖源完全歸結於

黃帝。及至漢代，司馬遷依據《世本》及《大戴禮記》而寫「五帝本紀」，溯其源流，整齊世系，一套「虛構性譜系」就此告成，黃帝被杜撰成遠古以降各代帝王的共同先祖。

馮天瑜先生曾指出，黃帝本為周人專有的先祖，並非天下共認的先帝，其後隨著周人以西陲小邑東進克「大邑商」，為鞏固其支配地位，遂將黃帝上升為古帝譜系中至高至貴者。這一套祖源傳說有其實際的政治效用。杜正勝先生進而認為，帝嚳傳說是希臘萬神殿式神話整合的結果，而且是周人造出來的系統，其用意在抬高周人的歷史身價，凸顯周人在華夏族群中的核心地位。在周人所造黃帝傳說中，「先祖」與「聖王」這兩層意義，特別受到強調，並且透過血緣的聯繫，緊密地結合為一體。因為周人姬姓，而黃帝雖為堯舜三代之共同始祖，然黃帝本人「以姬水成，故姓姬」，換句話說，周人是黃帝的嫡系宗子，因而得以在宗法制度的政治秩序下，經由根基性（primordial）的血緣紐帶，具體傳承先祖的「聖王」典範，從而確立周人對旁支孽庶各族群之統治權威的道德合法性基礎。所以，沈先生認為，周人所造黃帝傳說或許可以定位為一種「血緣政治」的運作；而「黃帝」從創生伊始，就已染上濃厚的政治色彩。上述幾位學者的觀點，我都引用自沈松僑先生的論文。

靜云老師　抱歉，容我插一句話。剛才沈先生的論文中引用的銘文出自陳侯因

謂「聖（紹）繩高且（祖）黃啻（禘）」一句之「黃啻」並非「黃帝」。這裡的「啻」字下面帶了一個口字偏旁，這是一種拜先王的祭法，表達被祭祀者是一位叫「黃」的高祖（在商周甲骨金文中，「黃」是很常見的人名），並且這位「黃」，是陳侯的高祖，而不是「天下高祖」，所以不能視為最早關於黃帝的記錄。《國語》是漢代人編的，裡面加進了漢代人的意識形態，不可作為時代證據。

　　我認為，黃帝的概念和形象，是戰國時代陰陽家為配合其陰陽五行觀念而杜撰出來的。依陰陽家為基礎的《呂氏春秋》建構了符合陰陽五行的歷史結構，所以特意創造了「黃帝」的概念和形象，以確定天下政權的中央，並將有些原來就有的傳說搭配於黃帝。這是統一天下意識形態的措施。有關周人已創造黃帝的假設，恐怕沒有相關資料的支持，甚至《尚書》都沒有提到黃帝，更不用說青銅器銘文，楚簡也未見，但是堯舜、顓頊等人在傳說記錄都有。其實周統治者也不可能創造黃帝，周還沒有這種大一統的政權，這是秦的目標，是秦以陰陽家的模式為基礎，構建起一個一統天下的意識形態而採取的措施。

立新老師　謝謝靜云老師的補充。下面，我繼續介紹沈松僑先生的研究和發現：兩漢之後，隨著大一統帝國制度的確立，黃帝所具的政治性格日益強烈，其為帝王典範的意涵也愈形顯豁。黃帝既已轉化為政治權威合法性的根源，自不免成為歷代統治者亟欲攀附、壟斷的「符號資源」。王莽篡漢，起九廟，

首立「黃帝太初祖廟」，其廟規制閎大，「東西南北各四十丈，高十七丈，餘廟半之」。茲後各朝大體遵照其制，立廟奉祀，祭饗不絕。唐代宗大曆年間，又於黃陵所在地──坊州（今陝西黃陵縣）置廟，「四時享祭，列於祀典」。宋元兩代，時有修廟、祭陵之舉。降及明清，黃帝祭禮，尤為崇隆。自明太祖洪武四年（1371）以迄清宣宗道光 30 年（1850）五百年間，僅朝廷遣專使致祭，並有祭文流傳可考者即近四十次。凡新帝嗣位改元，例必遣使禴祭，以告正始；其它如先皇配享圓丘、太后升祔太廟、皇帝或太后萬壽、廢立皇太子，乃至黃淮工程竣工、戰役告捷等等，亦屢有祭陵之舉。透過這一連串的儀式行為，歷代君主遂得祖祧黃帝，與之建立一套虛擬性的「政治血緣」，從而將黃帝「奪占」為皇室專屬的世系祖源；而臣民百姓之屈從於皇朝的政治支配，當然也就在此機制之下，變成「天經地義」、不容置疑的「自然」現象。所以，在十九世紀中期以前，「黃帝」大體上只是現實政治權威的另一象徵，只是「皇統」的一個組成要素。而流傳民間的黃帝傳說，則以「仙話」的形式，構成另外一套與官方意識形態截然不同的敘事系統。

然而，進入二十世紀之後，官式的「黃帝」論述結構，卻突然出現了急劇的變化。經過晚清知識分子的建構，其後無論各派政治勢力如何鬥爭，都一致將黃帝認同為中華民族的始祖，以炎黃子孫自居。這時的黃帝已不再是一朝一姓專屬的祖

源，脫離了舊有之帝王世系的「皇統」脈絡，轉而被納入新起之民族傳承的「國統」脈絡。

以黃帝符號為中心所塑造出來的中華民族，囿於晚清反滿革命的政治現實，只能是一個以血緣之根基性聯繫為本質，並具有高度排拒性的族群團體。對於這樣一套國族想像，當時也有一些不同的聲音。二十世紀最初數年間所發生的「黃帝紀年」與「孔子紀年」的爭論，便是彼時兩套不同國族論述的正面交鋒。另一方面，「黃帝」符號亦自有其內在的歧義與緊張。部分漢族知識分子便極力擴充「黃帝」的「種族」意涵，揭櫫「大民族主義」以別於以漢族為中心的「小民族主義」；一些居於邊陲位置的滿族人士也利用「黃帝後裔」的傳統策略，重塑本身的族群歷史記憶，另行提出一套抗制性的國族論述。因而，從近代中國國族建構的政治、文化條件分析，「黃帝」這個高度建構性的符號，正是各項現實利益與勢力對抗、爭持的場域。沈先生的研究，我就介紹到這裡。

靜云老師　這研究太有趣！近代欲否定清朝滿族，強調漢族政權，所以利用黃帝的形象強調國家的合法性。太好玩了！

立新老師　我也覺得這是很棒的發現。

靜云老師　這是不是因為反清抗滿後，想建構一個民族國家，所以開始強調共同的漢族始祖？

立新老師　有這方面的考慮，但不全是。還有一個重要的原因是，傳統中國是帝國體制，是以朝廷為中心來統攝天下的，

只要有朝廷在，就不用擔心國家不存。在晚清，一方面要把朝廷反掉，另一方面要考慮在沒有朝廷之後仍然保持國家的完整性和合法性，不讓國家分裂，這在當時是極重要的問題。在當時的情景下，無疑是向西方學習，模仿西方的民族國家概念。但中國的情況不一樣，中國境內可不止只有一個民族。為了克服這個障礙，先是提出「五族共和」，後來又在諸族之上再凝煉出一個大「中華民族」、提出「華夏」、「炎黃」的血緣認同。歷史，包括上古史，永遠離不開現實的政治。

靜云老師　全世界都是如此，每一個國家都創造自己的歷史，並且各代都重新修改。

梓浩同學　尤其是極權國家，所以奧威爾在《1984》中說，「誰掌握了歷史，誰就掌握了未來。」通過篡改歷史記憶，可以保障國家未來的安穩，何樂而不為。

立新老師　是的。但是我們研究者的目的則比較單純，是一種毫無偏向的瞭解。如果我們要從各代人的政治目標中抽出史實的種子，就意味著要瞭解不同時代修史者、記錄者的意圖和目標。比如說很簡單的問題，請問各位同學：現在中國的中央政府在哪？

同學們　北京。

立新老師　既然中國的中央在北京，為什麼不在北京找「文明起源」？

俊偉同學　中國文明應該是多元，不能說只有一個源頭。

立新老師　沒錯！！在華北地區活動的人不知道華南的人，語言互不通，生活方式也是多樣。

我們要用可比對的現象進行比較：一個處於亞熱帶氣候的農耕古文明跟另一種亞熱帶的農耕古文明，觀察其共同之處和獨特性。這比從中國大範圍的思考，更加能助於理解上古原生文明的發生。我希望靜云老師從這方面多講一講。我們是自由討論的形式，在老師報告的過程中，同學們可以自由地提出問題，或者發表自己的一些看法，與各位老師積極互動。

北緯 30 度的樞軸地帶與距今 5000 年的樞軸時代

靜云老師　人類文化十分多元、分類眾多，各地文明之所以呈現出各自的輝煌，是因為在人類的普遍性下存在著各地的特殊性。但各地文明的發展卻離不開兩個要點：地球的自然條件和人類的本質，因此，其間必然擁有某些共同的脈絡，以及通用的基本規律。而目前傳世文獻中可見的中國歷史故事及其內在概念，在許多方面，並不符合近一萬年來歐亞環境之演化，以及人類社會通常發展的脈絡。從歐亞歷史發展的脈絡中，我們可以很容易看出幾條規律，並依靠這些規律，更加客觀地思考中國早期地域文化的特質。

我們首先要有一個觀念，文明起源是一個可放在全球視野下看的問題。如果把全球最早的原生文明找出來，我們可以發

現一條神祕的「北緯 30 度線」，最古老的原生文明均沒有超過這一界線。其年代在亞非地區也一致落於西元前第四千紀後半葉，也就是大概距今 5500 年。在這一時代，早期文明的發生，皆在亞熱帶濕潤氣候區，至於北緯 32 度以北，此時期都屬偏僻地區，文明、人口皆不發達。

文明起源的問題涉及到人類的生活方式和生計模式。亞非大地的早期文明皆離不開農作，農作的發祥地與大文明的發生範圍，皆是在同一地域。考慮到人類文化發展所需的經濟條件，此規律毋庸置疑。

立新老師　靜云老師所說的「同一地域」，指的是一個較大的生態地理單元，如長江中游兩湖地區、長江下游、山東地區這樣相對獨立的地理單元。有學者認為，西亞農作起源於新月形山前地帶，而國家文明發端於兩河流域的平原地區，似乎前後兩個階段發展重心在空間上有所移動，但總體來看仍屬一個大區域內相鄰的兩個次區域。類似的情況同樣發生在長江中游地區，這一地區在從稻作農業發展到國家起源的過程中，也存在從山前地帶起步，不斷開拓平原腹心區，從而使發展重心在空間上發生遷移的情況。這種遷移一般發生在相鄰且相近的生態區內，甚至它們本來屬於同一自然地理單元範疇，所以，並不能因此就鑽牛角尖，用這些例子來否定靜云老師剛才所說的規律，相反，它們恰好證明了這一規律。

靜云老師　與農耕和定居生活相對，採集、狩獵的生計則要

求人們擁有高流動性。我們借助一些民族誌資料來思考這些狩獵採集者的生計模式，大家可以發現他們最核心的生計觀念，就是以流動來換取豐裕且舒適的生活。

明立同學 老師，在我的印象中，狩獵採集者的生活是非常窘迫的。他們沒有定時收穫的農產品作為生活的保障，吃了這頓說不定就沒有下一頓了，您為什麼會認為他們的生活「豐裕且舒適」呢？

立新老師 這是我們定居族群和農耕族群的想像。前面一堂課說過，薩林斯在《石器時代經濟學》中提到，狩獵採集者「豐裕且舒適」的生活是建立在低生活水平上，是一種相對的物質豐足。例如南非的昆布須曼人，一天最多只需要花費六個小時就可以獲得維持一天所需的食物，而有的狩獵採集者（如東非的哈扎人）甚至不足兩小時。而且採集狩獵工作極其清閒，不像農耕一樣需要長期的投入及艱苦的勞作。所以，這些狩獵採集者始終抗拒著「新石器時代革命」，正所謂「無欲則無求」，既然能安享閒暇，為何要崇尚勞碌呢？

但是，他們必須以高流動性來保障食物資源的豐富程度。對於他們而言，積累財富是一種累贅，所以他們必須「今朝有酒今朝醉」，也不能多生孩子，否則自然界的食物往往會不夠。相反，由於定居需要依靠某一固定的土地維生，定居者則必須考慮生產與創造的問題，考慮財富的積累問題，考慮領地的大小問題，從而逐步形成原生文明。

　沒錯，正是因為定居的農耕生活，人類才會發展出「領土」的概念。而欲望則是把雙刃劍，它墮落人類的靈魂，卻又促進人類積極向上。正是因為定居產生的欲望，才有了人類文化的不斷創新。只有長期定居與在本地發展，才能有原生文明的產生。換句話說，早期原生文明與歷時長久的大規模農產有直接關係。

我們從世界文明起源舉例來說，古埃及農耕文明擁有世界最古老、在當時人口密度最大的城市，即早王國首都阿拜多斯，其緯度是北緯 26 度 11 分，而古王國首都孟斐斯的緯度則為北緯 29 度 51 分；早期古王國發展的北界，乃是古老的耶利哥城，鄰近死海，其緯度只到北緯 31 度 51 分。

蘇美文化的起源地埃里都城，其緯度為北緯 30 度 48 分，烏爾城的緯度為北緯 30 度 57 分，位於蘇美偏僻北界的巴比倫，其緯度為北緯 32 度 32 分。埃蘭國的中央緯度為北緯 29 度 54 分，北都蘇薩為北緯 32 度 11 分。

古印度摩亨佐 - 達羅的緯度為北緯 27 度 19 分，北城哈拉帕位於北緯 30 度 38 分。由此可見，亞非原生大文明的發展脈絡基本上是一致的。古文明發生的地理範圍在北緯 24 度與 32 度間，北緯 32 度以北地區的文明化則較晚。

秀美同學　還真的是全部都在北緯 32 度以南。不好意思，我對這個北緯 32 度的緯度線沒有什麼真實感。所以，我想請教老師和各位同學，北緯 32 度以南，在中國是哪些區域啊？

梓浩同學 我可以舉幾個城市的位置，你大概就知道了。就以《讀史方輿紀要》中，顧祖禹提到湖廣形勝中，扼住北方及東方咽喉的兩個最重要的城市為例，武漢最北面是北緯 31 度 22 分左右，在北緯 32 度線以南。而襄陽則被北緯 32 度線穿過，其絕大部分位於北緯 32 度以南。不知道這樣舉例，秀美學姐能明白嗎？

秀美學姐 很清楚，謝謝。

靜云老師 實際上，澧陽平原的城頭山就在此人類文明起源的脈絡裡，其重要性不比蘇美的埃里都低，兩者年代也相同，所處的地帶都是濕潤的亞熱帶，北緯 29 度。為什麼我們沒有認識到城頭山遺址在東亞地區原生文明中的重要性？客觀的原因是長江流域土質造成考古發掘的重重困難，並且該地的考古發掘只有在最近二十年才初現規模；但更重要的是主觀的認識也忽略了其重要性，不認為文明應該起源於湖南。

湖南澧縣城頭山是目前在中國領土上發現的最早的城址，且位於中國的中部，並不是邊緣地帶，可視作中國領土上最早的國家化的萌芽，並且與其它早期國家一樣，是以農耕為基礎的。各位同學怎麼看，為什麼文明化的進程會最先發生在北緯 24 度到 32 度呢？

詩螢同學 大概是因為 24 度到 32 度之間屬同一類的氣候環境？

靜云老師 對。而且這個區域的氣候環境，特別適合早期農

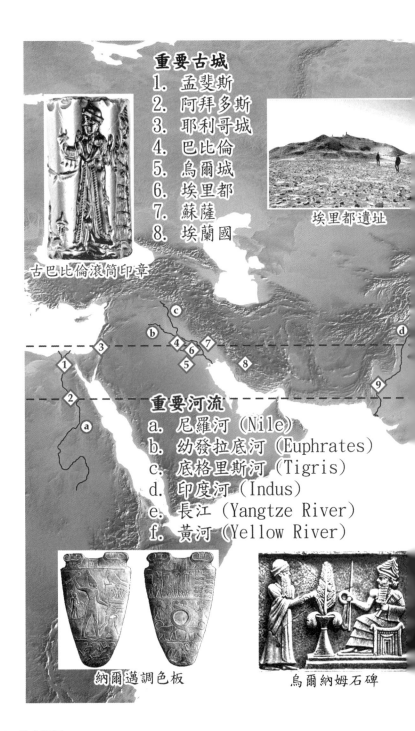

重要古城

1. 孟斐斯 (Memphis)
2. 阿拜多斯城
3. 耶利哥城
4. 巴比倫城都
5. 烏爾里薩國
6. 埃蘇蘭
7. 蘇埃
8. 埃

古巴比倫滾筒印章

埃里都遺址

重要河流

a. 尼羅河 (Nile)
b. 幼發拉底河 (Euphrates)
c. 底格里斯河 (Tigris)
d. 印度河 (Indus)
e. 長江 (Yangtze River)
f. 黃河 (Yellow River)

納爾邁調色板

烏爾納姆石碑

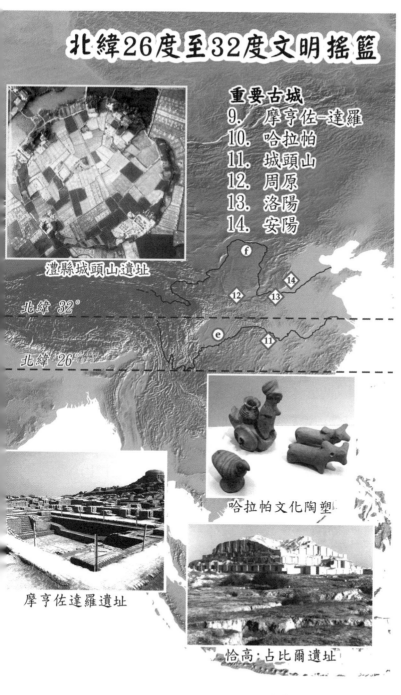

北緯26度至32度文明搖籃

重要古城
9. 摩亨佐-達羅
10. 哈拉帕
11. 城頭山
12. 周原
13. 洛陽
14. 安陽

澧縣城頭山遺址

北緯 32°

北緯 26°

哈拉帕文化陶塑

摩亨佐達羅遺址

恰高‧占比爾遺址

業的發展。當農業還處於萌芽階段，人們會在哪裡開始耕地？是選擇氣候溫暖、土地肥沃的自然帶呢，還是選擇氣候寒冷、土地貧瘠的地方呢？

柏熹同學 人應該是「理性人」，懂得趨利避害的。所以，一般的農業都會起源於氣候溫暖、土地肥沃的區域。

梓浩同學 但是也有理論指出，農業應該起源於邊緣地帶，例如一處氣候溫暖、土地肥沃的區域，它具備了農業的基本條件，但農業卻一般不會起源於該地區的中心地帶，反而會起源於邊緣地帶。

靜云老師 對，最早的農耕應該起源於氣候溫暖，土地肥沃的地帶。這個地帶正好位於北緯 26 度以北、30 度以南。北緯 26 度以南食物過於豐富，當地可以採集到的食物數量超越當時人口量，但同時也有更多引起傳染病的昆蟲。然而，在靠近 30 度左右的地區，雖然情況也良好，但是為了定居生計，需要有符合人口規模的再生產，所以不得不碰到一些食物不足的情況，尤其是天氣年年波動的情形，在植物的生產中相當敏感。為避免食物短暫不足的風險，人類嘗試加強照顧食用植物的方法，以滿足社會需求。

　　人都是這樣，如果看到遙遠的目標，往往會認為太難實現，而不直接去追求，但是如果感覺某個目的可以達成，就會開始著手去做；掌握第一步之後，或許看到下一步，再去追求。這樣過了幾千年，人類慢慢掌握全球，中國東北、韓、日

都可以種稻，甚至人類從地球掌握到太空。但在農作剛開始時不會有那麼高的欲望，古人如果食不果腹，怎麼可能會想上宇宙呢？我想他們就算在夢境中都只會想著吃。

柏熹同學 恐怕食不果腹的結果也是「升天、上宇宙」，哈哈。

（幽默熹又一次發揮了他的才能）

靜云老師 哈，所以先民剛開始定居時，也沒有想要升空的能力，當時北緯 30 度左右恰好符合人們定居下來的能力要求。

梓浩同學 確實如此。如果告訴我，一進大學就要開始寫博士論文，我就完全不會讀書了！誰會在大一時想著寫博士論文啊。現在都覺得壓力山大，早幾年更是想都不會想，哈哈！

（大家笑）

柏熹同學 所以才要溫水煮青蛙，讓你的博士論文慢慢地煮熟。如果用熱水來煮你，恐怕你早就跳出去了，不會想繼續讀書了。

明立同學 我中學的體育老師很有趣，看我運動還可以，跑步快，他就讓我天天跑，從百公尺開始每天加一點點，後來要我參加 1500 公尺跑步的比賽。哈哈！

靜云老師 就是這樣的意思。東半球的早期文明皆離不開農業，且農業的發祥地與大文明的發生範圍，皆是在相同地域：北緯 26 至 32 度之間。

北緯 32 度以北的人們活動
——兼談黃河為「母親河」的神話

静云老師　至於位於北緯 35 度的埃勃拉、亞述等古城,則要到接近距今 4300 甚至 4000 年前後,才開始快速的發展,而且其經濟發展的基礎並不是農作,先靠掠奪、戰爭,後靠貿易維生,這在上古史演變中,屬於新時代的情況。(相當於從石峁到殷商時期)至於首都在北緯 36 度 48 分的米坦尼,以及首都在北緯 40 度的西臺等國家,則年代更晚,而且都不是由農耕族群所建立的國家,不屬早期原生文明,而是在原有的原生農耕文明基礎上建立的次生帝國文明。

俊偉同學　老師,不好意思。那相較之下,殷墟也在北緯 32 度以北,同樣也應該是這樣的次生帝國文明了。

静云老師　俊偉的比較很對。所以大家不妨把視角放開,而且拋開傳統的觀念,從地下出土的一手考古資料去梳理上古史。我認為只要全面地收集資料,資料就會自己告訴你資訊。此外,希望同學們能在更高、更廣、更深的視角來看待中國文明,把中國文明置身於世界文明起源的一般規律中看,同時,又要立足於中國本土的具體資料,注意在世界文明的一般規律中,找尋中國文明的具體特點,還原一個真實的上古社會。

從上面這些例子中看,我們不難發現,亞非地區最早的古代原生文明的發展脈絡,基本上是一致的。這些原生文明發生

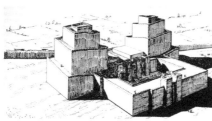

▲埃勃拉（Ebla）西元前 26 －
17 世紀古貿易中心

◄亞述城（Assur）在西元前
16-11 世紀建築（中亞述時代）

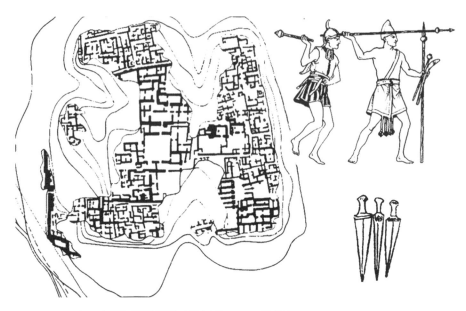

左：米坦尼都城遺址（西元前 16—13 世紀）
右：據石刻大杯上的造型：胡里特族（hurriter）軍兵和兵器

用人祭祀神的禮儀：胡里特印章

西元前 19 世紀西臺古都卡內什（Kanesh）的故址

的地理範圍基本在北緯 24 與 32 度間，而 32 度以北區域的文明化進程則較晚，而且多是次生的混合文明。北緯 32 度以北次生文明的出現標誌著古代史邁向帝國方向，已經到了上古帝國形成的階段。

　　那麼，從全球文明化的視角來看中國文明起源的進程，你們覺得最早文明化的區域是哪兒呢？

同學們　在中國的北緯 24 度至 32 度之間。

靜云老師　現在學界的主流觀點是什麼？中國文明化進程最早的區域在哪兒呢？

▲西臺馬車飾

◀西臺神軍像

▼西元前18—17世紀西臺首都哈圖沙（Hattusa）
廟牆上的十二位神像

甲同學　應該是黃河流域吧。我們一直視黃河為中華文明的母親河，從考古資料也可發現，在距今 6000 年左右，黃河中游的一片廣大區域內存在著一批相似度極高，以彩陶和重唇口小口尖底瓶作為特徵的遺址，學界將其稱為廟底溝文化或西陰文化。而且它還影響到了東北地區的紅山文化，紅山文化的玉器特別精彩！還有黃河下游大汶口文化和豫西南、鄂西北區域的下王崗文化。所以，韓建業先生認為這裡存在一個「早期中國文化圈」，而嚴文明先生則用「重瓣花朵式」的主次格局來表達早期中國文明化進程。

梓浩同學　我自己很喜歡紅山文化，但是我曾經梳理了一些資料，瞭解到紅山文化之後東北地區有新的族群進來，我們系裡研究體質人類學的李法軍教授也認為，在距今 4000 年左右，東北有新的族群進來，情況很雜，看不出一脈相承發展大國家文明的路線。

另外，我看了韓先生的專著《早期中國》，感覺不太滿意。一方面，考古層位學與考古類型學是一輛馬車的兩個車輪，二者不可或缺，否則馬車必然傾覆。其中特別需要強調的是，考古層位學是考古類型學的前提。在沒有層位學相對早晚關係證據的支撐下，類型學的比較很難讓人信服，尤其是容易出現早晚關係的錯判。這時則需要有碳十四數據的支撐，來確定二者的早晚關係。韓先生雖然全面梳理了器物資料，卻似乎忽視了對碳十四數據的重新梳理。例如我們拿這次課堂上熟知

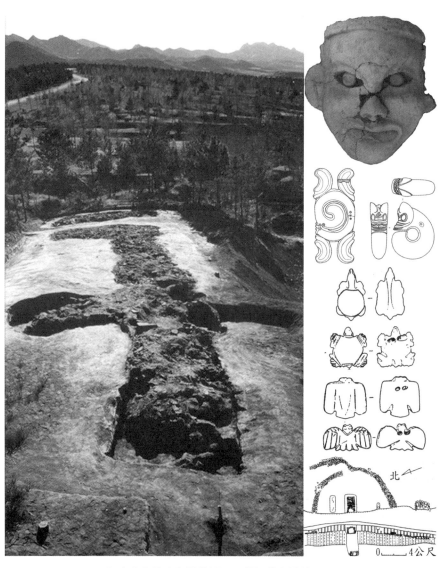

紅山文化神廟和神像頭、石板塚墓和隨葬玉器

的彭頭山文化與上山文化作比較，全面梳理其碳十四數據，排除異眾值，並用相同的校正法進行校正後，二者的年代上限實質上十分相近，約為西元 8000 年前左右。但韓先生書中的碳十四數據卻把上山文化定在了西元 9000 年起，顯然是運用了上山文化的異眾值作為測年上限。在沒有層位學依據時，究竟如何進行跨地區的文化比較，如何確定誰是孫子，誰是爺爺呢？「早期中國」是否真的以中原為核心向外輻射？

另一方面，我對韓先生把考古學文化與古史傳說簡單地對號入座的方法，也無法苟同。眾所周知，我們今天所看到的古史是層累地形成的，孫子看到的古史傳說比爺爺看到的更加豐富精彩。韓先生未對所引用的古書進行辨析，便用古書中的對象代入考古學文化，讓人生疑。

再者，為強調中原在早期中國的核心作用，作者明顯帶有「中原中心觀」的思想。蘇秉琦先生曾提出，在我們的歷史教育中存在根深蒂固的中華大一統觀念，這是一個怪圈：在潛意識中把豫西或關中地區視為核心地位的中原，難道秦漢相當於「最早中國」嗎？

靜云老師 梓浩確實對資料很熟悉，提出的問題都有道理！那我們就循著黃河作為「母親河」，想想其作為中國文明發祥地的可能性有多大？

首先，依照黃河現在的河床位置，其河流發源處的緯度在北緯 34 度 29 分，從河源往北流到緯度北緯 40 度 46 分，圍繞

黃土高原後，又南下到北緯 34 度 50 分，其後則東流到出海口，緯度在北緯 37 度 46 分。古河道的出海口大概在北緯 35 度左右，整個黃河流域均未進入亞熱帶濕潤氣候的地帶。這就違背了世界性原生文明的發展情況，是不是因為中國文明發展的條件非常特殊？或者是我們此前對世界文明發展的認識有誤差呢？

其次，東半球的早期原生文明都是以農業為基礎的，因此，農作的發祥地是最有可能最早促成某一區域的文明化的。中國最早的農耕起源於一萬餘年前長江流域的稻作，憑什麼讓我們相信原生文明的起源在黃河流域，而不在長江流域呢？

再者，黃河上、中、下游的緯度差距非常大，氣候和生活環境往往不一致，這才是重點，氣候不一致使黃河流域不具備成為一個大而完整的早期文明軸心地區的條件。所以黃河作為「母親河」，實際上也是後期神話性的概念。

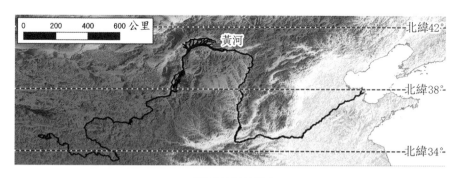

黃河流域地形圖

俊偉同學　不好意思，老師。但是黃河流域也存在旱作農業吧，如果說文明是在農業的基礎上誕生的，那黃河流域仍然可能是文明的搖籃吧。

靜云老師　仔細思考黃河流域粟作和黍作農業的情況，我認為只可以證實黃河流域並非原生農耕文明的起源地。在這裡我要補充說明一下，如果從農業的起源來看，我們可以發現世界早期文明發生地區與大規模農作技術的發祥地相距不遠。從黃河流域的環境條件看，促使大規模農作形成的因素是不充分的。眾所周知，黃河流域的生產作物主要是粟和黍，但是這兩類作物的種植規模往往不大，產量也沒辦法與水稻相比。雖然，黃土的自肥效應以及粟、黍本身寬鬆的生長條件，讓粟、黍在「看天田」中也能有足夠的收成。而正是因為「看天田」的存在，相比起稻作對水利設施的諸多要求，以及對水源管理等麻煩的事，粟、黍作物的生產則顯得相當輕鬆。我們之前已在課堂上比較過水稻和粟、黍的種植情況，在這裡就不再重述了。但要強調的是，粟作、黍作農業不需要像水稻那樣發展出一些特殊的威權組織來協調宏觀的（聚落之間）或微觀的（個人之間）社會關係，只需要以家戶為單位完成「看天田」的工作就好了。

梓浩同學　如果說黃河流域會表現為眾多零散的文化區的話，那學術界公認在距今 6000 － 5000 年左右的彩陶文化群的高度一致性，又應該如何解釋呢？

詩螢同學　我倒覺得無論是黃河中游的半坡文化、廟底溝文化，還是西北地區的馬家窯文化，它們的彩陶圖案都沒有傳承到後期的文化中，對後來的中國青銅文明沒有什麼影響力。究竟是什麼原因導致這些曾經盛極一時的彩陶黍作文化群的衰落和滅亡呢？

靜云老師　這是一個有趣的問題。我們再從世界人類歷史的角度來看，在某些北緯 32 － 37 度之間的地區裡，新石器時代中期和晚期的氣候表現為濕潤溫暖，因此有些面貌特殊的、發達的農耕文化出現，如安納托利亞南部的加泰土丘文化等，中國東北興隆溝文化、查海文化和黃河上游大地灣一期文化是與其同時代的暖化期，大約在距今 8000 － 7500 年左右；而你說

∴ **Knowledge Station** ∙ ∙ ∙ ∙ ∙ ∙ ∙ ∙ ∙ ∙

東北紅山文化之前的興隆溝遺址，在最大房屋西南角出土了一組擺放規整的動物頭骨（12 個豬頭和 3 個鹿頭），前額正中鑽有孔，說明這些狩獵戰利品原來掛在牆上，有信仰的作用。其意義或可與同時期加泰土丘（Çatal Hüyük）文化的牛廟作比較。

黃河中上游新石器晚期粟作文化群的彩陶禮器（半坡、廟底溝、馬家窯等文化）

的半坡、廟底溝、馬家窯，這都是下一波約從距今 6800 年以後開始的大暖期時代。不過，到了距今 4000 年以後，該地青銅早期的氣候變得偏冷與乾旱，這些一度輝煌的文化便成為絕響，皆未能進入青銅時代。只是每隔一段不等的時間，便有新族群擴展、遷移至此地區，建立以軍力為基礎的國家文明。中國渭河流域的早期農耕生活故事也與此雷同。

若從此文化形成規律的背景，來觀察中國早期文化的發展，便很容易在實際上發現類似的規律，但是有一個條件：不宜盲目相信晚期才形成的歷史神話。「黃河為中華文明的母親河」，便是其中之一。

我們從實際資料來看。剛才詩螢提到的西北彩陶文化地區的範圍，在北緯 34 度至 37 度間，這地區在新石器早期幾乎沒有農作遺跡。但在新石器中晚期，隨著氣候的變化，確實曾有過相對發達的地域性農作文化，但它們到了青銅早期都已絕傳。在距今 4000 年前左右曾有過一波氣候冷化和乾旱化，這導致了華北地區發生了大規模的族群遷移和生活方式的變化，造成早期彩陶黍作文化的解體和消散。因此，我們看到半坡、廟底溝、馬家窯等華北彩陶文化的獨特形象，極少傳承到後來的中國青銅文明中，這一點詩螢說得很準確。在此地區形成的新文明，並非以農耕的生計模式為基礎，反而是一種側重於發展戰爭技術的文明，主要依靠貿易和戰爭促進經濟發展。這是

上古史演變過程中的新時代。經過幾波新來族群的掌控，此地成為周這個大國的政權中央。這與同緯度的安納托利亞南部地區的情況相類似：恰塔爾休于消失，而經過幾波新來族群的掌控，西臺族群在此建立新的軍權帝國。

這些游戰的族群有著怎樣的生活方式呢？生活在這個地帶的族群有很高的流動率，以戰爭掠奪維生。目前在這個區域內發現的遺址，其糧食似乎不全是本地所種，這也可以表明這些族群來往頻繁，文化是多元混合的，並有跡象顯示他們的掠奪對象是南方富裕的古文明地帶。

同時，這些年輕族群也採用南方以及本地帶早期古老文明的技術。在青銅時代，蒙古草原及丘陵地帶才開始沙漠化，造就了一條流動族群的交通大道。而流動族群之間的頻繁互動和遷徙，又促進了彼此的融合與衝突。

梓浩同學　老師，您可能不知道，陝西省考古研究院在陝北石峁調查發掘，發現面積大約 400 萬平方公尺的石城，是最近所見的最大型聚落，裡面好像也有農耕的痕跡。

靜云老師　知道，不僅是知道，也去考察過兩次。

（同學們七嘴八舌地問：哇！那怎麼樣？）

從人類歷史的角度，談石峁群城之謎

靜云老師 雖然在尚未開展大規模考古發掘研究之前，便已將石峁城址認定為 4000 千年前的大型聚落，並由此討論文明起源的議題，但卻有很多考古學家提出質疑。我也完全贊成這些學者們的看法，我們不宜採用農耕文明的古城概念，來討論石峁城址的歷史意義，而需要從時代和地理脈絡來進行思考。因為石峁城址所在的位置，屬於亞洲南草原通道，所以，對該遺址的研究不僅是中國歷史的關鍵，更加是世界古代史的重要問題，瞭解該遺址，對世界史的研究亦十分有貢獻。

石峁城址地處黃河流域北部的黃土高原地帶（我稱為「北遊」），大概位於黃河「几」字形大轉彎的中間，北緯 40 度左右，位置相當偏北，經過黃河要道，往西南可通到黃河上游早期的黍作區河湟地區，往東南可通到三門峽：即中原寬闊肥沃的農耕文明區域的西北大門。在距今 4000 年前後，與氣候的冷化及乾旱化同時，西北地區發生了非常大規模的族群變遷，造成早期彩陶黍作文化的消散。而新來的族群日漸發展起游戰的生活方式。

石峁城址緊鄰黃河北遊的河套地區，該地區是

石峁城址晚期瞭望塔

石峁群城遺址晚期東城瞭望塔的鳥瞰

亞洲草原丘陵地帶的通道，大約從距今 4400 年之後，從裏海
到渤海及日本海，在這一通道上出現了甚多中、小型城池，均
屬於為軍事用途而建造的城，是掠奪族群的城邦：以也里可溫
（Arkaim）文明為西、夏家店下層文化為東。夏家店下層文化
是什麼？就是梓浩剛才說的，冷化期紅山文化滅絕後，有新族
群到來而建立的文化，核心區與之前的紅山文化一樣，也是內
蒙古的赤峰地區，出土的青銅器（兵器、裝飾品）與亞洲大草
原屬同一類型，如喇叭形的耳瑲，從西西伯利亞到中國東北都
有，使用原料有黃金和青銅兩種。

鈺珊同學　　這是黃金做的哇！

梓浩同學　　是的。這種樣式很特別，不是誰都能隨意做，原
來夏家店下層文化是草原文化群的代表之一……現在我才清楚
了。

靜云老師　　出現也里可溫之類文化遺址的地理範圍，西到南
烏拉，東到阿爾泰、蒙古，南到伊朗山等北緯 40 度左右的低
山和山麓地帶，北到北哈薩克斯坦草原庫斯塔奈州、北哈薩克
斯坦州，一路到蒙古，並涵蓋中亞草原一帶。這一帶出現的許
多城堡表明此時草原族群間正處於彼此爭鬥的階段。在這一類
遺址中，幾乎未見農具，反而有很多青銅和石製的兵器，並出
土了 20 多台完整的駕馬戰車，另外還有很多馬具零件以及相
關器物。這一帶屬於用馬戰爭的流動族群的活動範圍，恰好在
河套地區的交界處，並往東跨到東蒙古草原低山地帶。

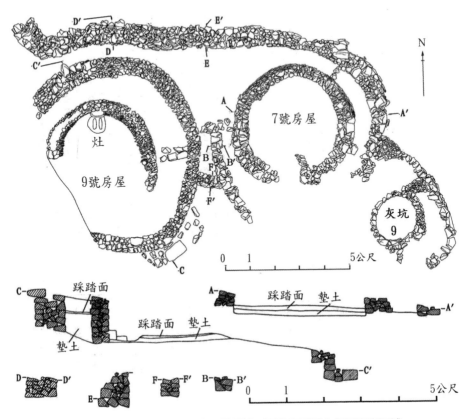

從裏海到日本海草原地帶的石質軍城：夏家店下層文化三座店石城

從西西伯利亞到中國東北遺址出土的黃金或青銅質裝飾品

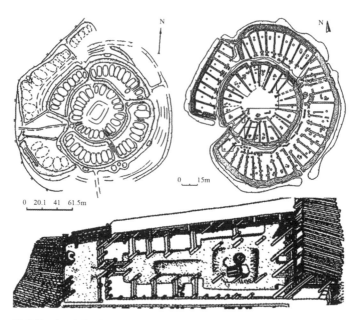

從裏海到日本海草原地帶的石質軍城：也里可溫石城地址測量、平面圖和外環房屋的復原圖（下）[摘自《夏商周：從神話到史實》]

　　緯度相同的東北地區夏家店下層文化，亦發現了很多軍用的石城。夏家店下層文化奠基於紅山和新樂文化上，保留了一些本地獨特的面貌，但夏家店下層文化無疑是由新族群建立的古國。西遼河及周遭地區發現了很多古城，形狀有方形、圓形以及其它形狀，常有外城與內城結構。不過夏家店下層文化的古城與同時期農耕地區的古城有非常明顯的不同：中國農耕地區的城均是土城，而夏家店下層文化的都是石城。在燕北地區已發現有 40 餘座城址，燕南另發現 70 處有石城的遺址。城為堡塞區，主要的農作和聚落區在城牆外，另有相當多的聚落沒

有發現石城，大部分位於城堡遺址一線以南。遺址的密度相當高，顯示紅山文化的後裔融合到北方族群的大型集團中。

處於不同族群流動路線上的夏家店下層文化，必然面對很多侵略者的襲擊。東北石城與長江流域土城的建築，功能有所不同。夏家店下層文化的古城沒有農作灌溉和防水的作用，或可符合蘇秉琦先生定義的「原始長城」，不過徐昭峰先生指出其具有城堡作用，包含貴族居住區、軍事防禦、祭祀台，並有多重城牆，以及半圓形的所謂「馬面」等工程，都顯示其軍事防禦功能很強，是近似漢代居延的要塞防禦系統，「由城障、烽燧和塢堡等組成抗擊匈奴的防線，而夏家店下層文化的大、中型石城相當於城障，小型石城無疑相當於烽燧和塢堡，共同構建相互依託的防禦系統。」東北地區為何需要這種系統？無疑是因為該地在當時已經是許多族群的流動區，遼西社會不斷地發生戰爭，又吸收同化了許多不同的人種。

夏家店下層古國與漢代北疆建塢堡的情況有很大的不同：漢代居延是大帝國邊疆區域的防禦設施，而夏家店下層文化的先民卻以此「邊疆區」作為全部的生活範圍，這是生活在草原邊界上的古國，自然也學到很多草原人所流傳的知識（草原人流動地域很廣，所以能作為知識的傳播者），包括草原人最拿手的技術：戰爭。梓浩，這是你大學畢業論文所缺少的背景。

梓浩同學　對。我讀大學部時寫的關於大甸子墓地的論文，分析後可以發現這個社會崇尚軍事，就像東非的「馬競人」，

他們首先被認為是一個戰士，其後才是一個農夫。在這個社會中，擁有軍事權力的中年男子積累的財富最多，擁有顯現身份的限制性物品最多。但當時的分析就到此為止，沒辦法進一步解釋為什麼出現這種現象。現在聽了老師的分析，有種豁然開朗的感覺。

靜云老師　嗯。下一步，我們把西邊的也里可溫和東邊的夏家店下層文化的背景，注入到對石峁城址屬性的理解中。從時代和地帶的脈絡背景來看，石峁所發現的石質工程不可能是一座城邦或大型聚落。大約在距今 4200 － 3500 年間，亞洲草原出現了很多石質的軍城，亦有軍城之區：游戰族群在相距不遠的地方，修建軍用的工事，或重修石城以擴展其功能性的範圍。在未系統性地發掘前，石峁的確可能會被認為是一座大城。但有的學者對此提出的質疑，認為所謂山頭上的建築，顯然並非是作居住區而興建，而是為襲擊和防禦所建的戰線工事。所謂「外城東門」，即是瞭望塔的作用。

立新老師　我們跟幾位年輕老師去過石峁，情況比較清楚，這地方有很多沖溝，其中部分是較晚形成的，部分是古老的，從地貌基本上能分得出來。沖溝間有臺地，利用城牆隔段臺地，且部分利用自然沖溝作保護。

靜云老師　該地帶的族群流動率高，在此地早晚修築和使用軍城的族團雖可能有所變化，但生活方式卻是相類似的：以戰爭掠奪維生。我們從山西汾河下游的陶寺遺址可以看出這些掠

奪人群活動。陶寺中期（約距今 4100 年），此地有小型古國，探源工程把陶寺定為一個重點，甚至說成堯舜古都，我們已經知道這是不可能的。實際上陶寺遺址只發現一座很小的城邦，是地方性的小國。在距今 3900 年左右，陶寺遺址遭到毀滅，宮殿、宗廟被破壞，祖陵被盜。灰溝中有很多被肢解的人骨，都是成年男性，也有被殘害的女人，人骨、狗骨成堆。陶寺晚期的大型墓是古國毀滅者的墓葬，墓主無疑就是掠奪族群的酋長。該族團以陶寺為據點繼續南下掠奪，故能掌握稻穀，且其塚墓能隨葬石家河文化的美玉。但這一族團在陶寺興盛的時段很短，因內部爭權或被下一波掠奪者衝擊，而很快就失去自己的權威。石峁作為軍民據點的群城發現後，我們大致上知道陶寺小國毀滅者來自哪裡。

石峁遺址中所發現的糧食似不全是本地所種，物品亦表達這些族團來往混合多元的情況，並顯示他們掠奪的對象，主要是南方富裕的古文明地帶。同時，這些年輕族團亦採用包括南方以及本地帶早期古老文明的技術、形象和人才。

從青銅時代早期到周代之前，黃河北遊河套地區與燕山之間有密切的來往，相關的證據甚多，內蒙古文物考古研究所曹建恩先生認為，當時陝北地區與內蒙古地區的文化一致性奠基於彼時氣候的條件。這個時期，蒙古草原及丘陵地帶才開始沙漠化，所以本地帶為流動族群的交通大道，在哈薩克斯坦、新疆、蒙古、黑龍江草原及丘陵一帶，流動族群頻繁互動及遷

徙，彼此戰爭、學習、吸收、傳播等。

立新老師　就以戰爭為發展重點。有關所謂「外城東門」是在相對最高的位置，符合其作用，從遠看周圍可以看到幾個人工土丘，檢查之後發現都是夯土，這也是獨立的瞭望塔或小型的塢堡。在東北到西北的方向都有，惟獨南邊沒有，就是因為敵人是同類的草原好戰族群或集團，不會從南邊過來。怪不得陶寺毀滅者自己也沒辦法在陶寺長期定居，在他們背後，還有其他集團南下掠奪。

靜云老師　因為這一地帶一直是戰爭很多的邊疆區，屬於長城地帶，所以我們在周圍發現的那些瞭望塔的時代不清楚，未必是早期的，時代甚至到戰國、秦、漢都有可能。這裡只簡單

石峁群城遺址晚期東城瞭望塔的石牆

用我們考察時候拍的照片給同學們看一些線索。這是所謂「東門」瞭望塔石牆。

首先，第一眼就可以看到這座牆補修過好幾次，是在已有的基礎上再補強一層石牆，且補修的時間不一致，好像一開始只有兩個瞭望塔，然後過了不知多久後才在兩者之間決定建牆，之後又在塔上補了一層石頭。這是同一個族群修補的，或者是不同的族群在佔據這座軍城後再補修加強的？同學們覺得哪種可能性比較高？

甲同學 可能是同一群，他們在這裡生活，保護自己。周圍那些好戰的族群很危險，所以要把牆壁加厚。

立新老師 我們先來認識一位石峁人。請看下一張圖，考古人應該不怕顱骨，而且知道顱骨也會說話，會表達自己的故事。因為我們不是發掘者，所以不能隨意碰他，更加不能作科學檢測，只是發現之後拍了張照片，但這具顱骨還是告訴我們一個事實。

（同學們七嘴八舌地問：這是誰？）

靜云老師剛給你們看過的多層城牆，從那個位置往南走幾步，就在北邊的瞭望塔的牆下看到他。為什麼這個下頜骨一下子就引起了我的注意？看照片還是往往不如看原件。這可能是白種人的下頜骨。據報導，東城門入口處曾發現一處人骨坑，目前還沒有見到人骨鑒定報告，不知人種情況。

同學們 （驚訝狀）為什麼會出現白種人？

瞭望塔的牆下發現的白種人下頜骨

静云老師 這一點也不奇怪，那時候歐亞草原是白種人的舞臺。新疆、外蒙、俄羅斯在這方面的發掘結果都一致，內蒙其實也是。這些白種人的「流氓」互相戰爭和掠奪，過著攻擊和掠奪南方古文明的生活。

甲同學 （驚訝）這怎麼可能是白種人的舞臺？

梓浩同學 確實應該是這樣。孫隆基老師上課也說過，草原地帶只有到元代才主要成為是蒙古人種的舞臺。

詩螢同學 老師，我想問一個問題：如果沒有戰爭，石牆還需要建那麼厚嗎？

秀美同學 我不知道這是不是同一群人補修石牆，或者是另一群人。主要是打仗後誰戰贏，誰就能使用這個軍城。我說得應該沒錯，這就是軍城。

静云老師 這是很典型的軍城，與長江中游農耕地區的城完

全不同。我們在腦海裡比較石城與土城，石城的石牆之間明顯可以看到有擲射孔，還設有瞭望塔。

立新老師　　石峁不是在短時間內建成的，這不是日本歷史傳說中的「一夜城」，而是時代早晚有別的群城區。我們目前還不能確定每一城的形狀，但可以清楚地發現這些城是配合地形而建的。這不像我們所說的「雲夢澤蘇美」那樣的土城，城的結構按照人們自己確定的規律來興建的。石峁這些軍城就在沖溝之間選擇臺地，以石牆隔斷臺地和沖溝，加強保衛作用。

靜云老師　　我再給大家看看考察的照片。這是另一個區的城牆，這就是立新老師剛才所說的：石城牆緊挨著沖溝興建，隔斷並保護一塊臺地。我們再回去看東邊的瞭望塔，把這兩個城牆作一比較。瞭望塔的石頭整整齊齊，尤其是在牆的第二層可以看得到，這些石頭肯定是被加工過，而且只有用金屬工具才能得到這樣的效果。而這一座牆的石頭沒有被加工，顯然是直接用自然石頭來建的。但同時也可以看到，先民在建牆之後，使用某種工具在城外的一面砍掉一切凸出來的石頭，把它作成平面，可牆內卻沒有這樣做。大家想想這是為什麼？

詩螢同學　　很清楚，外面把突出的石頭鑿平，不能讓外面的敵人輕鬆地爬進牆裡，但裡面不是平的，是為了自己能爬，能打敵人。

立新老師　　說得很準確，就是這樣！秀美也說得很好，誰掌握這些堡壘，並繼續修建這些石城？那就是勝利者。這些族群

石峁群城遺址時代略早的城牆

的主要戰爭對象就是同類的族群；但是這些族群有同樣的目的：掠奪南方古文明。石峁的位置非常符合實現這一目標，所以互鬥以掌握據點。還有，從建城牆的不同方法，可以看出該遺址時代的跨度應該不小，早到距今四千二、三百年，晚可能到殷商，也不排除部分遺跡的年代更晚。東邊瞭望塔，看石頭的加工就知道，沒有金屬工具肯定做不出來，年代肯定偏晚，或許大致上相當於殷墟或略早一點。

靜云老師　嗯，我們從城頭山說到石峁了，南北相差上千公

里。這很正常，通過比較，會更容易瞭解兩邊的現象。石峁城址與城頭山城址差別很大，後者是原生農耕文明社會漫長發展的結果，而前者是流動、游戰族群的戰爭據點。細數之下，它們共有三個不同：氣候、時代和建城目的。這很符合人類歷史的基本規律：西元前第四千紀後段在亞熱帶農耕文明起源地帶上，原生文明的城址開始出現，並組成地區的聯盟國家體系；西元前第三千紀末在北方草原與山區交界地帶的軍權社會開始快速發展起來，這些人也建城，但是一般是作為貿易據點，或者作為戰爭據點。從裏海到日本海這一地帶，都是距今4000年前後以來，都是致力於發展戰爭技術之族團的生活區。

下一張圖應該是相對較早的城址遺跡，都是自然未加工的石頭。陝西考古所就在這一座牆下發現了玉器。

我們知道，良渚文化的高等級墓中隨葬很多玉器，而同一時期的其他文化也有類似的情況，包括石家河晚期。但是陝北地區的玉器發現的地點很奇怪，很多玉器放在地下或石牆縫裡。我覺得答案非常簡單：這是戰利品的寶庫。這些玉器並不是這裡的人製作的，而是從別的地方搶過來的。

明立同學　原來如此，我本來一直不明白為什麼在陝北出土不少與長江流域一樣的玉器。原來是搶奪回來的戰利品。

乙同學　玉器是很好，但是玉器不能吃。如果他們天天戰爭，不放牧，不耕地，他們吃什麼？萬一明天被打敗就沒有吃的了。

石峁群城遺址早期的石牆與牆下出土的玉璋

靜云老師 　這個問題很好。石峁是文化混雜的遺址，既包含本地長居的農耕和漁獵族群的聚落，也包含有數波來自草原的流動的游戰族群。這種生活方式不同的族群的「共生」現象，在距今 4000 餘年前的南草原地帶（即歐亞大草原南緣）頗為普遍。

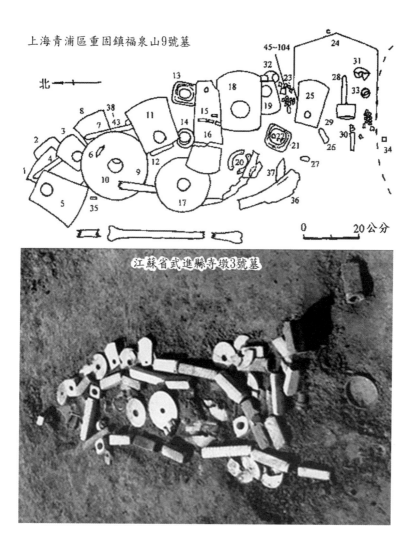

上海青浦區重固鎮福泉山9號墓

北

江蘇省武進縣寺墩3號墓

良渚文化大墓：在死者的身上大量放置玉器

這種「共生」現象起因於游戰生活方式的形成。由於氣候冷化，在亞洲大草原地帶，原本在南緣就很脆弱的少量農耕衰退，採集狩獵者賴以維生的食物資源亦變少，一些原本以遊獵為主兼少量農耕的族群轉變成以掠奪維生，努力發展戰爭技術而成為專門的游戰族群。游戰族群逐漸發展出軍力政權，以游戰掠奪或遠程貿易營生。他們在歷史上發展青銅兵器技術，並逐漸掌握馴馬交通技術。**我認為石峁遺址將來有發現馬匹的可能性。**

我們不能以為游戰族群只是不停的流動，不定居，而且不會建城。正好相反，他們因以戰爭維生，掠奪後一定需要有保護區，所以需要在活動範圍內建築幾個據點。換言之，他們的生活方式是部分流動，同時亦有定居點或根據地。所以，在從裏海到渤海及日本海的廣大區域內，在亞洲草原丘陵地帶出現了非常多的大、中、小型城池，它們均屬於軍城，作為掠奪、游戰族群的城邦和堡壘。這類族團甚多，但是他們自己不耕地，不養豬、雞等，不生產定居生活族群的產物，所以其日常所需極度依賴農耕和畜牧的定居聚落，尤其是在建城時，需要與本地原居的農耕或放牧族群建立「共生」關係。

在此要說明的是，這種游戰族團未必有血緣關

係，往往依據某種勢力或憑首領感召而混雜組合為一群，群體分合變化紛繁。從青銅早期以來，這類族群組團結合很多，他們不僅依靠掠奪農耕或牧業生產者維生，彼此之間也互相競爭，不斷互鬥和戰爭。尤其是在選擇棲息地點方面，每一游戰族團都會追求盡可能佔據有利之處。

這種「有利之處」有幾個指標，其中最關鍵的有二：便於建堡壘的破碎地形（陡峭山丘與山谷），包括能用作眺望塔的地點；周圍一定有定居的以農耕和養家畜為生的聚落，能提供部分相對穩定的食物來源。因為當時掠奪族群不少，所以本地農耕聚落也面對必須接受這種共生關係的局面，以免被眾多游戰族群不斷輪番地搶劫，而最好的方式是專門供養一群強人以自保，或許還可以從庇護人的強大與勝利中獲得額外收益。

石峁所在的地點和其它一切條件都完全符合游戰族團棲息所需，甚至可以說是一種理想的選擇。其地點恰好在鄂爾多斯草原與黃土高原交界地帶，南下掠奪路線於此開始，當時生態條件比現在好，故周邊亦有農耕、畜牧和漁獵聚落存在，山上可狩獵野獸，因破碎地形而形成的諸多陡深溝壁等自然障礙成為修建堅固堡壘的自然基礎，使工程量大大減少，堅固堡壘的修建成為保護自身安全並存放戰利品的據點。因此，當時這裡應該是很多族群都希望掌握的地點，應該有很多不同的族群或早或晚地佔據過石峁軍城，而屢被沿襲使用且不斷地補建（石峁群城各段各層的建牆技術屢見不同，且明顯可見多次補建的

痕跡）。所以它並不是一個大族群的大聚落，而是很多族群在某段時間互相紛鬥或被競爭驅趕的中轉站和據點。

簡單地說，在青銅時代早期，亞洲草原南部與山丘交界之地構成了一個大的文化體系，這是一個定居與流動、農耕與游戰「共生」的地帶，是游戰生活方式的發祥地。石峁遺址的地點恰好在鄂爾多斯草原與黃土高原破碎的蝕溝梁峁地形交界之區，是族群流動、互鬥和掠奪並存放戰利品最頻繁的地帶。游戰生活方式發展到了殷周時期，生計逐漸轉換為以遠程貿易為主。黃河水系從北往南下來的部分會有游戰族群短期的據點，但是到了後期隨著貿易的發展，成為草原與殷周貿易的聯接地帶（如馬匹貿易），從事遠程貿易的族群與本地農耕、畜牧的居民「共生」（以陝北清澗縣的李家崖、辛莊遺址為例）；而黃河水系「几」字形的上段北游是游戰族群棲息、建立常用據點的地帶（以神木縣石峁群城為例）。也就是說，在共生社會中掌握權力的族群，在不同的地帶和歷史階段中，或是以戰爭掠奪為生計的貴族，或是以遠程貿易為生計的貴族。

長江與黃河：原生文明與新興游戰勢力

静云老師　回到黃河流域的問題，我們可以看得很清楚：黃河北游屬亞洲草原低山地帶，在距今 4000 年前後，開始成為致力於發展戰爭技術的族群的生活區。而黃河南遊，鄭州、洛

陽則是古老農耕區的北界，也恰好是北方游戰掠奪者攻擊的前線地帶。由此可見，黃河流域地區間彼此的差異性很大，在青銅時代，黃河成為關鍵的交通線，是那些不從事生產（或較少從事生產）、主要以游戰為生、四處遊動的族群的「生命線」，借助黃河這個交通要道來進入古農耕區。

　　現在我們就可以比較，長江中游古老的農耕區與黃河流域情況的差異。從城頭山建城以來，長江中游自五千多年前開始形成了富裕的聯城式國家，共同發展大規模的農業、專業化的手工業、市場與精神文化。他們剛開始建城時應該沒有考慮到戰爭的因素，只是後來因為周圍獵民的攻擊和內部的一些衝突，才需要逐漸加強城的防禦功能，但這種城防禦功能之弱，對於那些專門從事戰爭的草原族群來說，簡直是小巫見大巫。黃河流域原本有一些小規模的漁獵兼農畜的本地聚落，到了四千多年前，草原的游戰族群開始活動，他們在此區域建設軍城據點，同時從本地聚落獲取基本食物。他們並沒有致力於發展生產和國家生活，而是發展戰爭技術。只有再過一段時間才進一步轉變為發展遠程貿易（「絲綢之路」的源頭）。黃河水道並不是農耕生活的基礎，而是遠程戰爭和貿易的交通線。

　　在這裡，我需要再次強調：只有在城頭山這類南方農耕城市文明中，我們才可以看到文化內在的系統性和發展的連續性。城頭山所代表的是原生文明的興起，不亞於古埃及和蘇美。

甲同學　　鄭洛地區，實際上也屬於黃河流域的中心地帶，這裡也一直有著穩定的農業，也不是游戰民族，那鄭洛地區也有可能是中華文明起源的中心區域吧，例如二里頭遺址就是一個典型。

靜云老師　　這不完全準確，在溫暖時代，黃河南岸的確有很好的農耕條件，但它的範圍並不廣大，且明顯地限於南岸之地。黃河北岸有中條山、太行山，形成了一堵自然的「牆」。隨著冷化、乾燥化時代的來臨，這地區的農作必然會陷入危機。在我看來，這一帶一方面是守護著南方江河文明的北境，另一方面又做北方游戰族群的前哨。二里頭、鄭州、偃師三城的歷史作用就是如此。

甲同學　　但是，歷史上，殷商、周、秦、漢這幾個集權化的王朝卻是發展於黃河流域的，這又怎麼解釋呢？

靜云老師　　那已經非常晚了，我們在這裡談及的只是早期原生文明發祥地的條件，就此而言，黃河不符合這樣的條件，但卻是個族群混合的良好媒介及信道。因此自殷商始，北方族群在黃河下游北岸形成了新的活動中心。從此以後，黃河流域長期掌握著政權，中央和邊緣的關係也因此發生了變化。黃河作為「華南」與「華北」生活方式的交界地帶和交通要道，在南北交流、混合與同化的歷程中，發展成為龐大的「中華文明」的「中央」。就此而言，可以說黃河是後期興起的龐大的「中

華文明」的發祥地。如果借用蘇秉琦先生的定義，黃河文明應該屬於次生文明，是在相對晚一些的階段由多種文明特別是南方農耕文明和北方戰爭文明混合而形成的；毋庸否認黃河在中華文明發展歷程中的重要性，但並不能因此就說，它是中國境內最早的原生文明發祥地。

世界通史裡的東亞與中國

靜云老師　在這裡我想強調一個重點，請同學注意：北緯 26—32 度之間、距今 5500 年、農耕這三項，是各自獨立或相關？

秀美同學　這點老師已經說了。據我理解老師的思路，是因為北緯 26 度以南，野生植物資源豐沛，而 32 度以北，食物資源不足，不能常年從一個地方獲得所需要的食物，所以不好定居，只是到了新石器大溫暖時代 32 度以北的地帶才有定居的條件；北緯 26 — 32 度間則剛好是資源豐富，只是偶爾稍微不足，這促進人們努力確保資源的穩定，保護可食用的植物，所以慢慢發展出農耕的生活。

靜云老師　很好。但為什麼年代也差不多同時？這一「樞軸時代」是怎麼來的？看起來很神秘啊，互相不認識的人群差不多同時創造了互不相認的文明！

░:: **Knowledge Station** · · · · · · · · ·

樞軸時代（Axial Age）

提出者為德國哲學家雅斯貝爾斯（Karl Theodor Jaspers）。他發現中國先秦諸子、伊朗襖教、巴勒斯坦先知運動，以及古希臘的荷馬與眾哲學家出現在同一時段，即西元前 800 至 200 年間。樞軸時代的新思想顛覆了舊的精神秩序，宣告人類從神話時代進入哲學時代。

樞軸時代的概念與定義

秀美同學 我們的孫隆基老師在碩一歷史導論課堂上很喜歡討論「樞軸時代」，我一直有超神秘的感覺。

詩螢同學 老師不只是在碩一的課堂上談「樞軸時代」，大一的世界通史也會談，同學只是知道有這現象，但從來沒有瞭解它的原因。晚期比較容易理解是因為文明之間有互動，互相影響，早期應該不會有什麼影響。

柏熹同學 當然沒有影響，如果農作起源是傳播的結果，至少全世界都種同一種農作物，那現在我們去埃及或中東的話，就能簡單地吃上稻米了。（笑）所以為什麼時代相同……還是不知道。

靜云老師 其實，沒有任何神秘性。只是因為無論

是西亞、東亞或北非，人們都生活在地球上。

俊偉同學 老師，其實還有美洲，美洲沒有在 5000 年前產生文明。

柏熹同學 難道他們不生活在地球上？

（幽默熹的冷笑話這次不好笑了）

立新老師 美洲的原生文明發展得比較晚，其實都是有原因的，主要有三點。第一，人類開拓美洲很晚，人類很晚才跨越白令海峽、到達美洲，所以，他們似乎一開始就輸在了起跑線上。第二，你看美洲在北緯或南緯 26 - 32 度間的自然地理的情況。北美全部都是山脈，在破碎的地形中根本找不到發展大規模農耕的平地。雖然南美東邊有塊平原，原則上也許可以發展農業，但是空間仍局限了其規模不會太大。而且，就目前考古學的資料來看，人類到達此地的時間較晚。第三，作物被馴化後往往較容易沿相同的緯度和氣候帶傳播，所以東西向傳播遠比南北向傳播容易。美洲地形呈南北向分佈，雖然很多高產作物如玉米等在狹窄的中美洲被馴化和培育，但在向外傳播時卻因為需要跨越不同的緯度和氣候帶而困難重重，因此之故，美洲不易出現大的原生文明。所以美洲的問題並不在我們討論的範圍內。

靜云老師 好，回到東半球吧。農作、緯度、時代是三個緊密相連的問題，實際上是同一個現象，同時包含了文明的基

礎、軸心地帶和樞軸時代。生活在軸心地帶的人，在距今一萬餘年前，因為全球暖化，食物廣譜化而形成定居的條件；定居生活則往往離不開對自己「領土」的保護，使它穩定且豐富地提供食物，允許人們過上安穩的生活，從此不再需要流動。這樣就產生了農作的生活方式。無論是北非、西亞、中亞、東亞，因為氣候變化是全球性的，所以各地都在差不多同時開始發展農耕。雖然農作物不同，但農耕起源的時代卻大體相同，這就是所謂「新石器革命」，毫無神秘性。從農耕起源以來，各地社會經過各自的發展，但是因為這些社會都基於農耕的生計模式，雖然存在多樣性，但他們最基本的發展方向卻是一致的。所以，也就難怪它們進入文明化的階段也相差不久。打個比方說，從個體生命來看，很多互不相干的小孩，如果出生時間相差不大，他們開始走路，說話的時間也相差不大；人類社會發展的節奏也一樣，雖然互不相干，獨立起源，但由於自然氣候條件相近，所以到了西元前第四千紀左右，各地農耕社會陸陸續續相繼步入文明階段，而到了第三千紀初，有能力文明化的農耕社會都已文明化了。這就是從「新石器革命」到「城居革命」的自然過程，故所謂「樞軸時代」是在相近的環境裡自然發展的結果，不含任何神秘性。

我還可以說一個好玩的。有沒有人知道希伯來曆現在是哪一年？

東亞文明
的獨特性
及其普世
性

梓浩同學 希伯來曆是什麼？

柏熹同學 希伯來曆也叫作猶太曆，是從《聖經》裡的「創世」算起。我不知道現在算有多少年。

靜云老師 2013 年的秋分是希伯來曆 5774 年開始。多麼巧合！這大約相當於東半球文明化的起源時間。但這也並不奇怪，文明化離不開人們對自我的認識，古埃及、蘇美在西元前第三千紀早期已有寫出來的王表。如果沒有發現類似的紀錄，那我們應該怎樣去思考？一方面，有的紀錄因材質的問題，不易出土，所以不要輕易否認這些原生文明存在記錄的可能性。另一方面，即使有的文明不記錄，他們在口耳相傳的傳說與神話中也蘊含著文化記憶。人類從形成自我認識的念頭起，便嘗試探索自己神秘的起源。希伯來曆的年代符合人類社會文明化的時代，是因為它本身源自文化的自我意識、自我記憶。我們無法知道，希伯來曆的遺跡具體代表哪一文化的記憶，古埃及？蘇美？或其它？雖然無法確定，但可以說，它記錄的是人類「文明化革命」開始的年代。

中國湖南澧陽平原城頭山遺址充分地證明，東亞文明化的時代不晚於西亞。強調黃河為文明的發祥地，相當於把東亞文明滯後了一千餘年，且自己

不創新、不發明卻大量吸收西方的影響。這是過度委屈東亞文明的看法。如果我們把原生文明起源的角度轉到長江流域，就可以發現創造力很強，不亞於北非、西亞的原生文明。無論從微觀來看，還是從宏觀來看，結果都一致。同學們還有沒有問題要問，或補充討論？

甲同學 嗯，我先說。老師通過對世界早期文明的比較，認為中國黃河流域的自然環境不適合孕育大型的早期原生文明。聽起來好像很合理，但為什麼中國一定要與全世界一樣？我不喜歡這種做法：用西方的情況判斷中國。中國應該有自己的特殊性。

柏熹同學 中國並不缺乏自己的特殊性，但這並不能否定中國人也是人，中國人也只有一個頭，我們掉腦袋和西方人一樣，也只能夠掉一次。（幽默熹的冷笑話特長再現，全班同學大笑）所以人類歷史最基本的規律，一樣也存在於東亞人群中。只要我們還活在這個地球上，最基本的氣候和生物學的規律會不分彼此地影響著西亞與東亞的人。並且，黃河流域客觀上不具備文明起源的條件，也沒有相關的發現。黃河流域哪有 5000 多年前的早期國家？

甲同學 那麼，中國還有什麼地方是比黃河流域更適合孕育早期文明的呢？

微觀與宏觀之相吻合

詩螢同學 這就是我們今天討論的重點：在北緯 26 度至 32 度間，長江中游平原。

立新老師 那我問大家，在今天中國境內文明起源時代的諸多考古學文化中，哪些是比較發達的？

詩螢同學 長江中游的屈家嶺—石家河文化比較發達，長江下游的良渚文化也比較發達。

立新老師 他們發達在什麼地方呢？

詩螢同學 首先，在經濟形態方面，我們在之前的課堂上已經討論過，長江中游是稻作的搖籃，長期生活在此地的人們熟知水稻耕作的生計模式，加上技術的日益發展、田塊的增大、農作的精細化，因此，到了屈家嶺—石家河文化時期，長江中游的稻作農業應該有較高的水平。

立新老師 沒錯，一脈相承的水稻種植技術，使他們在經濟生產方面處於領先的浪頭上。

詩螢同學 其次，由於水稻種植對水利設施的高度需求，造就了從微觀至宏觀的「互動」。這種「互動」、包括人與人之間、家與家之間、聚落與聚落之間的協作關係。對於稻作而言，適時地對水進行控制，是十分重要的。因此，在這種協作關係中，最重要的課題就是處理好水的分配問題。像是臺灣當年羅漢腳來移民墾殖時，常常因爭水源發生械鬥，那些械鬥可不能只用羅漢腳結不了婚，沒有家庭牽掛，年少輕狂來解釋。

梓浩同學 我略懂一些，但沒有深入瞭解過。

詩螢同學　在以稻作農業為基礎的協作關係中，對水資源的協調與爭奪，最有可能萌生出從微觀到宏觀的社會權威，出現早期的社會複雜化，例如在一村之中出現長老，長老有權力裁定村中的大小事項；在數個聚落中形成聚落中心，這個中心可以協調各聚落的用水問題，聯合各個聚落，進行大型水利設施的修建或修繕工程。所以，稻作農業最早發展起來的長江中游，最有可能發展出最早的社會權威和社會組織，出現最早的社會複雜化。

立新老師　這些都只是你的推理，在具體的考古資料中是怎麼表現出來的呢？

詩螢同學　呃，我對新石器晚期的一些考古資料還不是十分清楚……（可憐求救貌）

柏熹同學　例如，從屈家嶺文化時期開始，長江中游開始湧現大量的中、小型聚落，與此同時起來了十幾座城市。直至石家河文化結束前，長江中游先後共有 20 多座，可能多達 30 多座的城址（目前確認 17 座），這說明聚落與聚落間存在不同層級，並且城址可能是某些聚落群的中心，而大型城址則可能是城邦的中心。

因水而衝突，因水而興

立新老師 所以我認為長江中游發展到屈家嶺文化時期，已經進入了「雲夢澤聯合城邦國家」的時期，早期的國家起源應從此時算起。

柏熹同學 是的，而且在一些聚落墓地中，我們可以發現，有些人的身份十分突出，隨葬品中可能存在一些特殊的威望物品，還有其它大量的精美隨葬品。相比之下，有的人只隨葬一至兩件普通的器物。這也反映出人與人之間的地位差別，也就表現出早期的社會複雜化。

立新老師 我們今天先談到這裡。下次繼續討論並請柏熹同學準備報告，介紹二十多座城組成的「雲夢澤聯合城邦國家」。

「中國特色」不能超越人類的常規
（課後感想）

柏熹同學 人類始終還只是一種生物，他的生存與發展在很多方面仍然不得不受限於大自然的環境。雖然後過程主義考古學提供了諸如 agency、complex system 等理論，以此強調人類的能動性以及系統的複雜性，但在聽了這節課後，我認為時間越早，人類受到自然環境的制約應該越大。所以，才會出現「原生文明」都不超過北緯 32 度的規律。

然而，自從我們立起了「中國特色」這個大招牌後，所有人似乎一直在各個方面都想強調「中國特色」，也不管他們所強調的特色有沒有合理性。甚至關於文明起源的研究，即使那個時候還沒有「中國」這個概念，我們還是要強調「中國特色」，把中國的文明起源研究置身於世界之外，於是認定中國的文明源於北緯 32 度以北的黃河流域，與世界其它文明都不一致，進而致使自周秦漢唐以來一直是中心的黃河流域，才被後人稱為「文明的搖籃」。然而，經過靜云老師的分析後，這所謂的「中國特色」看來也只是如「黃帝」一般，是後人創作的神話而已。因此，我們可以站在新的思想角度去認識過去，破除這種迷信，重新把中國的文明起源置於世界文明發展的普遍規律中去審視。

知識重到提不動！（推薦閱讀）

許永傑，〈距今五千年前後文化遷徙現象初探〉，《考古學報》，2010 年第
　　2 期，頁 133 － 170。

《考古與文物》編輯部，〈神木石峁遺址座談會紀要〉，《考古與文物》，
　　2013 年第 3 期；同時參見有關石峁的諸多公開報導。

郭靜云，〈透過亞洲草原看石峁城址〉，《中國文物報》2014 年 01 月 17
　　日。

郭靜云，〈從石峁遺址談「共生」社會的形成〉，《中國文物報》2015 年 09
　　月 25 日。

郭靜云，〈北緯 32 度：亞非古文明起源猜想〉，《中國社會科學報》2014
　　年 03 月 19 日。

郭靜云，〈中華文明起源新論：長江流域是中原文明發祥地〉，《中國社會科
　　學報》2014 年 07 月 14 日。

郭靜云，〈自然地理的「中原」與政治化的「中原」概念址〉，《中國文物
　　報》2014 年 08 月 12 日。

郭靜云，〈「三皇五帝」和「六帝」概念為哲學範疇的意義〉，《史林》
　　2017 年第 1 期，頁 42 － 52。

郭立新、郭靜云，〈盤龍城國家的興衰暨同時代的歷史地圖──考古年代學的
　　探索〉，《盤龍城與長江文明國際學術研討會論文集》，北京：科學出
　　版社，2017 年，頁 211 － 241。

馬歇爾·薩林斯著，張經緯等譯，《石器時代經濟學》，北京：生活·讀書·新知
　　三聯書店，2009 年。

王明珂，《華夏邊緣：歷史記憶與族群認同》，臺北：允晨文化出版公司，
　　1997 年。

沈松僑，〈我以我血薦軒轅──黃帝神話與晚清的國族建構〉，《臺灣社會研
　　究季刊》第 28 期，1997 年，頁 1 － 77。

E·霍布斯鮑姆，T·蘭格著，顧杭、龐冠群譯，《傳統的發明》，譯林出版
　　社，2004 年。

布魯斯‧崔格爾（加）著、徐堅譯，《理解早期文明：比較研究》，北京：北京大學出版社，2014 年。

Maisels C K. *Early civilizations of the Old World: the formative histories of Egypt, the Levant, Mesopotamia, India and China*. Psychology Press, 2001.

第六場
以雲夢澤爲中心
的聯合城邦

楚文明的幾十座謎城

徐堅老師　前面兩次課，麗霞同學具體介紹了城頭山遺址的基本情況，靜云老師從世界史的角度給大家做了宏觀與微觀的比較與分析，各位老師和學生都很積極參與討論，下面我們請趙柏熹同學向大家簡要介紹長江中游地區其它的城址吧！

柏熹同學　大家好。首先，我會按地域介紹已發現的城址，包括澧水流域、江漢地區和漢水下游以北的漢北（或叫做漢東）地區。

秀美同學　不好意思，我不懂為什麼既說漢北又說漢東？到底是指漢水的哪邊？

立新老師　漢水流域從秦嶺南麓往東南下，以前在江漢平原北部的荊門附近（現今南移至潛江）拐彎轉往東流，往南的斜度很小，所以漢水中游的兩岸為西東向，而下游基本上變成南北向。現今的京山、天門、孝感一帶，位處漢水中游襄陽——荊門的東部，故可以稱為「漢東」；但若從漢水下游來看，「漢東」又變成「漢北」，所以這兩種用詞並存，我習慣用「漢東」，靜云老師習慣用「漢北」，是因為這樣的空間表達方式更加符合文明發展的走向，但表達的位置是相同的。

秀美同學　我懂了。謝謝老師。

依考古報告按圖索驥

柏熹同學　我繼續報告。在分別介紹澧陽平原、江漢之間與漢北地區的城址之後，我想嘗試比較不同地域城址的特點。我講的城主要是指發現了城牆的城址。就考古資料來看，截止2012年，共發現 15 座，按行政區劃分，湖北有 12 座，湖南有 3 座。按地理劃分，長江以北有 10 座，長江以南有 5 座。

麗霞同學　實際上還要再多一點，因為有些資料很難找到。目前已經確認 17 座城，有些專家推測實際可能超過 30 座。

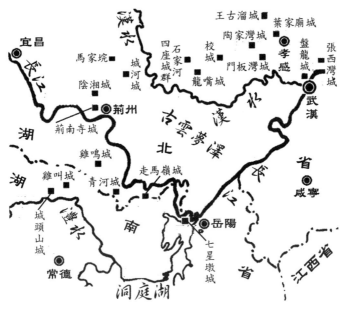

長江中游青銅早期城址分佈圖

柏熹同學　謝謝麗霞的修正，我可能漏掉了一些資料。這裡我按照地圖講，不過只能先介紹我自己搜集到的 15 座城。其中，澧水流域包括：澧縣城頭山城，面積約 8 萬平方公尺，年代從大溪文化一期到石家河文化早期；雞叫城，面積約 15 萬平方公尺，年代從屈家嶺文化到石家河文化時期；公安雞鳴城，面積約 18 萬平方公尺，始建於屈家嶺文化時期；青河城，面積約 6 萬平方公尺，始建於屈家嶺文化晚期；華容七星墩（資料不明）；石首走馬嶺—屯子山城，面積約 7.8 萬平方公尺，始建於屈家嶺文化早期，蛇子嶺發現了部分城牆，但因為不全，所以就歸到走馬嶺城中。

　　江漢地區包括：荊州陰湘城，面積約 20 萬平方公尺，始建於屈家嶺文化時期；荊門城河城，面積約 50 萬平方公尺，始建年代不晚於石家河文化晚期；馬家垸城，面積約 24 萬平方公尺，年代從大溪文化到石家河文化早期。

　　漢北地區包括：天門石家河城，面積約 120 萬平方公尺，年代從油子嶺文化到石家河文化晚期；龍嘴城，面積約 6 萬平方公尺，年代為油子嶺文化早期；笑城，面積約 6.3 萬平方公尺，始建於屈家嶺文化晚期；黃陂張西灣城，面積約 9.8 萬平方公尺，年代從石家河文化早期到晚期；孝感葉家廟城，面積約 15 萬平方公尺，始建於屈家嶺文化晚期；應城門板灣城，面積約 20 萬平方公尺，年代從屈家嶺文化晚期到石家河文化中期；陶家湖城，面積約 67 萬平方公尺，始建年代不晚於石家河文化早期。

兩湖地區重要城址資料簡表

地區	遺　址	面積（平方公尺）	年　代
澧水流域	澧縣城頭山城	約 8 萬	大溪文化一期到石家河文化早期
	澧縣雞叫城	約 15 萬	屈家嶺文化到石家河文化時期
	公安雞鳴城	約 18 萬	始建於屈家嶺文化時期
	公安青河城	約 6 萬	始建於屈家嶺文化晚期
	華容七星墩	未知	未知
	石首走馬嶺—屯子山城	約 7.8 萬	始建於屈家嶺文化早期
江漢地區	荊州陰湘城	約 20 萬	始建於屈家嶺文化時期
	荊門城河城	約 50 萬	始建年代不晚於石家河文化晚期
	荊門馬家垸城	約 24 萬	從大溪文化到石家河文化早期
漢北地區	天門石家河城	約 120 萬	從油子嶺文化到石家河文化晚期
	天門龍嘴城	約 6 萬	油子嶺文化早期
	天門笑城	約 6.3 萬	始建於屈家嶺文化晚期
	黃陂張西灣城	約 9.8 萬	從石家河文化早期到晚期
	孝感葉家廟城	約 15 萬	始建於屈家嶺文化晚期
	應城門板灣城	約 20 萬	從屈家嶺文化晚期到石家河文化中期
	應城陶家湖城	約 67 萬	始建年代不晚於石家河文化早期

梓浩同學 你在介紹這些城時，很多都只介紹了城的始建年代，但沒有提到城的廢棄年代，這是為什麼呢？

柏熹同學 這些城的報告或簡報中只提到了始建年代，所以我只能講到這裡。

靜云老師 我留意到，你提到的好幾座城址都據說是在石家河文化晚期時廢棄的。例如石家河城址，一般都認為其廢棄年代為石家河文化晚期。但是不是真的就確定是在石家河文化晚期廢棄了呢？石家河城址的面積為 120 萬平方公尺，目前發掘的面積可能連 1 萬平方公尺都不到，不到總面積的 1%，這在統計學上不具代表性。因此，若根據目前發掘的資料就提出石家河城廢棄於石家河文化晚期，恐怕說服力不大。石家河城的發掘工作應該持續進行。

另外，幾乎所有城的使用時間都超過一千年，令人很難相信都是一次建築而不重修、不加築、不改建、不擴展，這不符合城邦生活長期使用的情況。除非存在時間很短的城才會這樣（即使如二里頭、鄭偃、殷墟，使用的時間都不長，但還是有重建加築的痕跡）。我們試著想像一個例子，比如說開封，現在的開封難道從宋代以來一直不變？規模、城牆、佈局都一樣？又例如北京，難道從元代以來一直不變？

尤其是土築的城，必須不斷地修補、重修，否則每年春天的雨水很快就會破壞它。進而要考慮到，雖然五千、四千年前的醫學水平低、母嬰死亡率高、人口擴展沒有現在那麼快速，

但是當時的生活條件良好而穩定，一般人的生活相對富足，所以從屈家嶺早期到石家河晚期長江中游的人口增長率每百年可達 15 － 23％（詳見立新老師《長江中游地區初期社會複雜化研究》的統計），這一定會帶來很多社會生活、聚落及城市的變化。因此，這些長期使用的城市，它們的歷史肯定是曲折而複雜的。

詩螢同學　　石家河的很多高級墓、玉器作坊、青銅器作坊都可見於石家河晚期或所謂後石家河文化時期，所以我不相信這時候沒有建城而且文化沒落。這種觀點應該修正，同時要大規模發掘，才能瞭解實際情況。

利用新科技查證資料

立新老師　　是的，石家河城一定經過了多個歷史階段，文獻中的顓頊、堯舜、三苗、夏王國，可能對應著從屈家嶺到後石家河文化的階段，這是敘述時經過壓縮的歷史。在這些歷史進程中，石家河城的重要性毋需懷疑，其他的城也有很大的，也可能曾經作過聯合城邦國家的重要中心之一。

目前針對長江中游城址開展的田野工作太少，大部分城址並未經過充分的發掘和瞭解，修築年代和平面佈局都不是很清楚。在已公佈的近 17 座城中，只有城頭山城的修建歷史相對清楚一些，其他像陰湘城、龍嘴、石家河、雞叫城、笑城等，

也曾做過城牆解剖，但發掘規模小，公佈的資料更少，只能說對現存城牆的年代，稍有所知而已。其他城只做過地面踏查，沒有進行過發掘，所以調查者一般也不敢把興廢年代定得太死。可以說，大部分城的修築歷史都不是很清楚。就算是那些已公佈的調查和發掘資料中，受各種條件所限，也多有模糊、不明確，乃至錯訛的地方。

梓浩同學　想不到發掘報告也會有差錯。老師，您能再具體說說嗎？

立新老師　以城的面積為例。剛才柏熹做了一個統計，把調查或發掘報告記載的各城面積列了出來。其實，這些城的面積，計算標準各不相同，有些城將壕溝及以內全部算上，有些則只計算城牆以內的面積，還有些將濠溝以內包括城牆在內的所有城內空間一併算上。我使用「Google 地球」，對這些城的面積重新做了計算，統一以護城河內側為準進行計算，部分結果跟原報告一樣，有些差別不大，但有些差別蠻大，例如龍嘴城，報告說是 6 萬平方公尺，這是指城內部分，按前面的標準算是 9.4 萬；馬家垸原報告說是 24 萬，我算出來約有 33 萬。

　　還有幾座城的平面結構，我有不同看法，如走馬嶺城、青河城、笑城。走馬嶺原報告定為雙子城，我認為這是一座內外雙重結構的城，總面積大約為 40 萬平方公尺。青河城報告認為其平面略方，我認為原來的城基本上是圓形的，只是後來西、北部有部分被毀，復原後的面積約為 7.4 萬平方公尺。笑

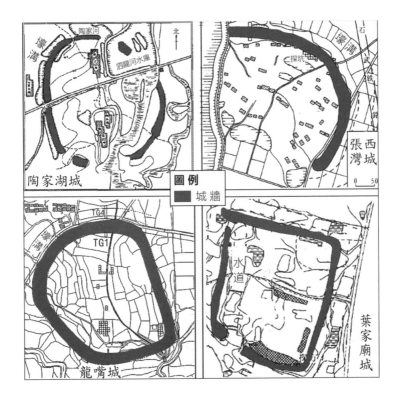

圖例
■ 城牆

城報告認為城的平面呈曲尺形，我認為原來是一個圓形或圓角方形的城，復原後的面積約為 10 萬平方公尺。此外，陰湘城現只存南半部分，復原後的面積約為 25 萬平方公尺。

柏熹同學　看來，考古報告也不見得完全可信啊，以後使用時要小心一點。

立新老師　是啊，凡事都要獨立求證。我通過 Google 地球對這些城址逐一查證，還真發現一些報告把城的平面結構畫得不太準確。比如，馬家垸，剛才柏熹給大家看了報告中的圖。這

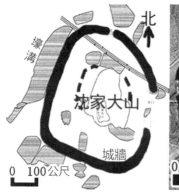

▲
左：雞鳴城
右：青河城

◀陰湘城

◀雞叫城及周邊溝渠系統

◀城河城

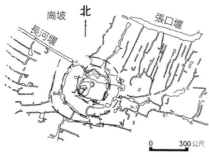

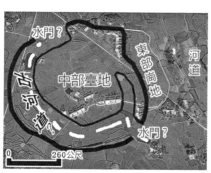

是我找到的衛星圖，大家比較一下：

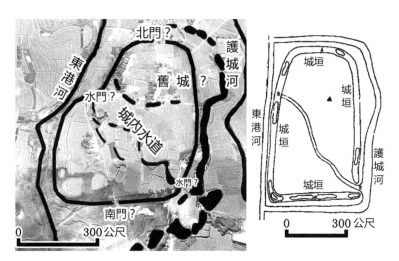

左：馬家垸城衛星圖　　　　右：馬家垸城調查報告圖

發現多次修築的痕跡？

同學們　（七嘴八舌地交談）真的很不一樣呢！這圖畫得也太走眼了吧？

靜云老師　我覺得衛星圖的形狀也有要進一步考慮的一些地方，感覺城的形狀很奇怪，好像西北面被誰吃了一塊，而在西南面長出來一個大肚子。這樣子的城恐怕不是一次修建而成，中間應該有過擴展和重修。因為舊城和新城的城牆被連起來，而在建新城時，古城牆被挖平，所以目前看不出舊、新城區分的痕跡，必須通過考古發掘才有可能釐清這個問題。西邊河流的古道或許影響了城的西北角不能

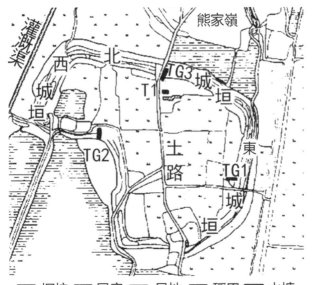

笑城發掘報
告的平面圖

■ 探坑 ▨ 民房 ⊡ 旱地 ⊡ 稻田 ⊡ 水塘

笑城衛星圖

往西北擴展，而西南部則不受影響，不過這都是要經過發掘才能真正瞭解的。

立新老師　靜云老師說得有道理。一方面，這座城看起來似乎找不出兩次修築的痕跡，但形狀確實又不太規整，不像一般長江中游城的結構；另一方面，東牆偏中部位置的水塘，並不沿東城牆繼續往北，而是折而向東，然後再轉向北，這使東北角牆與外面的壕溝之間，相隔較遠。濠溝遠離城牆，這不太符合常情。或許這就是靜云老師所說的早期城牆留下的痕跡，但非常不確定。現在最缺乏的就是發掘！

秀美同學　為什麼不發掘？

立新老師　靜云老師上一堂課已經說過，因為「黃河神話」、東漢「洛邑為天下中央」的意識型態的傳衍，一直在次生文明的黃河中游找原生文明起源，而實際上最早開拓的中心地帶——兩湖地區——卻被誤解為「邊緣區」。我相信這只是暫時的情況，中國考古學畢竟還很年輕，還會成長，還能走出神話思維方式，認清是非。我們也需要在這方面努力推動，多作解釋、說明再說明。

現在請大家再看笑城的平面圖。發掘報告根據地形實測，繪出了一張曲尺形的平面圖。有些研究論文據此將曲尺形作為長江中游屈家嶺—石家河城址平面結構中的一種類型。這種形狀的城，大家不覺得奇怪嗎？

詩螢同學　確實有點怪哦，我還沒見過這種形狀的城。這裡

也不像石峁，沒有需要繞過的沖溝或大山。

立新老師 是的。我也很納悶，於是就琢磨：之所以呈曲尺形，可能是因為它的西南角有一個湖，會不會是湖把城牆沖毀了呀？也不對，因為如果是這樣的話，它的西南部就不應該有城牆。但在上面這張平面圖中，西南部地面確實有拐著彎的城牆，說明這個城確實曾經是這個樣子。細讀發掘報告，我們知道，這座城最晚期修築於西周和春秋中期；也就是說，周代的笑城確實曾是曲尺形的。但並不能因此就說，它下面壓著的屈家嶺—石家河時期的城也是曲尺形的啊。

為了弄清這個問題，還得從西南拐彎處著手。我仔細看了發掘報告，報告披露在西南城牆拐彎處開了一個探溝。剖面圖顯示，這個地方在周代城牆下面，並沒有明顯的屈家嶺—石家河城牆痕跡，跟北、東城牆的解剖探溝明顯不同。也就是說，拐彎處只有周代新建城牆。這樣一來，問題就很清楚了。根據其他屈家嶺—石家河城的平面結構，我們可以很容易推斷出它原本的走向：西牆南延至湖中，繼而圓折向東，與東牆東段相接，構成一個圓角方形的平面結構。西南部很可能在周代城牆修建之前就已被沖毀，所以周代城牆只能繞湖修築，修成為曲尺的形狀。大家看，這就是我復原的屈家嶺—石家河時期的笑城平面圖。

柏熹同學 這樣一看，笑城的平面結構就很順眼啦。其他好多同類的城，像雞叫城、青河城，都是這種接近圓形的形狀呢！

圓形的城與方形的城

立新老師 是的。長江中游地區，從大溪—油子嶺時期開始，到屈家嶺—石家河時期，城的標準形式就是這樣的：圓形。大家熟悉的城頭山，還有龍嘴，這兩座迄今所知時代最早的城，平面都呈圓形！其它像陰湘城、馬家垸、城河城、鄧家灣城、陶家湖、王古溜、張西灣、青河城、雞叫城、雞鳴城等，都是圓形。所以我認為，圓形城是長江中游銅石並用時代城的標準形式。

詩螢同學 鄧家灣城是指什麼？

立新老師 這問題我先不細說，我們下次去湖北考察時再研究。簡單來說，石家河大城也不是一次建築的，此處最早應該有較小的油子嶺時代的城，晚期即所謂後石家河文化時期肯定也有城，還可能存在內外城結構。

你在前面說得沒錯，但這種勘探的工作還沒作好，還需要進一步努力。

柏熹同學 如果將來有機會，我很想到湖北工

柏熹同學 2014—2015 年
在石家河參加發掘並有重大發現

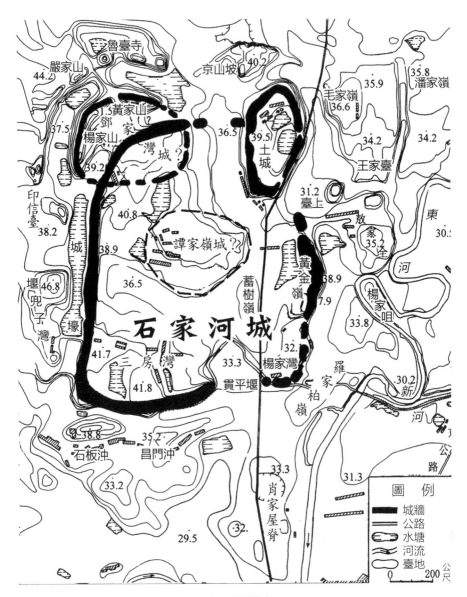

魯臺寺

嚴家山
44.2

京山城　40.5

35.8
潘家嶺

毛家嶺
36.6　35.9

34.2

黃家山
鄧家山
楊家山
37.5

家灣城？

39.2

36.5

39.5
土城

王家臺
34.2

印信臺
38.2

城

40.8

31.2
臺上

放家塋
35.2

東

30.

譚家嶺城？？

38.9

黃金嶺
38.9

楊家咀
33.8

河

36.5

蓄樹嶺

7.9

堰兜子灣
46.8

壕

石家河城

41.7

三房灣

32.

33.3

32.

楊家灣

羅家柏嶺

新

30.2

41.8

貫平堰

河

38.8

35.2

昌門沖

33.3

31.3

石板沖

33.2

肖家屋脊

公

路

29.5

32.

圖　例

城牆
公路
水塘
河流
臺地

0　　　200公尺

石家河群城故址

作，多挖一些城。

同學們　（七嘴八舌搖旗吶喊貌）柏熹加油、學弟加油、學長加油……

柏熹同學　可是長江中游屈家嶺—石家河城址中，也有方形的啊，像葉家廟、門板灣，都是方形的。另外，走馬嶺和屯子山還是不規則形的雙子城呢。

立新老師　葉家廟城和門板灣城確實是方形的，或圓角方形的，這種形狀的特點，靜云老師在《夏商周：從神話到史實》的書裡講得很清楚。實際上，石家河城也大體呈圓角長方形。這種形狀的城，是兩湖地區相對較晚才出現的形式，它們出現的時代可能晚到屈家嶺晚期到石家河早期了，盤龍城也繼承了這一種形狀。在此之前，兩湖地區幾乎所有的城，平面都呈圓形，或近似圓形。另外走馬嶺城的情況恐怕與你說的不一樣。

柏熹同學　呃？！這是調查報告說的，不是我說的啊……（大家笑）

內外雙環結構的城

立新老師　哈哈，當然不是你說的。請大家一起看看走馬嶺城調查報告中的平面圖。

立新老師　我覺得這種形狀也很奇怪，就去仔細翻閱調查報告，發現報告裡記載這樣一個細節：2004年因老家在石首走馬嶺的楊學祥先生向文物部門反

應，其父輩傳說走馬嶺古城周圍還有一圈城牆（即所謂的蛇子嶺一帶），於是荊州博物館和石首市博物館派員調查，初步認為：「與走馬嶺北邊城垣相望的屯子山南部土崗和南邊的蛇子嶺、西邊的上津湖邊高地為走馬嶺古城的外圍城垣，但東邊和西北邊的部分難以閉合」。後來，石首市博物館獨立進行了調查和勘探，否認了前一看法，認為屯子山古城是獨立於走馬嶺而存在的古城，並認為二者是「姊妹城」。這一看法後來又得到荊州市博物館和石首市博物館聯合調查與勘探組的肯定。不過，反覆檢視衛星地圖，我認為楊學祥先生所知道的當地傳說以及第一次核查的結果，反而更符合實際情況。這不是不規則的雙子城結構，而是一個由內、外雙城組成的雙環結構。大家看一下這幅圖，我再用圖來講解這個城的結構。

先說走馬嶺內城。這是一座邊緣雖不甚規整，但基本上仍可視為圓形的崗地。崗地四周地形都比其低 2 至 5 公尺，原來應為內城外的「濠溝」。崗地邊緣有比較清楚的突起的人工堆築遺址，如西部的硯盤山、西北和東北的西、東蛾子山，以及分別位於西南和東南部位的西、東紗帽山，這應是當時內城的城牆。在內城西部略偏南，有一個很大的缺口，這片低窪地從城外一直延伸到內城裡面，且面積變大，因而在內城裡面形成一個類似於港灣和碼頭，可以停靠較多船舶的結構，這應是當時內城的水門和碼頭所在位置。

無論是村民傳說、現場觀察，還是衛星圖像分析都表明，走馬嶺城外圍南邊的蛇子嶺、西部上津湖邊高地和屯子山南部土崗構成了一個圓環，很像是走馬嶺古城的外圍城垣。這個閉環在東南部有一個很大缺口，可能是後期破壞造成的。其實，在 1970 年代的地圖上，走馬嶺城東南部城牆的走向還清晰可辨。1990 年代由於磚廠在走馬嶺城東南部不斷取土，在城內外造成很大的破壞，地形也被改變了，所以，今天我們在衛星地圖上看到的是兩口很大的池塘，東南部與走馬嶺崗地相對應的蛇子嶺崗地也被夷為平地。

此外，屯子山整個地形呈凹腰形，南北兩頭都有較高的崗地，而中間凹腰部位地勢相對較低，很可能原本存在濠溝一類的設施，只是後來被填塞，所以，屯子山南部崗地原來應屬外城的一部分。

在外城（即蛇子嶺城牆）的西側，即靠近上津湖的位置也有一個缺口，在它的南北各有一處崗地，彼此相峙而立。巧合的是，該缺口與內城西側的水門遙相對應，所以這裡也很可能是外城的一處水門。通過內、外城西側的水門，船舶可以直接駛入上津湖，從而可以通過上津湖與外界進行水上交通往來。根據第二次調查報告，北側的內、外城之間或有相連的通道。從地景現狀分析，走馬嶺外城很可能原本就寬窄不一，南部城牆較窄小，而北部屯子山一帶利用了部分自然崗地進行加築，顯得較為寬廣。外城由於地形較高，有利於防洪，現在仍廣泛

分佈著民居，推測在屈家嶺文化時期，外城牆也很有可能在用作防衛的同時，還兼具民眾居住的功能。至少在洪水來臨時，這些高起的城牆，可以用作人們避難之處。

我目前正在做這些城址結構的分析，這裡僅先簡單介紹。我把走馬嶺這樣的城市結構歸納為「城在水中央，水在城中央」。這種城市結構設計中，由外面的城牆和城濠，和城內中心高地以及環繞城中心高地的水域組成一個內外雙環結構。處於這一結構最中心的是城中央的高地，它們往往也是城市最核心的部位，由碼頭、神廟、倉廩和市場等功能區組成，在其外圍被一片水域環繞，此所謂「城在水中央」。在城內水域的外側，分佈著城牆，城牆外還有護城濠；城牆及其邊緣部位一般比較高，其上可以建屋住人，守衛城市；所以，若從外城牆來看，則是「水在城中央」。除了走馬嶺外，具有這種結構的城還有雞叫城和雞鳴城，它們都分佈的長江以南，你們說巧不巧？

梓浩同學 是哦。這正好是江南地區屈家嶺—石家河文化城的特點吧。老師，看到走馬嶺使我想起，好像長江中游的城基本上都有水門，都緊鄰湖泊或河道。（按：2015 年 12 月在天門石家河召開的會議上，立新老師關於走馬嶺城結構的分析，與武漢大學余西雲教授對走馬嶺城的實地勘查不謀而合，不由暗暗佩服立新老師這種結構分析法與遙感考古學相結合的威力！）

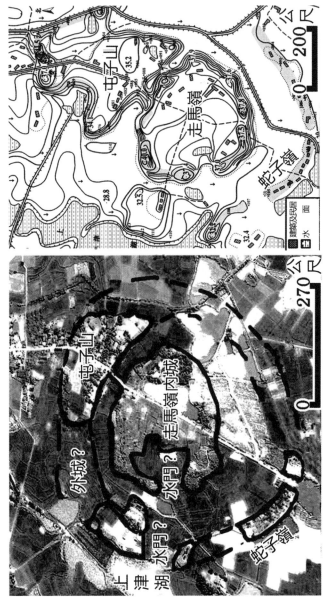

走馬嶺城調查報告中的平面圖

建築及民居
古 水 面

走馬嶺城衛星圖

屯子山

走馬嶺

蛇子嶺

屯子山

走馬嶺內城

水門？

外城？

水門？

蛇子嶺

上津湖

水上「高速公路」

立新老師 嗯。你的觀察十分準確。城與水的關係，涉及到這些城的功能與作用，限於時間關係，在這裡我只給大家簡單提示一下，當時這個地區貿易的發展程度，可能遠超出我們現在的認識。在貿易中，便利的交通必不可少。船應該是當時長江中游地區最普遍的交通和運輸工具，河湖是當時的「高速公路」哦。所以，作為地區中心的城，怎能不跟這樣的「高速公路」相連呢！

柏熹同學 可是為什麼這些城市會一律做成圓形的設計呢？我們後代看到的城，好像以方形居多。

立新老師 嗯。圓形的設計應該跟當時的信仰觀念、社會結構和城的功能定位有關係。從圓形城發展到方形城，背後可能涉及到信仰觀念或社會結構的變化。具體細節，我正在研究，將來寫成論文時，大家再看吧。

詩螢同學 老師，你的研究好有趣！可是，讓我很苦惱的是，每當我在翻這些考古資料時，總感到資料太少了。只要想深入一點討論，就總感覺缺少細節資料。

靜云老師 是啊，說真的，長江中游有這麼多重要的城，目前的發掘真是太少了！不只是石家河城，長江中游的城址都應該持續進行仔細的發掘，一定

會有重大發現。這可能不是一代考古學家的事情，而是好幾代考古學家的事情。龐貝城的發掘就是一個很好的參考案例。所以幾位研究長江中游的考古學同學請加油，你們有做不完的工作！

柏熹同學 看來我們都選了一個有意思的研究方向！（笑）

長江中游
國家文明
遠早於黃
河流域

師生鬥智：長江文明之辯

靜云老師 中國其他地區也發現很多早期的城，如成都平原、山東、河南、內蒙、陝晉地區等，這些地區的城往往也成組分佈。不過有三點需要特別注意：一是這些地區城址出現的年代偏晚，持續時間短，大多出現在距今 4300 年以後甚至更晚的數百年內，這已屬於青銅時代，而長江中游早到紅銅時代已有聯合城邦的國家結構；二是規模也較小，跟長江中游早期城市群沒法相提並論；三是華北地區的城沒有組成聯合城邦的國家結構。

立新老師 前面我們已經介紹，長江中游地區的原型城最早出現在距今約 6300 年前後，成熟的城市文明在距今約 5500 年左右就出現了，在距今 5000 年

前後形成了一個高度發達的以稻作農耕為基礎、遠程貿易興盛的城市文明體系。距今 5000 年前在江漢洞庭平原周邊六、七萬平方公里這樣寬闊的空間內，出現數十座城通過水道和陸上交通互連互通，緊密互動，這是何等的規模！所以說，它是中國境內興起年代最早、持續時間最長、規模最大、影響最為深遠的城市群，以其為基礎的文明成為後來中華文明的重要源頭。

同學們從中學以來，習慣性認為中國歷史從二里頭開始，但是從各種角度去看，二里頭只是一個近期形成的神話。二里頭既不是農作的發祥地，自然環境也不符合人類早期文明發生的條件，也不是青銅技術與文化的發祥地，又不是最早或最發達的古城遺址：城頭山屈家嶺、石家河時期的城有 8 萬平方公尺，二里頭比城頭山晚近 2000 年，也只有 12 萬平方公尺。

中都洛陽與二里頭神話之產生

于薇老師　我還是有懷疑：如果像您說的那麼清楚，為什麼大家還是推崇二里頭？連續四期中華文明探源工程的重心之一就是二里頭遺址。

靜云老師　原因非常簡單：西漢時雖然首都在長安，但是洛陽被稱為「中都」；東漢以來形成以洛陽為天下中央的意識形態。比如說西漢時屬於孔子

第十一世孫的孔安國，這位兩千年以來的學術權威曾經說：「『自服於土中。』洛邑，地勢之中。」東漢偉大科學家張衡當過順帝的史官，他這樣描述帝國首都位於中央，因此領土擴大至四海的概念：「宅中而圖大」。中國傳統學問就是經學，從漢以來讀書人都要背誦這種概念，怪不得漢代意識形態影響後世對中華文明起源的認識長達兩千年，導致現代人也潛意識地就認為中華文明的起源只能在洛陽周圍，因此有目的地在此尋找遺跡；然後，考古隊也恰好在此地發現了二里頭城，它的時代似乎也與傳說的夏相當；於是，二里頭就名正言順地成了夏都了。在此之後其實也發現了許多早期城址，而且很多都比二里頭大。但大家都認為，那些早期大城的地點並不在洛陽附近，又怎麼可能是文明起源地呢！但我們憑什麼認為文明起源一定在洛陽呢？這就是東漢時期以洛陽為中心的中原中心觀在作祟。作為一個歷史研究者，我們必須學會批判性的思考，思

左：漢孔安國：中土在洛邑。　　　右：漢張衡：洛邑居天地之中。

考某時代的意識形態是否影響到我們對歷史的判斷？立新老師剛才把城頭山城與二里頭比較，我們試試比較石家河城與二里頭城（請看比例圖）。

立新老師 其實，當初蘇秉琦先生反思了中國歷史教育的「兩個怪圈」，並提出了「滿天星斗」的文明起源模式，目的就是為了排除文明起源探索時受洛陽為中原中心觀的影響。然而，多年以來，中華文明探源工程卻將大量的資金，以及大量學者的精力投入到黃河流域，對其它地區的研究關注度與支持度都顯著不足，希望這種情況以後能有所改善，不然實在太可惜了！

梓浩同學 我記得上次袁靖老師到中山大學來開講座時，提到長江中游、嶺南地區的動植物考古的情況，真的是有較多空白之處；相比之下，二里頭遺址和陶寺遺址的情況則已經比較清晰了，而長江下游的良渚文化，雖然不及二里頭和陶寺，但其基本情況也相對明晰。這是否就說明了學術資源不均衡呢？

立新老師 這是中國考古學一直以來都存在的一種情結，也可以稱之為「黃土情結」。

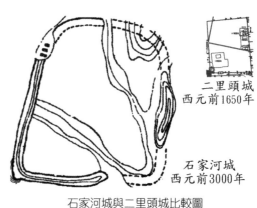

二里頭城
西元前1650年

石家河城
西元前3000年

石家河城與二里頭城比較圖

靜云老師 我們同學大部分是南方人，沒去過黃土之地。請看看這種環境，符合不符合作為大農耕文明起源地？

秀美同學 我不喜歡，南方人都不會喜歡，像死地一樣。

柏熹同學 也沒有到這地步。不過明顯不太可能是原生的農耕文明的發祥地。從圖上看，這裡的氣候偏乾燥，土地不平。雖然可以耕作，但是不可能大規模發展。種種麥子之類的可能還可以，但當時中國境內還沒有麥作。

黃土地帶

詩螢同學 新石器晚期比現在濕暖，在河谷裡可以種東西，但這都只是很小的區域。而且地勢不平，水道交通少，村落之間往來不多，可以躲起來獨自發展。

鶴語同學 不好意思，我記得春秋戰國時，生活在黃土地帶的秦人不想辛苦耕地，曾經選擇從楚國購買糧食。因為這樣，秦國變弱，經濟也過分依賴楚國。這就是商鞅開展政治改革的原因，限制進口米而促使國內開拓荒地種黍，想辦法靠自己經營農業。在歷史上輝煌一時的大秦帝國，曾經也是很窮、很辛苦的邊陲小國……

靜云老師 對。再看下面這一張，同學們又覺得怎麼樣？

甲同學 這就是稻田，還能夠怎麼樣？當然挺好。

澧陽平原八十壋遺址所在地的稻田

八十壋環壕聚落遺址

秀美同學 嘻嘻，學弟，你是不是不願意放棄中學知識，所以表現得那麼不開心？這種風景就像我們中正大學附近（開心）。老師這是在哪裡？

靜云老師 這是澧陽平原。更具體一點，這是八十壋遺址所在地。

秀美同學 好漂亮，天藍地綠，遍地是金黃色的稻穗。在這裡可以開開心心地生活。（微笑）

立新老師 對啊，但是你們在中學都背過「黃河農耕大文明」。現在你們自己思考就清楚：我們可以肯定黃河文明的存在，但他不純粹以農耕為基礎，而呈現混合經濟形態；「中國」能有農耕大文明，但他不會在黃河周邊發生。雖然這事實

看起來很清楚，但從徐旭生先生開始，探索夏文化的風向標就指向了晉南豫西地區。自然而然，中華文明探源的首要目標，就是要搞清楚陶寺、二里頭是怎麼一回事，希望探出一個夏代，探出一個中國來。甚至在一些文明起源研究的文章中，儼然將新石器時代、銅石並用時代和青銅時代早期的「中國」想像成了一個統一的共同體，而這個統一的共同體，最早就是夏，其中心就在文獻記載的豫西晉南地區。

靜云老師　事實上，文獻中也沒有明確的記載，說夏就在豫西晉南。而且，傳世文獻其實是一種密碼，是需要解讀的。例如，平勢隆郎先生就整理和研究過《左傳》、《公羊傳》、《竹書記年》等一系列戰國時期的文獻，發現各國為了強調自身統治的正統性，總是希望把「夏」這頂帽子扣在自己的頭上。秦國認為自己所在的地域是夏王朝的故地，強調自己對陝西一帶的直接統治，將自己的國土定義為「夏」；而魏人則認為山西到河南一帶才是夏之故地；而韓國則認為夏在山西一帶的晉國故地；而齊國則強調自身才是「中國」，其它地區都是略遜一等的諸夏。

　　也就是說，文獻是勝利者的歷史記錄。因此，我們若要解讀文獻，則必須從考古資料出發，抓住這張密碼表，才能把真正的歷史破譯出來。不過，雖然文獻的表達往往有書寫者較強的目的性，但是文獻所描述的舜禹國家的自然景觀是「三江五湖」，這明顯不是黃河地帶；這就是雲夢澤古國的風景！千湖

之省，眼前總有一片藍綠。

俊偉同學 這種土地很肥沃喔。

立新老師 對啊。不過，我們把討論的焦點回到長江中游的城址上。請大家仔細留意這些城的位置，如果不以後代犬牙交錯的行政區來劃分，而以長江的自然天塹來劃分，我們就可以把全部城址都看作一個脈絡，位於同一個自然區。可以看出，早期的城址多在長江以南，然後沿著古雲夢澤的周邊，一步步往北，繼而向東發展，最後在古雲夢澤北緣出現系列密集城址，其中最大的城址——石家河城——就坐落在漢水以北。

長江中游農民的時空觀傳承至今

靜云老師 在中國新石器早期，在多元文化並進的地圖上，稻作農業的發祥地開始出現。到了新石器中期，長江中游稻作農業已發展到一定的程度。由於農耕生活方式的變化，其聚落、文化與時空觀念出現系統性的演化。我們可以清楚地觀察到：兩湖

洞庭湖澤地

地區的農耕生活，決定了聚落的結構化。舉例來說，在彭頭山文化時期的八十壋遺址中，考古學家發現了與古河道有關聯的土牆、環壕，其聚落已呈現一定的規律性。八十壋遺址環壕聚落的安排與水系有關係，一方面可以視為稻作灌溉系統的萌芽，另一方面從村落的規律性來看，可以發現當時先民已有把生活空間結構化的趨勢。雖然皂市下層文化的聚落資料不足，但基本上還是可以看出發展上的一脈相承：平原臨水的低崗，這幾乎是平原地區稻作農業社會的唯一棲居模式。

　　人們到平原棲居耕地，這不僅是生計模式的轉換，這必然影響到其觀念的變化，尤其是空間觀念。山間狩獵人群的空間感逶迤曲折，需要依靠相對的參照點來標定大致路徑方向；而平原的農耕人群的空間感則十分寬闊，想要掌握平地空間的人，需要將之在自己的觀念裡規律化。將平地的自然空間規律化的方式，便是以日出、日落、天頂、天底的方向分為「四方」，再分四方為八方。有了「八方」就有了「中央」。將自己的聚落視為「中央」的觀念，在山區生活的人是不會有的。在山間的空間裡八方的角度往往不準確，更難有「中央」概念。因此，八方空間觀是生活在平原地區的人，才會出現的觀念。另外，只有日出、日落的二分時才直指東西的方向，且二分的時間恰恰是春秋季節的變化指標（對依靠農作的人們而言十分重要），因此平地農民「八方」觀念自然會帶有農耕季節的規律。這就是新形成的農耕族群的時空觀念。

這一觀念在定居社會中，經過漫長的過程，演化成國家領土與政治空間結構。城是國邦的「中心」，所以它呈圓形，在城市周圍的「四方」有以該城為中央的「領土」，是經濟合作、分工緊密、共享精神文化以及婚姻關係十分密切的行政區。這樣的行政區，古希臘文叫「諾姆」（nomos），用來表達古埃及的行政結構。一個諾姆實際上是一個獨立的小國，有獨立的、具權威性的廟，有自己的保護神和統治者；但同時也參加全國聯合城邦的網絡，每個諾姆的保護神也參加全國信仰的等級體系。古埃及、蘇美、雲夢澤古國的結構都與以諾姆為國家行政區的結構相似。時代越早，以一座城為中心的諾姆越像是一個獨立廟權小國；時代越晚，諾姆越像大型國家的行政區，以地方廟為行政機構。這種國家組織情況與蘇美頗為接近。

早期的國家是多中央的國家，每一座圓形城是自己領土的中央，而城所管的領土為四方（或八方）。城牆四面正中有城門，應該就是這種中央四方觀念的反映。

在這種觀念源遠流長，其在新石器時代的濫觴從兩個角度可以看到：第一，聚落的安排是根據四方；第二，從皂市下層文化出現的禮器上的八角星紋。當大聚落升級作為城時，這種四方結構一脈相承地被沿襲使用，前面柏熹和立新老師介紹的城，大多為圓形或圓角四方形。

我們現在看一張圖。這是皂市下層二期的白陶禮器，其紋

蘇美

是最早在兩河流域南部發生的農耕文明。該文明展現出一種群城結構，城與城之間多由底格里斯河與幼發拉底河的河流網路連接，形成一個龐大且複雜的交通與貿易網路。各城間的關係相當於一種鬆散且獨立的城邦聯盟，無中央集權的中心，各城均有其主祀的神，兩河流域諸神的地位可能象徵著各主祀城的興衰。雲夢澤則是西漢以前湖沼密布的江漢平原區域。此處所指的「雲夢澤蘇美」是從比較的角度，指出江漢平原的湖沼區域的發展模式與蘇美相似。

廟權

廟不只是祭禮之所，這是城國議會和行政單位，人門定時來到廟聚會，祭祀共同的神、討論共同的事，通過廟主協調來確定合作方式，包括城國之內的事項和城邦之間的聯合方式。兩河流域蘇美和雲夢澤蘇美都是相似廟權聯合城邦式的古國，每一城邦各有自己的廟權機構，城邦的廟之間有臨時固定、循著時代而變動的等級關係。

蘇美烏爾都廟復原圖

飾的中心為圓，外有八角。這就是當時已形成的時空概念，城的結構也是從此而來的。圖上的禮器是目前出土年代最早的「八角星圖」，出現在墳山堡遺址出土的器蓋上，其圖案結構是內以三個同心圓、外圈以八角星形構成的圖。新石器中晚期八角星圖僅見於長江中游，主要是洞庭湖平原的皂市下層、湯家崗文化，周圍山區獵民也模仿一些。但是從銅石並用時代以來（約距今 5500 年後），八角星圖成為各地通見的紋飾。崧澤文化陶器、凌家灘玉器、良渚陶器和玉器，一路到山東、東北，傳承到殷周、漢代，最後周易八卦的意思與八角星圖其實沒什麼不同。

乙同學 老師，怎麼可以拿陶器、玉器、銅器上的圖案來跟城市結構和建築作比較！它們都互不相干！形狀、資料都有許多差異！從考古學來說，為確定遺跡和器物的關係，通常會檢視一些要素的連續變化過程（即類型學上的變化），來進行判定。我認為，這些陶器、玉器、銅器、還有建城結構，都未看到有類型學上的變化關係！

梓浩同學 學弟，你冷靜一下，你看這兩張圖而建立兩個器物之間類型學上的變化關係。

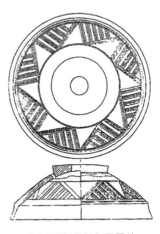

墳山堡遺址出土最早的
帶八角星圖的白陶蓋

古代的中央與四、八方時空結構

凌家灘玉鳥（局部）　　　良渚玉龍（局部）

殷墟郭家庄 160 號墓出土弓形馬器

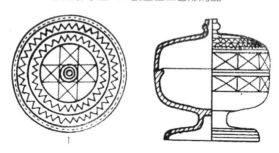

安徽甘露村漢墓出土的帶蓋陶豆

八卦時空圖

乙同學 　你不要嘲笑我，我不知道這是什麼東西。

梓浩同學 　學弟，我哪裡會嘲笑你！我們發掘的時候，也經常不知道挖出來的東西，古人是怎麼用的，所以我請你用類型學比較並不過分。

乙同學 　這是手機，另一張看起來是某種機械，所以它們是有關係的。

梓浩同學 　學弟，你說的是功能上的關係，這不是類型學。中國人用筷子，西方人用刀叉，功能相同，但就類型學來說不相干。嗯，我加給你中間的圖。看看：三個都是電話，是同一個東西的發展，從類型學上你能抓住關係嗎？學弟，你不要生氣，你剛學到類型學，以為這是好鑰匙，慢慢地就會瞭解類型學所能打開的門往往是有限的。

立新老師 　嗯，我們回到靜云老師所列出來的資料上看：良渚的玉龍，鼻子上有外方內圓刻紋；另看凌家灘玉器上的刻

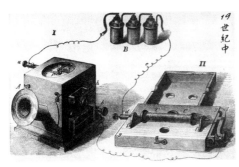

用類型學斷代電話機

紋：八角星中有圓圈；殷墟出土的馬器也有一樣的紋飾；漢墓陶器和漆器也有！很多八角星圖不一定有中圓，但會在器物的圓底或在圓形紡輪上刻八角星圖，這是多樣化的大傳統，而這大傳統的源頭就在洞庭平原。請問同學們，你們還繼續懷疑湖南洞庭平原在中國大文明形成過程中的主導作用嗎？中國文明多元，但是在多元文明的成份中，怎麼看長江中游的角色？

甲同學　不知道……這樣看，好像確實重要！實在不敢相信自己的眼睛……

立新老師　你還是不敢說實話。在湯家崗文化時代，最早開拓的澧陽平原已具有一脈相承而達到古國文化先期的特質。在這個基礎上，長江中游逐步形成了中國境內最早的古國。從農業的穩定發展與擴展，到人們生活的規律化及聚落的系統化、從系統的垣壕聚落到城的發生；從城的發生到聯城邦古國網絡的形成。這些變化簡略地表達了長江中游文明進程的過程。

柏熹同學　老師，我有些問題不太理解。我們常常談「城」，這是一個怎樣的概念？是純粹從建築上出發的嗎？另外，在名詞定義上，什麼時候叫城垣，什麼時候叫城牆？城垣是指考古上發現的殘存部份吧？城牆是指本來想要建造的整個牆體，是建築上構件的概念？

立新老師　我認為，城垣與城牆的意思一樣。如果一定要找兩個概念習慣用法之間的差別的話，「城垣」或許更強調為「環繞的土垣」的意思。例如，在聚落考古研究中，有學者認

為，澧陽平原的早期城址由早期「垣壕聚落」發展而來，「垣壕聚落」就是指那種外面被土垣和壕溝環繞的聚落，如八十壋。

俊偉同學 但為什麼有垣壕卻不一定認為是城呢？依哪些指標我們可以明確地區分，這是「垣壕聚落」，而那是「城市」？

柏熹同學 謝謝學長，問得很好，我自己一直有疑慮，但不敢問，怕大家以為我太笨了，哈哈。（大家笑）

城市文化
有什麼指
標？

立新老師 因為「城」被認為是人類歷史發展到一定階段，即具有一定程度的集中化的產物，是集中化在空間組織上的一種反映，如作為交易中心、政治中心、軍事中心或儀禮宗教中心，這使其地位有別於普通聚落。靜云老師前面說了，首先有一個區域、一個以城為中心組織起來的諾姆。城由於作為社會中心，使其具有某種社會重要性，為了保護它而經常修築垣壕（但並不是所有的城都有垣壕）。作為社會中心所擁有的社會動員能力，也使這種大規模的修築行為變得可能。考古界之所以把大型城牆、城垣的出現作為判斷城的重要標誌，因為這種大規模公共工程的出現，意味著那時的社會已經在某種程度上擁有了較大的社會動員能力，出現了社

會中心。所以，區分「垣壕聚落」和「城市」，真正關鍵的指標是要看它是否作為社會的中心。

柏熹同學　那怎麼看當時已出現社會中心？

立新老師　這要結合整個社會歷史背景和考古遺址的規模來判斷。像八十壋這樣的垣壕聚落，是在村落外圍修築小型土垣壕溝以保護村落，其做法雖然在形式上與城相似，但實質上仍不過是個村落而已，其工程規模、聚落內部結構以及整個時代背景，都不支持將它看作城、看作社會中心。

靜云老師　對，另外我想補充一下，例如陝西渭河流域名聞遐邇的半坡文化，同學們應該都見過半坡文化的陶器。這文化與長江中游湯家崗、大溪大致同時，彩陶上的紋飾很豐富，特別突出的是魚紋。

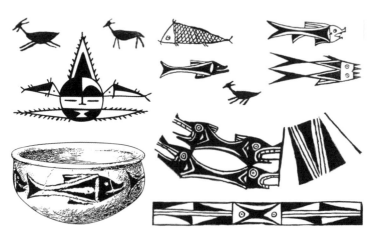

半坡文化彩陶紋飾

半坡文化的遺址，像半坡、北首嶺、姜寨等也有保護村落的環壕，所以也屬於環壕聚落。但從遺址周邊的情況來看，人們的居住區周邊有很多野豬，若不構築保衛村落的環壕，這些生性兇殘的動物就會危及聚落內部的生活。半坡文化的環壕應該沒有其他作用，也沒有該遺址環壕之外的部分。

　　但是城址往往是一個大規模遺址及村落群的中心區，例如二里頭遺址面積為 300 萬平方公尺，而作為遺址中心區的城只是 12 萬平方公尺；山西陶寺遺址規模也不小，430 萬平方公尺，但作為遺址中心區的城只有 0.14 萬平方公尺。前面介紹的天門石家河城址的面積為 120 萬平方公尺，而城周圍的居住和農作遺址超過 1000 萬平方公尺，這就是石家河遺址的面積。城內一般有高級建築、祭壇等，但整個聚落並不僅僅限於城內，城只是聚落的中心區，這就是區分城市與垣壕聚落的明確指標。雖然目前對石家河的發掘與研究仍有待進一步開展，但我們可以肯定城外才是一般居民的生活地點，因為城內往往是一些祭禮活動的遺跡、手工業生產作坊和重要的房址等等。

立新老師　靜云老師剛才提出城為祭禮中心的概念，我認為這種觀察很重要。

靜云老師　當然，這個「雲夢澤聯合城邦國家」，很可能是一個廟權國家，以多個神廟作為最高的權威，一城、一守護神、一廟，而全國的網絡是以多神的等級關係所組成的。因此，這個區域的信仰系統也是十分重要的，信仰和社會結構密不可分。

立新老師　實際上，屈家嶺和石家河文化的信仰系統已經十分成熟，例如在鄧家灣遺址就發現屈家嶺文化時期的祭台和成套的大型筒形器遺跡，而這類筒形器，在青龍泉遺址中曾發現過一些類似的碎片，在陰湘城遺址中也有出土。觀察所謂筒形器的器物特徵，我們不難發現，這一定不是一個日常的實用器，它的功能應該與某種祭祀儀式相關。到了石家河文化時期，也存在一類套缸遺跡，以及成批出土的陶塑動物，這些與實際的日常生活無關的遺跡遺物，構成了一套成熟的信仰體系；部分禮器可能與祖先崇拜有關係，但可能還有其他意義。如果我們今天要從殘存的這些少量遺物來具體地解密這個信仰體系，恐怕十分困難；不過雖然我們很難完整地認識它，但它所殘存下來的遺跡遺物，仍然讓人心生敬意。

柏熹同學　我只是看報告，都覺得筒形器這個東西很有趣，但又很神秘。屈家嶺和石家河文化肯定還有很多秘密等著我們去發現。

立新老師　那當然！有那麼多城，各有祭壇、各有廟，都需要發掘！另外，漢北地區一些城面

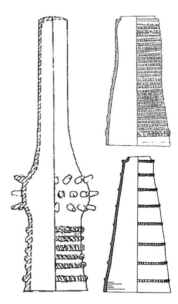

屈家嶺文化筒形陶祖偶像

積很大，城內有窪地。我們可以認為窪地可能跟河、湖相連，但實際上把一大片的水域或者低地圍到城裡面，不是為了居住，那是出於怎樣的考慮？是軍事防禦？是市場貿易？還是宗教信仰？蘇美兩河流域好像也有相同的情況，一般的城有水門，便於船、貨物進出，其軍事價值其實是後來才附加上去的，但也不可忽視。

靜云老師 　由於兩河流域的研究時間比較長，很多概念也比較成熟和清楚。西方學者早已明確指出這種群城的結構化是出於灌溉系統的合作關係。除了城址外，他們也發現了一些環壕聚落，他們也可能有治水系統，參與到合作的灌溉與治水當中。無論是兩河流域、古埃及，還是長江流域，灌溉就是這些早期先民治水系統最重要的目的，

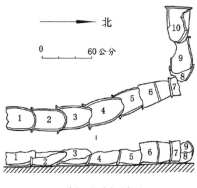

石家河脊套缸遺跡

石家河文化動物與神母抱祖的陶塑

這是保護農業生產得以順利進行的基礎。因此，稻作會迫使人們形成一個「合作」的社會，通過不同聚落的合作，一起管理較大的農作體系。然後在此基礎上，一些小規模的專業化開始出現，而協作的規模也日益增大。從一些商品貿易的例子來看，我們可以看到整個長江流域的貿易很發達。

俊偉同學　不好意思，老師。您是怎樣看出長江流域的貿易已經很發達呢？在考古遺址中會如何表現呢？

靜云老師　剛才立新老師講到諸城都有便利的水運，也提到石家河城址內局地都出現同類的陶器，這很明顯是專業化生產、然後往外銷售的展現，那個水門就是市場的需要，漢水就變成了一個非常關鍵的貿易通道。最近在石家河城內中心譚家嶺的一次發掘中，考古學家發現了可能是石家河文化時期的碼頭，而稍晚的盤龍城也發現了碼頭，可見二者屬同一文化歷史脈絡。而碼頭正是貨物運輸的關鍵證據。

這些城開始是農作的合作，下一步則是市場的發展，同時有的城會進一步發展成群城的祭禮中心，而每個地區又都有自己祭禮的特點，一旦有了這樣的結構，那麼在合作的過程中，就必須有某個人做主，自然就會有某個比較重要的城。目前從規模來看，面積比較大、功能比較重要的城就是石家河。其它地方我們也看到很多很大的城，但這就是所謂的政權，即每個城都想自己做主，這個時候戰爭就避免不了。這個結構在蘇美是一模一樣的。所以我覺得這兩者很類似，生活的條件類似，

生活的目的、需要面對的情況也是類似的，我們所看到的當時社會形成的結構——聯合城邦的結構——也是類似的。

立新老師　我們還可以看到，最先出現城的是在澧陽平原一帶，在這個地區，如城頭山、雞叫城等，基本上是幾萬到十幾萬平方公尺，時代較早、面積小、大小都差不多，而且城與城之間在同一個層次上，說不出誰為主副。而鄂西一帶的城，一般是二、三十萬平方公尺，但城河城明顯比其他城大，所以這個地區的城至少可以分出兩個等級來。到了第三個階段，石家河城成為漢北區域裡最大的城，是漢北區域最西邊和江漢區域之間的聯絡點，漢北區域裡的城呈現出很大的梯度，從幾萬平方公尺、一二十萬平方公尺、五六十萬平方公尺，再到一百多萬平方公尺都有，所以，在一群城邦之間，可能出現了一個最強勢的大城。

靜云老師　這個中心必須要有，因為他們需要合作。最早期，群城諸廟可能輪流主持聯盟並組織廟際大會，但同時城之間可能互相競爭，要當盟主。為什麼要互鬥呢？因為做主持聯盟的盟主，有機會掌握更多資源、掌握全國稅收等，經過幾百年的互鬥而出現老大。但是這個老大的地位並不像集權國家那麼強，並不能絕對地管控他手下的兄弟。

柏熹同學　看來這「江漢幫」的幫主手下的各位堂主實力也很強，幫主也不那麼容易管得住啊。

梓浩同學　果然是香港人，骨子裡流淌著「古惑仔」的血。

`柏熹同學` 別黑我……（同學們都笑了，靜云老師不知道發生了什麼狀況）

`立新老師` 對，例如石家河城只是更大區域的老大，而江漢平原的每一個城都可以說是周邊聚落的老大，在其勢力範圍內發揮著「老大」的作用，並且也會抗衡石家河城的權力。

`柏熹同學` 都說堂主下有香主嘛，整個結構不是很一致嘛！雖然看似同屬一幫，共禦外敵，但這些堂主香主之間也是打打殺殺。老師，我有一個問題，很多報告和文章都這樣說，這些城的起源就是為了防洪水，但是很多城都有水門，不是完全封閉的，那如果說這些城是用來防洪水的話，好像說不通。

`立新老師` 防洪是其中的一點功能。蘇美城中有高聳的神廟、通天塔，每當洪水來臨時，大家都往那裡跑；江漢地域寬闊，洪水時水位不會一下子漲得很高，大家在稍高一些的城牆上避一避就可以了。不過，我們認為，防洪並不是城起源的唯一原因。蘇美的城，它的出現也不是為了防洪，而是為了治水，防洪只是它順帶的一個附加功能而已。兩湖地區城的出現，也跟稻作、貿易、祭祀有關係，而不單純是為防洪。

`靜云老師` 譚家嶺的碼頭遺跡是 2011 年才發現的，還沒發現時，我就在想，有水門一定就會有碼頭，結果真的發現了。

`詩螢同學` 如果他們只是用輕舟代步，也不一定要用碼頭停泊上落。碼頭有什麼重要性呢？

`靜云老師` 因為他們製造了一些東西，要運送到其它地方，

所以應該要有碼頭。

立新老師　　石家河這個城，西邊城牆有堰塘，它原來是一個河道，而且是把沖溝阻斷而改成了河道，形成城內的水系。城內的水系使得運輸變得方便，像三房灣製作的大量紅陶杯便可借助水道運送出去。

靜云老師　　除了紅陶杯這種小型的器具，我們可以注意到石家河文化有很多大型的、製作粗糙的罐、甕或缸，它們可能是用來運貨的盛器、容器。因此，他們賣的可能不是陶器，而是陶器裡面的東西。比如在一些遺址，同一個遺跡現象中既發現了陶器碎片，又發現了稻穀，大多數人可能不會意識到那些稻穀就是放在容器裡面的。同樣的，在很多墓葬裡面，我們發現很多的陶製容器，但不要簡單地以為它們只是隨葬那些容器，他們隨葬的應該是容器裡面的東西，例如食物、酒等等。

立新老師　　我想起石家河早期的一座肖家屋脊墓葬（M7），足端二層臺上放了 60 多個陶罐，此外還有 29 個陶杯，以及少量壺、碗、缽等，放了那麼多罐子作為陪葬嗎？肯定不是，這些罐子裡面當時應有食物在裡面，用於祭祀。杯是用來奠酒敬獻的，所以數量也很多。我覺得很多墓葬中二層台的作用就是在墓地舉行祭祀活動。從這個例子來說，考古學家如果只就看到的東西來說話，有一說一，表面上看起來很客觀，實際上卻有可能背離了當時的事實。最好能依據所見，盡可能完整地重建當時的情境。

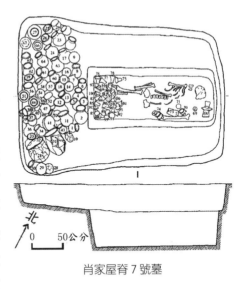

肖家屋脊 7 號墓

梓浩同學 這個就是老師剛才說的問題意識嗎？一般的報告和研究文章更多還是關注罐子的型和式……

靜云老師 報告關注罐子的形態本身是無可厚非的，畢竟報告需要儘量全面地、客觀地發表資料。但一味只關注型式劃分的研究，甚至不知道劃分型式的目的的研究，絕不是好的研究。就立新老師說的情境問題來說，考古學家在做漢墓研究時往往會注意到這個，因為有文獻的記載，大家都知道所謂「侍死如生」的喪葬觀念，也通過一些「遣冊」的出土瞭解到這些風俗，更在考古出土中直接發現。但是漢代之前的考古學研究卻很少注意到這個，因為資料比較破碎，缺乏這個意識，比如同一個墓發現了獸骨和陶片，人們不會意識到那個獸骨就是放在陶器裡面的。

立新老師 這個是方法論的問題，我們在考古發掘的時候經常講要客觀全面系統地記錄，實際上如果你沒有那個問題意識的話，根本做不到客觀和全面。

梓浩同學 是的，這兩周我在收集城頭山遺址的資料，發現

墓葬的情境並不完整，很難進行空間性的情境分析。

靜云老師 這就是為什麼我們需要把視野放大，做某一個時代的研究，一定也要看看其它時代的研究。如果大家去看看漢代的墓葬，你很容易就會發現，他們不是隨葬那個陶質的容器，而是隨葬裡面的食物。

麗霞同學 剛才兩位老師講到那些大的容器裡面裝的可能是糧食，它們是用來貿易的嗎？

靜云老師 貿易或者儲存，可能還有稅收。稅有不同的作用，給廟裡，或者作為預防天災人禍的儲備糧食。

于薇老師 在清代，一般一個縣有三種倉，縣治設常平倉，或兼設裕備倉，鄉村市鎮設社倉、義倉。社倉就在祠堂裡，就是民間保證祠堂裡有一年的儲存。

麗霞同學 如果要販賣的話，他們是賣給誰呢？同一個區域的情況差不多，它應該不是賣給自己這個區域的吧。

靜云老師 賣給長江上游，又或者賣給北部的河南等區域，也不排除彼此間交換不同的物品。其實北部有一些沒辦法實行稻作農業的遺址也發現了稻穀，這些稻穀顯然是從南方運過去的。另外，山地狩獵區也需要啊，可以跟他們交換，他們會提供很好的石料、玉器，還有美味的山珍等等。或者某一個地區發生水災，農產不足，那就與他們做貿易。

麗霞同學 老師，您說的這個過程，在考古遺址中可以發現嗎？

謝肅老師　這個在《周禮》裡面有記載。具體就是說國家儲備糧食及怎麼樣儲備，其中提及了有專門的作業人。我們可以進行對比研究。

靜云老師　有時候我們會在另外一個地區發現完全相同的考古遺址。早期歷史研究沒有文獻記載可用，但是我們可以通過多方比較，嘗試理解這些遺跡的形成過程，嘗試去探索形成的原因。

立新老師　繼續剛才麗霞的問題，我覺得最關鍵的一點是「先要有這樣的問題意識」，然後在考古資料中去尋找細節，看能否有足夠多的細節，看這些細節是否足以支撐自己的設想。考古的資料一定是殘破的、零碎的，你如果一點點看是零散的。從資料到進一步的設想，再從設想回到資料，是一個反反覆覆不斷驗證、試錯和修正的過程。現在靜云老師說的是一個比較大的模式，在這個模式裡面發現碼頭，會發現陶器很多是容器，那將來在考古工作中我們就要注意這些方面，有沒有

:::: **Knowledge Station** · · · · · · · · · ·

《周禮》

禮學經典，十三經之一，與《儀禮》、《禮記》合稱「三禮」，以官制為切入角度，記錄漢代管理體系的理想觀念。

碼頭？有沒有祭祀區？有沒有神廟？或者宮殿？在陶片上有沒有食物殘跡等等。如果其它地區的陶器在這一地區出現，有沒有貿易？貿易用的大型容器有什麼特徵？上面會不會殘留有記號之類的刻符？我們以前都忽略了這個東西。現在我們已經意識到這種可能性，打開了眼界，將來在實際發掘和研究中對這些方面多加注意，再回頭來看上面所說的情況是否存在，這樣還是有可能在考古資料中發現諸如貿易、儲藏的證據。

靜云老師　　其實這些證據我們是需要篩選的。有一些證據是絕對的，有一些沒有直接的證據，但是有間接的，我們就要用不同的方式來表達，例如：「肯定的、最有可能的、可能的、推測的」等等字眼。

立新老師　　由於時間關係，今天的討論就先到這吧。我們剛才談及垣壕聚落與城的差異。下次上課我們請梓浩同學報告城的發展以及城外聚落的安排。請俊偉同學當評論人，其它同學也一起參加討論。

合則兩利、鬥則兩害（課後感想）

詩螢同學　　若發現同一系統的文化，如何分析該文化內部的社會運作，是值得省思的問題。通常談及考古學文化，立即想到的是對出土器物的類型學分析，然而這些瓶瓶罐罐並不會自

己產生，是「人」之手製造這些器物，所以應以人為本，探討古人生活的各個層面，乃至社會結構或歷史演變。但是我們對這些器物的看法，乃至於對古人的理解，都會影響到我們解釋遺物遺跡的結果。透過這堂課，我又再次對如何觀察古人的歷史有進一步的理解。

長江中游屈家嶺、石家河文化諸城，顯然屬於同一系統，這不單純是器物表面的相似，而可以從出土的遺跡遺物中，看出居於此地的古人在信仰、禮儀、生業模式、生產技術各個方面，均呈高度同構，顯而易見此處有著一個獨立的大文明；然而以往卻鮮有注意，這是由於傳統歷史觀念以北方為重造成的後果。若跳脫既有思維框架，會發現長江中游的城址其實比北方地區城址年代早、數量多、規模大，而且每個城址都同樣基於稻作農業發展而成，並且有著便利貿易的水網交通，這些城址不但同構性高，而且可明顯見到區域分工的情況，這點非常特殊。在所謂的龍山時代晚期，中國很多地方都出現群城，城與城間應有著聯盟或鬥爭的關係，但顯然只有長江中游城址之間的聯盟關係較其它地區更為密切，也有更多的合作關係。這種合作並不單純只是戰爭的盟約，更是包含著貿易、交通、農業水渠修築等等多方面的合作。

我曾認為中國古代交通不發達，各地難有貿易，但那是因為對上古史不瞭解。在熟悉考古資料之後，我才發現上古各地的確有著貿易，只要有交通方法能往來，似乎互相貿易往來並

不稀奇。屈家嶺、石家河文化的貿易合作，我認為已相當頻繁，因為他們已經出現區域分工的情況。區域分工，即代表一地可以成為專業生產某物的地方，不但每個區域有著不同產品或特殊技術，甚至可能將食衣住行的一部份完全仰賴其它地區，如此構成更為緊密的經濟體。在今日這是理所當然的事情，我們已經不需要家家戶戶都種田，卻可以人人都有糧食吃，這是專業分工的結果，若溯及專業分工的起源，我們可由屈家嶺、石家河文化甚至更早的時代去尋找源頭。

在中國的其它區域，同時期的文化尚未見到如此細膩的專業分工，為什麼只有此地能夠發展出如此密切的合作關係呢？或許是由於這裡特殊的稻作農業與水網系統的緣故，因為稻作農業而需要眾人、眾城邦的合作，興修水利設施，並分配水資源。此外因為人工和天然的水網系統，使得這區域的交通往來便利，貿易行為隨之而起，但水網系統的建立又起因於稻作農業的水利設施，以及本地水網沼澤遍佈的天然景觀。上古時代的人們受到天然條件的限制仍多，不同自然條件的人們會發展出不同的文化，屈家嶺、石家河文化能發展出獨特的群城網絡，顯然是因為自然環境得天獨厚的緣故。

給頭腦充電吧！（推薦閱讀）

郭立新，〈解讀鄧家灣〉，《江漢考古》2009 年第 3 期：頁 45 － 57。

郭立新，《長江中游地區初期社會複雜化研究》，上海古籍出版社，2005 年。

郭立新、郭靜云，〈雲夢澤「蘇美爾」城址結構研究〉，《紀念石家河遺址考古發掘 60 年學術研討會論文集》，2015 年 12 月。

郭靜云，《夏商周：從神話到史實》，上海古籍出版社，2013 年。

郭靜云、郭立新，〈生命的本源與再生：從石家河到盤龍城喪葬禮儀中的祖先牌位、明器與陶缸〉，《紀念石家河遺址考古發掘 60 年學術研討會論文集》，2015 年。

笪浩波，《長江中游文明化進程中的人地關係》，上海：上海古籍出版社，2013 年。

趙春青，〈長江中游與黃河中游史前城址的比較〉，《江漢考古》，2004 年第 3 期，頁 52 － 62。

平勢隆郎著，周潔譯，《從城市國家到中華：殷周春秋戰國》，南寧：廣西師範大學出版社，2014 年。

張弛，〈石家河聚落興盛時期葬儀中的新觀念〉，《考古》，2014 年第 8 期：頁 68 － 80。

裴安平，〈聚落群聚形態視野下的長江中游史前城址分類研究〉，《考古》，2011 年第 4 期：頁 50 － 60。

第七場
微觀與宏觀，
重新發現澧陽平原聚落

跨學科應用及演練

立新老師 今天先請梓浩同學來報告他對澧陽平原的聚落研究。

梓浩同學 各位老師、同學，大家好。今天我想從微觀和宏觀的兩個角度，來報告澧陽平原從大溪至石家河文化期間聚落的演變過程，結合質性與量化的研究方法，提出一些自己的看法，為數周後的湖南考察提供一些問題。

柏熹同學 質性與量化、微觀與宏觀，這報告真是「高大上」啊，范梓浩老師。

梓浩同學 （害羞）求柏熹不要黑我。

明立同學 范老師，不要假裝害羞嘛。（大家笑）

梓浩同學 大家都愛嘲笑我（哭哭）。好，那我開始報告。在湖南地區，澧陽平原算是考古工作開展得比較多，比較全面的一個區域。所以，依託較為詳細的考古資料，我才能進一步做這個聚落演變的研究。目前，做澧陽平原聚落研究的學者也不少，包括郭偉民、尹檢順、裴安平和袁建平等。

麗霞之前已經介紹過澧陽平原的環境及城頭山遺址的概況，我在這裡就不再重複。由於城頭山遺址經過長達十多年的發掘與整理，且擁有一本高質量的田野考古報告，因此我準備從城頭山遺址的墓葬入手，研究城頭山遺址在微觀層面的演變

上 知 天
文，下知
地理。拾
起統計學
的史家。

規律。我會用到一些統計學的研究方法，如果各位
同學覺得不明白，請隨時打斷我發問。

（鈺珊同學一聽到統計學就開始擦汗）

俊偉同學　不好意思，學弟，你最好還是先交代一
下你所運用的方法，不然下面聽起來會覺得很混亂。

梓浩同學　好的。我先把墓葬登記表中的數據轉存
到 excel 中，把每類器物單獨作為一個變量，然後進
行初步的數據整理，包括數據的分類和合併。之後
主要運用 R 統計軟體進行 ANOVA（變異數分析）與
OLS 模型下的 Linear Regression（線性迴歸）兩個統
計工具進行分析，當然，也少不了集中趨勢和離散
趨勢這些基本統計。最後就是用 R 軟體中的一個外
掛工具繪出統計圖。

俊偉同學　瞭解。只是 ANOVA 與 Linear Regression
這兩個統計學工具，我還不清楚是什麼。

（鈺珊同學開始哭笑不得）

詩螢同學　因為我的數學學得不好，所以請你簡單
地講一講這些方法的運用就好，我沒有太大的興趣
想瞭解其中的數學原理。

（同學們深表認同）

梓浩同學　那我就簡單地介紹這兩種方法在社會統
計學中的實例研究，大家模擬一下就知道怎樣運用

到歷史學與考古學上了。首先，關於變異數分析，它是一種比較樣本數據組（組大於或等於2）之間的均值是否存在顯著差異的方法。

（鈺珊同學已完全呈現斷線狀態）

梓浩同學　舉個例子，我們要比較社會上男生與女生的收入是否有差距時，就可以借助變異數分析，通過隨機抽樣進行推斷。此外還可以用到線性迴歸分析，例如線性相關模型，簡單寫成公式就是 $y = a + bx$。

（台下同學已開始暈眩）

梓浩同學　咦，這只是很簡單的數學公式呀，高中也有學過。

詩螢同學　但是我們已經高中畢業很久了，現在碰到數學公式就頭暈。你能說點地球人能聽懂的語言嗎？

鈺珊同學　（受不了了）雖然中正大學的統計學是通識必修課，我也在大四的時候修過，但怎麼努力都還是不懂，期末考只考到 57 分，差點兒就因為統計學畢了不業，上不了研究所。好不容易求老師多給了我 3 分，本來以為這輩子就和統計學說再見了，可學長又來欺負我。

梓浩同學　其實也沒有多難，你如果不明白方法的原理，那就學習怎麼分析結果就好了。

（詩螢同學在旁邊安慰鈺珊同學）

梓浩同學　我曾經運用統計學工具來分析東北地區大約距今 4000 年的大甸子墓地社會形態，因此，我也想將這種方法套

用到城頭山墓地的分析上。大甸子墓地的男性隨葬石兵器與女性隨葬紡輪，兩者基本上呈現互斥的狀態，而且男性墓的隨葬品一般數量高於女性墓。東北是長城地帶、夏家店下層文化，也像靜云老師介紹過的西北石峁一樣，有很多軍城，時代與石峁差不多，所以兵器多。城頭山是農耕文明古城，這裡的石器不是用作兵器，而應該是用作工具，雖然城頭山遺址內的墓葬人骨保存情況很差，但我認為還是可以根據隨葬的石工具以及紡輪的互斥情況，看出其存在著明顯的以性別為劃分標準的職業分工，且不同分工的墓葬的隨葬品數量也存在顯著差異。

> **同學們** 「范老師」太厲害，從北到南都研究！

> **詩螢同學** 不要太讚美他，他會過度得意！我認為未見遺骨，只看見石工具或石兵器就認為是男性墓，這種觀點也是太過武斷了。

> **梓浩同學** 可是，男性天生體質較為強壯，更適合做「體力活」，而女性天性溫柔，更適合於養育後代啊。

> **柏熹同學** 還有，屈家嶺、石家河有很多紡輪應該是用作禮器的，我認為可能與生命再生有關，但如果只有女生才可以用紡輪，那難道只有女生才能再生？男生就不能再生了嗎？

> **靜云老師** 我舉一個保存有骨架的例子：渭河流域半坡文化的墓葬，獵器都出自男性墓，但在同時期漢水中上游的山區遺址中，隨葬獵器的女性墓甚至多於男性墓。

> **梓浩同學** 好吧。那在沒有更多骨骼證據的前提下，我先保

守一點，不用通則性的說法，只說城頭山的墓存在隨葬紡輪與石工具互斥的現象，或許牽涉到職業分工的問題。

俊偉同學　學弟，我看了你有關城頭山墓葬分析的文章。你還忽略了一個非常重要的現象：隨葬紡輪的墓葬的隨葬品數量普遍會高於隨葬石工具的墓，所以不同的職業分工也是標示墓主社會等級的重要變量。這恰好涉及柏熹所說的紡輪有再生禮器的作用，簡單以專業分工來說明可能不妥。

梓浩同學　謝謝學長提醒。

柏熹同學　你應該請學長吃飯，你的文章又可以向更深入的方向挖掘了。

梓浩同學　哎？我的錢包……（崩潰狀）

（大家都笑了）

城頭山聚落發展猜想

靜云老師　梓浩，你還是回到主題上吧。上一堂課講到長江中游的城，這次循著城的發展，主要講述的主題是，以城為中心的聚落群怎麼演變。

梓浩同學　那我們回到整個城頭山聚落的發展情況，可以發現非常有意思的現象。

我認為，大溪一、二、三期，城頭山外部開挖的壕溝及堆築的城牆，實際上是為了配合稻作生產的基礎建設工程。我們今天也可以看到所謂的垸田，

這個城牆就類似於「垸」的性質，防止外部水位過高而浸入城內。前幾節課中，立新老師已經提及到水稻對水的敏感性，那城牆就起到了很好的防水作用，而城外的壕溝則起到了很好的蓄水作用，方便稻田的灌溉與洩洪。雖然現在只有東城牆一側有較大規模的發掘，但我相信其它靠近早期城牆的位置，應該也有小型的聚落存在，而且數量應該不少。

柏熹同學　可是你只是猜測而已，並不代表實際的情況，實際的情況還是以考古資料為依據吧。

梓浩同學　是，目前還沒有考古資料可以證明我的想法。那我們再來看城頭山聚落晚期發生了些什麼變化。很明顯，整個聚落的規模擴大了，但墓地與居址的核心區域都移到了城中心海拔相對較高的位置，早期城牆邊上的一般聚落消失了，而且應該是移到了城外。如此一來，城頭山聚落似乎成了一處貴族專用的城址，從事食物生產的普通老百姓只能住在城外了。

俊偉同學　不好意思，學弟。相比起歷史的事實，我更想關注造成歷史的原因，所以我更看重的是你對這個變化的解釋。那你認為是什麼造成了這樣的變化呢？

梓浩同學　過去認為，距今 5500 年以後氣溫下降。這個時間點恰恰與城頭山大溪文化三期相近。在出現氣溫下降、水位抬升的情況下，整個兩湖地區的物資變得十分緊縮，聚落間為了爭奪資源，衝突變得更加頻繁了，於是就出現了更多的城。但從目前的資料來看，情況正好相反。長江中游的城並不是衝突

的結果，而是技術、社會加速發展的結果。

這裡面包含了幾項革命性的變化。第一，在農業技術高度發展的基礎上，氣候不斷地暖化，並促進更北邊的地區也具備發展稻作定居生計的條件。第二，循著環境變好、農業生產穩定，人口每百年平均增加 23%，這導致不僅僅是洞庭平原，江漢及漢北地區也得到全面開拓，而且還繼續向北邊的漢黃平原擴展。第三，因為每個社區人口成倍增長，同時有著相似生活方式的空間也極大擴展、區域之內和區域之間的分工也日益加強，這就更加提升區域之內和區域之間的配合及結構管理網絡的需求。第四，技術的突破，包括快輪製陶的發明、泥質黑陶技術的發明等。第五，從新石器轉到銅石並用及紅銅文化的革命，龍嘴遺址從距今 5500 年起就發現了源自數百公里外的銅礦石。這就是長江中游從前國社會轉化為國家社會的背景。

在這背景之下，雲夢澤周邊快速興起很多城址，它們作為區域的管理機構以及區域之間聯合協調的機構而存在。同時，一般的依附性聚落在城之外的周圍地區也得以快速發展，每一座城周邊都被這樣的聚落環繞，從城中央到歸屬為這一座城管理的最邊緣聚落，相距不會超過十公里。因為作為聚落群核心的城有很多組織周圍區域的功能，這涉及到一群家族共同的需求，比如：製造及配套工具、市場交易、保護公用廩庫、安排灌溉設施施工、協調和執行社會內部規定、祭禮活動以及對外代表等等。所以城內可能並不太適合農耕生活，農業生活區應

該都在城之外。

鳥瞰澧陽平原的聚落變遷

俊偉同學　我覺得學弟講得很精采，把這些因素講述得相當清楚，但是許多細節可能還可以再延伸討論與補充。

梓浩同學　謝謝學長，我會再進一步思考這些問題。接下來我們將鳥瞰的視角放大至整個澧陽平原，從理論到實踐，去看澧陽平原聚落群的歷時性變遷。我做了幾幅圖，反映的是澧陽平原新石器時期聚落的分佈情況。大溪時期的聚落群分佈十分零散，至屈家嶺時期則相對集中為四群，而石家河時期，整個澧陽平原的村落數量呈現出爆炸性的增長，且似乎可以中部為界，分為兩大群。當然我們只能從已勘探的聚落去談，進一步的勘探或發掘也許會改變這種說法。

柏熹同學　看起來，石家河文化時期才會出現大量小型村落，只有發生天災，這些人的生計模式才會出現問題，才會有向外擴張的壓力。澧陽平原有這樣的規律，漢北地區也是一樣的情況。

梓浩同學　在大溪文化時期，城頭山遺址顯然是澧陽平原的一處中心聚落，但其實際的社會複雜化程度仍然較低，人均擁有的財富較少。拿當時的丁家崗遺址的墓葬情況作一比較，我發現丁家崗遺址的

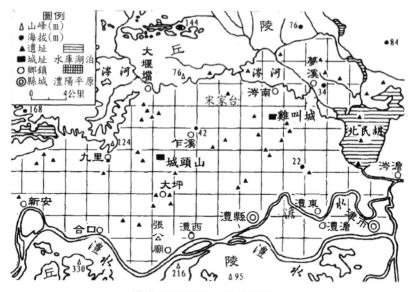

澧陽平原屈家嶺文化村落遺址

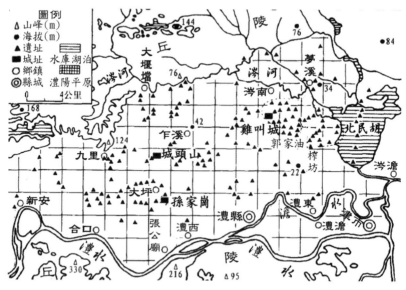

澧陽平原石家河文化村落遺址

墓地墓均隨葬品數量甚至還高於城頭山。可見這時作為中心聚落的城頭山並無明顯優勢。

俊偉同學　你是怎麼從出土的隨葬品數量來推斷當時人均擁有的財富情況和社會複雜化的水平呢？

梓浩同學　我是這樣假設的，喪葬儀式實際上是一次社會身份的表達。在這個儀式上，有財力者能夠通過多隨葬物品來表達他們家很有錢，通過揮霍財富獲得其它村民的尊敬，從而達到「花錢買權威」的目的。但如果村落中所有人隨葬的東西都差不多，那就不存在通過財富的揮霍競爭而產生的權威觀念，這個社會的社會複雜化程度自然相對較低。

立新老師　在巴布亞新幾內亞的特羅布裡恩群島（Trobriand Islands），財富就是權力的外在表徵，也是行使權力的手段。例如要舉辦宴會，則需要揮霍大量的財富，從而獲得村民的認可；又如製作獨木舟與航海，也需要揮霍大量的財富，以求獲得更多能進行庫拉交易的「兄弟」，進而在較大範圍提升自己的聲望。財富和權威、聲望是分不開的，而人與人之間的財富差異，則會導致社會複雜化程度的加劇，最終還會演變出國家與文明。

梓浩同學　到了屈家嶺文化時期，以城頭山、雞叫城和三元宮三處大型聚落為中心的聚落群開始出現（由於發掘不足，還有一處聚落群的情況尚屬未知）。把城頭山的墓葬情況與屬於一般村落遺址的宋家台相比，可以發現在城頭山埋葬的人均財

富水平都遠高於宋家台。三元宮的墓葬情況與城頭山相近。由此可見，此時作為區域中心的城頭山、雞叫城、三元宮有明顯的優勢，在中心聚落或城裡生活的人地位比較高，可能是負責管理這個區域的祭司，又或者是管理市場的貴族或工商業者。

靜云老師　梓浩，你要小心使用這些概念。城裡的墓葬區最豐富，而城裡的聚落卻不一定是最富裕的，城外的聚落也會有大型房屋，但城外聚落的墓葬簡單。這是因為在城內埋葬的人未必原本生活在城內，城外也有富豪生活，像地主等貴族。重點是，因為他們是富豪，所以墓葬高級，能獲得在神廟附近埋葬的資格或財權，這是平民得不到的。

梓浩同學　喔，我沒想到這一步，謝謝老師。由於在石家河文化時期，城頭山遺址已經衰落了，所以這時雞叫城的控制範圍可能進一步向外擴展，而且圍繞雞叫城周圍的一般聚落也變得更加密集。我認為雞叫城在石家河文化時期可能成為了控制整個澧陽平原的超級中心聚落。

靜云老師　目前有一個麻煩，那就是雞叫城幾乎沒有可資利用的研究資料。實際上，不只雞叫城如此，長江中游的那些城址都十分

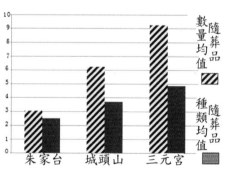

屈家嶺文化墓隨葬品統計圖表

缺乏考古發掘。所以，現在針對城址進行的考古研究，大多只是靠猜測，並無實證支撐。我們應該呼籲同行注意這些城址，在保護的同時，進行一些精細化的主動發掘。梓浩的報告挺好的，講述的問題很到位。

「雲夢澤蘇美」的後裔在哪裡？
（師生在走出迷宮的半路中）

梓浩同學 我們可以發現，到了屈家嶺文化和石家河文化時期，長江中游的城址和聚落數量驟增。尤其是石家河文化早期，大量的小型聚落突然湧現。這究竟是為什麼呢？

靜云老師 我覺得你的報告已經在很多方面回答此問題，主要原因是經濟社會的發展，導致人口快速地增長。

立新老師 我覺得可能一個方面是人口增加，而另一個方面是聚落的功能特殊化，與聚落功能的分化有關。

靜云老師 其實最核心的問題是那些聚落與城之間的關係。

立新老師 那些十分小型的村落，有的可能只是存在於交換貿易體系社會裡的聚落點，這種小的村落不是能夠完全獨立自主、自給自足的單位，它對中心聚落是有依附性的。所以它的很多功能可以簡化，例如祭祀功能、交易功能等可能都在中心區城內進行，而這些小聚落可能只是某個生產單位或者居住單

位，所以比較小。小聚落多數的功能應該是保護稻田，可能是某一家族的共同生活區。

城址廢棄並不代表人民失蹤

梓浩同學 可是到了後石家河文化時期，這些聚落的數量一下子減少了很多，城址似乎也遭到了廢棄。

立新老師 也不能說是完全廢棄，主要是很多城不再作為關鍵的中心據點。在長江中游生活的人們應該沒有消失，還是在本地繼續生活，除非大洪水導致原來一些聚落完全被淹掉了。這個時期的社會結構可能發生了很大的變化，當然目前還只是推測。原來的長江中游是一個聯城邦國的體系，那到了後石家河是不是出現了一個王國性質的結構呢？如果是這樣的話，很多城就變得不需要了，因為出現了一個大的江漢洞庭平原的王國，城與城之間就不再需要競爭了。

柏熹同學 這個幫主想自己獨攬大權，且事無具細、事必躬親，真是個像雍正帝一樣任性的漢子啊。

靜云老師 城廢棄不等於是沒人住，它只是不再作為一個城或者政治與文化的中心，但是城裡的人並沒有「飛走」。

我們要注意的是，石家河時期有高級的城址，如天門石家河，也有一般的村落文化，即比較普遍的居民文化。天門石家河城的沒落只是文化中心消

失了，鄧家灣的祭祀區沒有了，城的重要性可能降低了，但是整個石家河文化的生活方式，特別是普通居民的文化，不可能突然中斷或者消失。

梓浩同學 除非長江中游的人真的全部死光光。

靜云老師 你認為有這個可能性？那麼多人突然滅絕？世界末日來了？

梓浩同學 不太可能，但是在後石家河出現很多新的陶器，據說有外來的人群。

靜云老師 出現新的陶器風格就說有外來的人？這樣的邏輯有點好笑啊。在大溪與屈家嶺之間出現快輪和黑陶，陶器風格和陶器質地的變化都很大，但卻沒有人以為這是外來人群的因素。屈家嶺文化和石家河文化，它們之間陶器風格也有變化，但是可以明顯看出人和社會是連續的，還是那一群人的後代。詩螢正在做「後石家河的去向問題研究」，收集了一大堆資料後，發現從石家河到後石家河文化一直存續到商代（就是盤龍城文化），是有連續性的。

> 北方影響南方的「假象」

立新老師 現在大部分人都認為，是北方河南來的王灣三期文化、新砦期文化、二里頭文化等把石家河晚期的文化「吃掉」了，是不是真的呢？

靜云老師 那就好像是小狗吃掉大象了。（同學大笑）

立新老師　反過來問，北方二里頭文化是什麼時間開始的？石家河文化又是什麼時候結束的？時間上兩者是否可以接得上來呢？

靜云老師　其實我們看二里頭，它只有一個 12 萬平方公尺的城，如果那麼容易就打敗擁有 120 萬平方公尺的城的文明，那二里頭的人還真是厲害啊！我們頭腦裡預設的東西在影響我們的研究，因為先認定二里頭是夏，那夏肯定是要能掌握「九州」了。那如果二里頭只是作為二里頭，不是當做夏，我們就不會這樣看待問題了。而且重點在於：後石家河或盤龍城新出現的東西，並沒有在更早時候的北方出現，這就像黑陶一樣，是長江中游本土發明和創新的。

陶鬲製造
方式大有
玄機

梓浩同學　好像不然。在南方和北方關係中，有一個證據是鬲。一般都說鬲是北方起源的吧？如果是這樣，我們還是能看到鬲從北往南傳來。

靜云老師　你去看南方鬲和北方鬲的製造技術完全不同，所以不宜視為同一器型。我們實際上被「鬲」字誤導，大家不要只看字形，要具體看器型。

最起碼我們一眼可以看到：盤龍城所謂的「楚式鬲」是一個模子做出來的，十分容易做，也可以在短時間內大量製作形制一致的器物。這可能是量化的需求促進有這種技術的發明。而圖中後兩者需

要配幾個模子，才能作出來，製造技術與良渚和石家河袋足鬶相同，只是形狀更加簡單。所以，我覺得北方鬲實際上用了長江流域的老技術，而楚式鬲才是新發明的技術。在哪裡發明？就在楚地。什麼時候發明呢？就在後石家河與盤龍城文化之間（可謂後石家河文化的晚期階段，約距今 4000 — 3800 年間），可能相當於夏王國的時候。

麗霞同學　不少文章說楚式鬲的來源是周式鬲，之前看很多文章，我就覺得其實只是那些作者主觀地在拉兩者之間的關係，說是有演變的關係。實際上，很多邏輯是不妥的。

靜云老師　所謂「楚式鬲」，在後石家河晚期盤龍城早期已可見到，早於周上千年，怎麼能說它源自周式鬲？

石家河袋足鬶

盤龍城楚式鬲

華北袋足鬲

立新老師 目前的中國考古學研究其實有點誇大了器物傳播所導致的文化突變。因為我們在做類型學分析的時候，看考古學文化的關係，常常是從器物看出關係，然後上升到人群的關係和文化的關係，這個就是文化歷史主義的透物見人的理論邏輯。但仔細思考，這個研究範式背後的預設是有問題的。實際上，從現代的民族誌資料可知，器物風格相同並不代表兩個人群相同、兩個文化相同；反過來，器物風格不同，也不一定表示出現了不同的人群。所以，不能簡單地用陶器風格來標識人群共同體的界限。從屈家嶺文化到石家河文化的陶器雖然有一定差異，但是這兩個文化在生計模式、社會組織、精神文化等各方面的延續性都很強，所以人群變化的可能性很小。

梓浩同學 現在很多考古學家也意識到，考古學文化與實際人群對應並不合理的現狀，可能是暫時沒有找到更好的解決辦法而已。

立新老師 是的，但是通過不斷的思考和嘗試，應該可以找到更好的方法。我們上一堂課在討論屈家嶺文化定義的時候，曾初步討論到這個問題，這裡有必要再說幾句。通過陶器類型來劃分考古學文化是需要反思的。考古學文化的概念首先預設了一個

觀念，就是這個文化是一個人群共同體。但是要界定這個人群共同體時，現在卻常常只依據器物的風格形制。當然，考古學受資料的局限，很多時候我們也只能這麼去做。我們沒有辦法像人類學家那樣看到活的人群。但是，如果過分誇大器物風格的實用性則會引起嚴重後果，所以我們需要保持高度警惕。在器物風格的區分的過程中，我們不要過分誇大一些邏輯，比如文化的變異和借用。事實上，器物、文化與人群之間，並沒有絕對的一對一的關係，器物風格變異不一定引起文化變異，文化變遷不一定表明文化的主人改變了。那麼，應該如何區分考古學文化？前面已經講過，隨著研究的深入，或許可以考慮這樣一種做法，即通過文化的定義與命名，以綜合反映在特定歷史時空中的人們，在技術、生活與社會諸方面的階段性、時代性和地方性。

古老的原生文明在長江中遊；北方的次生文明比南方年輕

靜云老師 時間快到了，我來總結一下。近幾十年中國考古成果顯示：中國境內早期與晚期文明的地理關係與西亞相同，即古老的原生文明肇始於南方濕潤的亞熱帶地區，而北方（包括黃河）的次生文明則比它年輕。並且屈家嶺、石家河城址所呈現出來的聯合城邦國家網絡，是以河湖為命脈的聯城結構，類似西亞蘇美或埃及早期的歷史階段；城邦之

間的關係也應類似於早期蘇美或埃及，一方面保持一定的獨立性，另一方面城與城之間合作生產，同時每個城邦皆想爭取最大的權力。

這種以稻作農耕為基礎的聯合城邦國家，城與城之間的和平聯盟才是促進發展的條件。然而，經濟的發展造成不直接參加生產的人口增加，並引起城邦貴族彼此間對資源及政權的爭鬥。這情況亦與蘇美很類似，人們一方面瞭解聯合城邦國家的優勢，但另一方面亦因每一城的豐足，而希望擁有獨立的權力，不願讓權給中央。同時，隸屬於不同家族的貴族們，亦往往為爭奪中央的核心權力地位，而彼此互鬥。

從空間來說，稻作社會的穩定化、屬性為銅石並用文化的屈家嶺文化、中國境內最早的古城，都在湖南地區最先發祥。但在此一歷史階段中，湖南地區的文化領先地位可能便到此為止了。城頭山城因與彭頭山、湯家崗聚落結構的傳承關係，導致城頭山城過於配合農耕的需求，而較少發展古城的其它功能，即作為神權和政權中心、貿易市場、戰爭堡壘等。在這個歷史階段中，江北地區，亦即湖北地區的先民們，抓住了歷史發展的主動權，從而建設以漢北為權威的聯合城邦古國網絡。

有了城之後，周圍的聚落不需要發展一切功能，所以規模變小，並以農業為主要經濟。城裡墓葬區富裕，城外聚落的墓葬簡單，但這並不意味著城外沒有富豪生活，就像歷史時期地主貴族也會生活在城外，但是他們的墓葬應該比較高級，而且

要靠近神廟。而平民就不會靠近神廟埋葬，他們被埋在普通聚落的墓葬區內。城和其周圍幾公里的聚落構成「諾姆」，同時幾十個「諾姆」共同形成聯合城邦式的國家網絡。

兩湖地區的經濟活動和國家文明的形成、演化，是一個漫長的過程，從聚落的系統化、地區的專業化開始。早在湯家崗時代，便已逐漸出現聚落系統化、生產專業化的趨勢。因此湯家崗、大溪文化可以視為先古國文明階段。雖然，在國家形成之後，江北（湖北）地區成為主導，但在國家形成之前的湯家崗時代，以及初見古國萌芽的城頭山時期，文化最先進的地區還是江南（湖南北部地帶）。

我個人感覺這可能與自然環境有關。長江以南以澧陽平原為重心的發展空間，不及長江以北的發展空間廣大，向北發展對於稻作而言是比較有利的。但這裡有一個問題，江漢平原的東南區有雲夢澤，很不穩定，所以稻作文明在往北發展的過程中，可能需要選擇一個比較穩定的地區。因此，漢江以北成為了一個最佳選擇。其氣候的情況，水的情況都很利於稻作，與江南的差距不大，而且壟崗地形相對發達，便於治水，十分有利於文明中心的發展，同時，雲夢澤湖群為這一國家文明提供了很方便的水上交通網。至於天下第一城——城頭山城——恰好不在雲夢澤的邊上，這也自然導致它的重要性在石家河時期迅速下降了。

我個人認為，資料充分地表達早期歷史的傳說，包括堯、

舜和夏，所反映的都很符合長江中游的情況，是屈家嶺、石家河社會留下來的零散的文化記憶。但石家河之後呢？難道一切都消失不見？恐怕沒那麼容易！

環境的惡化會增加人之間的鬥爭，而綜合灌溉與防禦的治水系統，又需要全社會共同參與進行不間斷的重修與重建。在洪水來臨時，社會自然呈現混亂、內鬥，滯積的矛盾也容易爆發；社會缺乏管理、人們行動缺乏協調，自然會導致治水系統在氣候異常的情況下維護不足。我們想一想，如果幾年不修理塘壩、城廓，後果會怎樣？恐怕再堅固的城牆也會被沖毀，再發達的市場也會變窮，不能滿足原來人口密度的需求。由此，在後石家河文化時期，部分古城失去其重要性，而部分人口也慢慢向周圍不同的方向遷移。

地理環境古今大不同

俊偉同學 不好意思，老師，我想補充一下。請同學們看這張戰國時代的雲夢澤區域地圖，長江以南已開始逐漸形成洞庭湖，但江漢平原的雲夢澤還在，這是兩湖互換的時段。在更早階段，洞庭湖所在的地方是肥沃的平原，而江漢雲夢澤的湖群面積很大。此外，漢水曾經改道。你們看漢北地區城址的位置，所有的城都連著水系，這裡才是原來漢水河道的北

緣。漢水改道後，自然影響到聚落的遷移和安排，不過石家河城具體如何沒落，目前還是一個有待研究的謎題。

戰國時期雲夢澤區域地圖

詩螢同學　研究表明石家河城是在一次全新世晚期的洪水事件中沒落的，此時期的海平面達到萬年以來最高，長江中游地區氣候轉為濕冷，並因此發生了嚴重的洪災，許多石家河文化的遺址在距今四千年左右，均有遭遇洪水的跡象，也在此時發生許多遺址遭到廢棄的情況，顯示出人們因為洪水災害而遷離原居址。

靜云老師　謝謝俊偉同學和詩螢同學。不過，在這一水位高的時候，長江下游良渚文化滅絕，而長江中游的文化並沒有完全滅絕。經過複雜時段而到了盤龍城文化時代，人們重新控制了洪水。請問同學們，能夠掌握水的人是本地已有治水經驗的人們，還是某些來自北方、毫無治水經驗的外民？

麗霞同學　沒有治水經驗的人應該不會掌握江漢地區的大自然情況。

靜云老師　我也這樣認為。我們還可以觀察，在屈家嶺文化

時代，雲夢澤湖群淹沒了江漢平原，因此可知當時便於農作的地區是在雲夢澤的南、西、北三邊，東邊的農業發展條件則是不良的，因為水與山之間的平原腹地不寬。而且鄂西山地的石料很好，既堅固又美觀，還有玉料存在，恰好大溪、屈家嶺、石家河時代的聚落，主要集中分佈於鄂西臺地向江漢平原過渡區的前緣，城址則以雲夢澤的西邊和北邊最多。其中最大的石家河城位於雲夢澤北部偏西處，前臨雲夢大澤，後倚大洪山脈山前地帶。屈家嶺、石家河對鄂西山地石料的需求很高，城址地點多位於雲夢澤偏西部，反映出其對經濟稀缺資源——石料——的依賴。但到了石家河文化時期，人們開始掌握鑄造青銅工具的技術，在漫長的發展中，青銅器的重要性開始超越石器。在此經濟需求變遷的同時，可以發現文化和政權中心東移的現象：位於西邊的天門石家河政權中心衰落，而位於雲夢澤東部的盤龍城地位上升。雖然目前學界對於湖南青銅早期的研究不足，但我們亦可以從整體條件來推論，湖南應具有同類型的趨勢，即區域重心從澧陽平原東移至湘東北岳陽地區，這裡更靠近銅礦資源。

　　這問題已牽涉到從石家河文化到盤龍城文化的演變，下次請詩螢為我們作報告。

定量少而變量多 （課後感想）

詩螢同學　在努力聽課之後，總算是大致明白將統計方法用於考古數據的原理。儘管常常有學者認為統計並不能精確地計算出一個絕對的答案，但統計學的確為我們提供了可供參考的科學依據，並不是單純地數字而已，若是認為統計的答案並不精準，目前也沒有其它更科學的證據，例如針對墓葬的分析，若非經由統計的方式來整理，所給出的答案，就僅是「感覺」上的結論了。透過各種圖表，我更能清楚的瞭解統計得出的結果，但是也產生一些疑問，例如對墓葬中紡輪與石工具墓的分析，只能看出隨葬石工具與紡輪的人互有區別，至於區別之因，可能還是需要以墓葬中的其它現象的分析為輔助，若直接認為是男女之別，恐怕還是有點牽強，若能多方面的分析，肯定能使墓葬埋葬情況更為具體。

至於城頭山遺址整體城市的佈局，我也認為的確有很多不確定性，因目前城頭山遺址整體的發掘過少，我們所知只有城市的一小部分，以這一小部分的數據推測出整體的大致情況，並非易事；但若是模擬同文化的其它遺址，或者類似的文化的遺址，例如蘇美的城邦國家，可以發現和城頭山遺址有類似的發展情況，其城市佈局或許也相似，皆是城內有墓葬、坊市、作坊、神殿，城外則是農田以及一般居民居住區，因此我認為

關於城頭山遺址的佈局，可能大致上如范梓浩同學所言。

在聚落與聚落之間關係的方面，我認為透過圖表，的確讓我們瞭解，大溪文化到石家河文化呈現出人口急遽上升、聚落分佈多而廣的情況，但是若要認為可以分為數「群」來探討，則可能有些不妥。因為這是以目前調查或發掘的結果來製作的圖表，也許看似聚落較少的地區，其實只是暫未發現，因而在圖表中呈現為空白或稀疏的區域。因此我認為，若要判定一地聚落較少，或者是每個不同區域的邊界，可能還要考慮其它因素，例如要能找到各群之間較主要的聚落或城，以判定各群「獨立」與否，以及要能找出聚落稀少的原因，例如：自然條件不佳、土壤貧瘠、古河道流經，或者是本地勢力邊陲區……。如此一來，整個分析會更加具體和豐富。

這些書統計不出來（推薦閱讀）

郭偉民，《新石器時代澧陽平原與漢東地區的文化和社會》，北京：文物出版社，2010 年。

郭立新，〈墓葬情境分析與身份標識：以博羅橫嶺山墓地為例〉，《中山大學學報：社會科學版》，2006 年，第 5 期，頁 87 － 93。

布羅尼斯拉夫·馬林諾斯基著，張雲江譯，《西太平洋上的航海者》，北京：中國社會科學出版社，2009 年。

Baxter M., *Statistics in archaeolog*. Oxford University Press, 2003.

Drennan R D., *Statistics for archaeologists*. Springer, 2010.

Shennan S., *Quantifying archaeology*. University of Iowa Press, 1997.

Ripley B D., *Spatial statistics*. John Wiley & Sons, 2005.

Church T, Brandon R J, Burgett G R., *GIS applications in archaeology: method in search of theory*. Taylor and Francis: London, 2000.

第八場

從「玄鳥崇拜」談起
盤龍城文化的諸多疑點

盤龍城文化的承傳與獨特

石家河文化難道被滅亡？

立新老師 我覺得，石家河文化這種強大而又影響廣大地域的文化，不會輕易地斷絕傳承，但目前普遍的認知卻與此相反，認為石家河文化衰退滅亡，被來自北方族群的異文化所取代。從現有的考古出土資料看來，這種觀點相當難以成立。

鶴語同學 石家河不僅僅是一個「文化」，更是一個很大的國家，周圍受它影響的地方比其國家範圍更大。就像是受大唐帝國影響的地方，一定比唐朝時的國家範圍更大。

甲同學 老師，請問造成一個文化徹底滅亡的原因是什麼呢？

靜云老師 原因有很多種，有時是因為自然災害，例如氣候長期異常、乾旱、海侵、水源枯竭、疫病等等，有時則是人為原因，例如遭到外族入侵，居民遷移等等，這些事常常同時發生，也就是中國人常說的「禍不單行」。比如說，氣候惡化導致多年收成不佳，社會秩序大亂，強盜橫行；或者自然災害和兵災使得屍橫遍野，水源受到污染而爆發瘟疫；又或者兇殘暴虐的外族連年入侵，農田荒廢，人口銳減。不過文明的規模越大，越難被毀滅。原來說過古埃及文明消失，仔細研究之後發

現，並沒有消失，在古埃及文明走向沒落的同時，其文明所累積的知識、形象和觀點被後期年輕文明吸收而傳承下來。它被融化在後期文明中。楚上古文明也沒有消失，而是逐步在後期文明中融化，最終融化於漢。

梓浩同學 對，孫老師說過，基督教文明源自古埃及。

靜云老師 的確是這樣。文明的規模越大，越難被毀滅，除非發生持續百年以上的災變，才可能使這個文明最終步向毀滅。但還是要分析實際資料，有沒有災禍的痕跡？災禍持續多久？是否有多種災害？當然，如果是大海侵或海嘯，這誰都沒有辦法。但甚至在這種情況下，如果曾經有很成熟的文化，他還是會留下痕跡。石家河當然也沒有被海嘯淹沒。

其實為了評估文化毀滅的情況，關鍵的問題是要瞭解：災禍有多重，持續了多久，中間有沒有間歇期，如果有緩歇，哪怕老一代人死亡率過高，新一代還是會出生，而重新發展起來。其實從資料來看，看不出石家河晚期數次發生的水災嚴重到這個程度。有些聚落可能被淹沒，有些城牆和灌溉設施被沖壞，但並沒有嚴重到人們死光、全都衰亡的程度。

甲同學 那麼為什麼很多考古學家都認為石家河文化衰亡了呢？如果分析考古出土資料即可推翻，怎麼之前都沒人發現？

立新老師 這跟考古的發現史有關。我們前面也討論過，考古研究存在較為嚴重的路徑依賴，一部考古認知史首先就是一

部考古發現史，研究者習慣用先發現的去定義後發現的，用既有認識去定義和引導新認識。由於某些地區較早發掘和研究，因此逐漸產生了某些地區即是某文化發源地的「錯覺」，即使之後發現其它地區也有著面貌相近的考古學文化，但由於該文化的發源地已成定論，所以自然地認為該文化從發源地「傳播」到其它地區，才會出現各地有著同一文化的情況。然而考古是一個不斷有新發現的學科，隨著考古的進展，很可能會「推翻」過往所謂的定論。因此，理所當然，應該重新對過去的研究進行整理與反思。但事實上，很少有學者會摒除既有認知、重新梳理各地資料，大多數人傾向抱持舊有定論，站在原有立場上，去分析、定位和框限新資料及其認識。舊看法經常被人們認為是知識的「前提」與「基礎」，因此不易拋棄，而且兩千多年來的意識形態告訴我們中國是黃河文明，既然這樣，便會衍生出「五帝和夏商的歷史應該都是在黃河流域才對」、「因為商傳承了很多石家河文化的因素，那它一定是從北方傳來，是它把石家河毀滅，並吸收了這個地區的文化」這類的推論。我原來也是這樣認為，但整理資料後發現情況正好相反。「大禹治水」的故事就是在描述長江中游的人們克服洪水的事實，因此夏王國所代表的就是石家河文化的晚期階段，而商文明應是在石家河文明的基礎上發展起來的，傳承自石家河。石家河文化晚期雖然遭遇了洪水期，可能有過一陣子混亂，如文獻所載、考古資料所示，山地的三苗下到平地建立統

治，但是該文化並沒有滅亡，也沒有遭受遠方異族文化的侵略。傳說中，大禹治水最後成功，這個故事既然能夠廣為流傳，說明這個文明對後世的影響力很大，不只沒有滅亡，而且從夏王國起開始轉變、形成新的商王國文化。這部分我們請詩螢同學從考古資料來介紹這段歷史吧！

論證盤龍城文化傳承自石家河文化

盤龍城文化的登場

詩螢同學 老師、同學們，大家好。因為我們研究的核心地區是湖南，所以接下來我為大家介紹湖南地區的「盤龍城文化」。不過我想大家應該很好奇「盤龍城文化」是什麼？好像從來沒有聽說過。其實盤龍城文化就是繼承石家河文化而來的文化，就像是石家河繼承屈家嶺文化一樣，石家河文化並未斷絕，而是被本土發展的盤龍城文化所傳承。

甲同學 為什麼認為石家河文化沒有斷絕呢？文化有可能衰亡，不是嗎？

詩螢同學 你說的沒錯，文化有可能斷絕，所以要觀察其文化因素是否被傳承下去。

甲同學 文化因素具體是指什麼呢？

詩螢同學 基本上是從考古所能發現的一切代表這

個文化的特徵和事物，除了最基本的遺跡遺物之外，更高層次的工藝技術、生計方式、社會結構、信仰觀念、禮儀制度都包含在內。基本上，比較石家河文化和盤龍城文化，我們可知其器型和紋飾很多都相似，這即代表著彼此的傳承關係。例如陶器器型，鼎、尊、豆、大口缸、斝等，我們都可以看到從石家河傳承到盤龍城的清晰痕跡。

甲同學 一直以來都以為斝、尊是北方中原的器物，想不到其實在石家河文化中已經出現了。

詩螢同學 是呀！也有人認為盤龍城的鼎和豆是北方南傳的器物，但其實這也是石家河文化的固有因素之一！「北方中原」這個說法並不準確。我們前面已經說過，當時真正的中原是以江漢平原為中心的江河中原。所謂「北方中原」的鄭洛地區，也只是江河中原北界的一小部分。所以鼎、豆、斝、尊並非「北方」器物，事實上它們屬於同一文化。過度強調「北來」即是中原中心想法作祟，事實上很多因素是源於所謂「南方的」石家河文化！

立新老師 這裡我要說一下考古常用的「文化因素分析法」。這個方法用得對不對，有一個前提是要準確判斷不同文化因素的性質。實際上，這種判斷經常存在前面我提過的路徑依賴，比如，習慣性地也是想當然地把鼎、豆、斝、尊等當成「北方」的器物，而無視它們都是首先出現在盤龍城的事實。如果帶著這種偏見和認識去分析後石家河文化和盤龍城文化，自然

器型	石家河文化	盤龍城文化	器型	石家河文化	盤龍城文化
罐形鼎	肖家屋脊 （H538:11）	盤龍城 （PWZT67⑦:11）	尊	肖家屋脊 （H497:127）	盤龍城 （PYWT23④:5）
細柄豆	肖家屋脊 （H538:15）	盤龍城 （PWZT20⑨:3）	大口缸	肖家屋脊 （AT205③:8）	盤龍城 （PWZT32⑨:9）
盤形豆	肖家屋脊 （H68:48）	盤龍城 （PWZT20⑦:6）	斝	肖家屋脊 （T2⑤c:6）	盤龍城 （PWZT25⑧:15）

石家河文化和盤龍城文化陶器器型和紋飾比較

陶器紋飾	石家河文化	盤龍城文化
方格紋	肖家屋脊 （H254）	盤龍城 （PWZT30⑦）
葉脈紋	肖家屋脊 （H254）	盤龍城 （PWZT66⑧）
附加堆紋	肖家屋脊 （H166）	盤龍城 （PWZT66⑧）
席紋	肖家屋脊 （H42①）	盤龍城 （PWZT25⑦）

就會得出後石家河文化、盤龍城文化不是本地傳承發展，而是北方影響下發展起來的結論。

甲同學　這些紋飾中，方格紋的製作其實很簡單吧？以此來說明傳承是否不足？

詩螢同學　是呀，但是從我所列的表中可知，不只是方格紋相似，所列的多種紋飾都有相似的情況。紋飾中比較明顯看出傳承關係的是附加堆紋，大家如果熟悉長江中游的器物就都知道，這種紋飾在長江中游相當常見，而且都出現在重要的禮器上；至於葉脈紋，有學者指出是外來因素，但是其實早已出現於石家河文化。

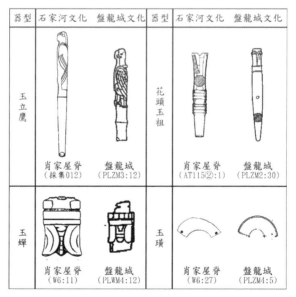

石家河文化與盤龍城文化玉器比較

梓浩同學 但是只憑陶器就說明兩者有傳承關係，似乎並不全面？

詩螢同學 是的，還有其它的例子說明他們的傳承關係。例如玉器。

甲同學 可是玉器可以保存很久，也許是後來的人們收藏的「古董」呀！

梓浩同學 是啊，一些拍賣中的古董，以前曾經是皇室的東西，但現在只要有錢就可以弄到手了。

詩螢同學 沒錯，是有這樣的情況。但是這些玉器中，有些是用來表明身份的，例如玉鷹，在石家河與盤龍城中，都是高等級貴族才可以持有的東西。如果只是單純作為收藏，而不懂內在價值，那就不需分等級貴賤，大家都可以擁有。但玉鷹在盤龍城中既然成為能夠代表高等級貴族的象徵、平民不可擁有，這應該表明盤龍城確實傳承了石家河文化的概念。另外，很多同類的玉器，明顯不是「古董收藏」，而在盤龍城時期繼續製造，所以器型也慢慢有些變化，但仍明顯可以看出其變化的軌跡。（2015 年石家河城址發現的玉器已掃除所有的疑問）。

乙同學 你怎麼知道玉鷹是高等級貴族才有資格擁有啊？也許是因為好東西都給高等級貴族拿走了呢！

詩螢同學 這種玉鷹，即使是同屬於盤龍城文化的遺址也少見，大多出於高等級墓葬，此外還有陶鷹，可能是作為玉鷹的

替代品，是較低階貴族的象徵，可見不是尋常之物。（按：
2015年靜云和立新兩位老師安排類似的考古資料閱讀及田野
考察課程，兩校研究生去過江西和鄂東南地區。當時在鄂東南
後石家河、盤龍城文化大陸鋪遺址以及在贛西北盤龍城文化蕎
麥嶺遺址，都發現了與石家河、盤龍城玉立鷹相同的陶立鷹；
吳城遺址曾經也有出土過陶立鷹。由此可知，立鷹偶像從石家
河文化晚期以來，被盤龍城繼承，且在幕阜山脈地區特別流
行，所以在大陸鋪遺址陶立鷹的數量特別多：從此又傳到江
西，即從盤龍城文化的湯商國家影響到吳城文化的虎國。靜云
老師在《天神與天地之道》一書提出，認為幕阜山銅礦區是湯
商文化主要的發祥地，玉質、陶質的立鷹，應該都是湯商貴族
崇拜玄鳥的偶像。）

乙同學　　那也可以說是因為古董的價值而仿冒製造陶鷹
啊？像現在，坊間有許多仿古的青銅器。

詩螢同學　　若只因為古董的美觀價值，正如仿古青銅器，他
們也可以弄來玉料，做
成仿造的玉鷹呀！但是
卻沒有，因為玉鷹有著
身份象徵意義，不可隨
意製造，而只能以陶代
替，這也反映了他們嚴
守階級的區別。

商代禮器通用的夔紋在石家河出土的玉器上

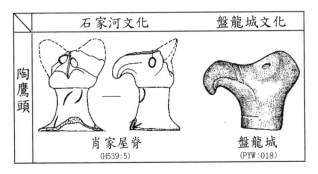

▲石家河與盤龍城的陶鷹（摘自《夏商周：從神話到史實》）

▲陶立鷹：從左到右分別是大路鋪出土、蕎麥嶺出土、吳城出土

乙同學 說的也是，如果對他們來說沒有意義，那就可以隨意製造，像我們現在可以隨意製造青銅器一樣，但在西周時期，誰敢隨便製造青銅器？就連金屬都是王賜予的稀有資源呢！

詩螢同學 是呀。除了器物之外，盤龍城文化在墓葬、建築等方面，都傳承石家河文化。盤龍城的墓葬都是豎穴土坑墓，頭朝北居多，此外二層台墓和腰坑墓源於屈家嶺文化，石家河

文化將這些葬俗繼承下來，後來在盤龍城文化也有出現。而建築方面，仍是以方形結構為主，牆基厚實，以木骨泥牆的方式建成，地面鋪以紅燒土，重要的建築則會另建夯土台基。長江中游地區在大溪文化時期已經大致形成完整的建築型式，夯土台基甚至可以追溯到彭頭山文化。

乙同學 　　建築相似就能算是有傳承關係嗎？外來的人雇用本地的建築工，不是也有相同的結果？石家河文化與盤龍城文化墓葬與宮殿建築比較

詩螢同學 　　那麼建築工的技術總要有個學習的源頭，如果本地文化早已滅亡，建築工又該師承何人？至少可知本地文化並未消亡。況且目前考古資料尚未發現當時長江中游有戰爭和被征服的痕跡。盤龍城所發現的戰爭和被征服的因素，是在最晚的六期和七期之間，這正值殷商的武丁時代。文獻記載了「武丁滅楚」，也就是盤龍城文化的毀滅，因此可推論，武丁之前的五帝、夏商，都是楚文明的歷史。

甲同學 　　學姐你說得太好了！

詩螢同學 　　因為目前所見的資料，可知歷史較可能是如此，而不是「嵩山文明論」。如果所有的資料都那麼吻合，都在表達同樣的史實，為何不聽資料所說的話？

乙同學 　　也許只是建築的技術保存下來而已。

詩螢同學 　　我並不是只說建築這一個證據而已，前面也已經提出陶器、玉器、墓葬這些佐證。而且宮殿是重要的建築呀！

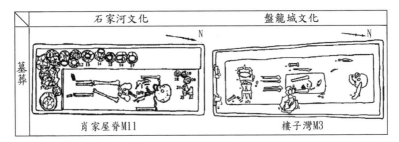

石家河文化與盤龍城文化墓葬比較

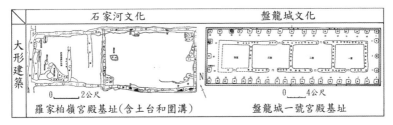

石家河文化與盤龍城文化大型建築比較

不可能任意興建。即使平民居房可能因地制宜，宮殿難道也能輕率了事嗎？

> **梓浩同學** 就是說那時的皇宮已經依照風水建築了嗎？哈哈哈。

> **詩螢同學** 沒錯，有類似的意思，這要看你怎麼理解「風水」的含義。當時的宮殿不只是王的居所，也是國家中最重要的祭祀場所，所以怎麼會隨意找當地的工匠建築呢？況且「夯土台基」在長江中游地區一向用於重要建築，盤龍城的宮殿也有類似設計，如果不是觀念傳承下來，怎麼會知道用夯土台基來建築宮殿呢？

柏熹同學 不過住所的建築，還是和氣候有點關係，總得以住得舒服為主吧？

詩螢同學 是的，不過即使外來者因地制宜，建築神廟的宮殿，但因為信仰的緣故，還是會稍有自己的特色，而不會完全按照本地的方式建造。就像我們現在很難看到建得像佛寺的教堂吧？這和信仰有關係。

乙同學 剛才說到腰坑墓，我的印象中，腰坑墓應該是商文化的重要表現之一吧？

詩螢同學 沒錯，而盤龍城就是商的中央區和發源地。

盤龍城就是商的中央區和發源地

靜云老師 「商文化」這種表達，本身就有問題。你剛才說的「商文化」，其實是指「殷商文化」吧，也就是專指以安陽殷墟為中心的文化。

乙同學 不是的，還包括殷商之前的二里頭文化、二里崗文化，它們不也是「夏商文化」嗎？

靜云老師 殷商文化和所謂的二里頭文化、二里崗文化並不是一脈傳承的文化。

乙同學 是嗎？！

靜云老師 盤龍城遺址呈現的文化因素和二里頭文化、二里崗文化基本相同，只有早晚關係，你認為如何？

乙同學 那應該是二里頭文化、二里崗文化影響

了盤龍城文化吧？

詩螢同學 你的想法就是立新老師剛才提過的問題：石家河文化遭到外來者入侵的觀點存在疑問。你為什麼覺得一定是二里頭文化、二里崗文化影響了盤龍城文化，而不是相反呢？

乙同學 因為二里頭文化、二里崗文化很強大啊，他們就是夏和商。那這就符合異文化入侵的特點。

詩螢同學 那你憑什麼認為二里頭、二里崗是夏商？憑什麼認為他們很強？

乙同學 難道不是這樣嗎？

詩螢同學 你見過多少二里頭、二里崗的兵器？

乙同學 我不知道……

詩螢同學 其實很少，所有東西也比不過盤龍城。如果二里頭、二里崗是中央而盤龍城是邊緣，那這種「中央」太窮太弱，「邊緣」卻太富強了！

甲同學 如果是和二里頭文化、二里崗文化內涵相同的話，那盤龍城不就是屬於二里頭文化、二里崗文化了嗎？為什麼要獨立成一個文化呢？

立新老師 這麼做，就是為了不引起大家的誤解，以為商文化從鄭洛地區發展起來。事實上，你們的想法已顯示，你們有了對二里頭文化、二里崗文化的既定印象，認定了以二里頭，二里崗為中心，之後其它新發現的遺址，都認為是從「中心」傳來的。

甲同學　老師覺得對中心的認識是能夠改變的？

立新老師　當然可以變。前面我就說過，考古首先是一個依靠發現來確定自己認識的學科。考古學家認定的文化中心，往往跟考古發現和認識史有關。考古發現有隨機性，隨著考古發掘的進一步開展，原有的認識就有可能需要改變。早期的發現是不是剛好代表這個文化的中心？這種可能性存在，但只能說是巧合，是歷史的偶然性。越到後期，考古資料越多越全面，才越有可能判斷出這個文化的中心區在哪裡。

乙同學　可是這樣不就沒有定論了嗎？

> 歷史只有史料，沒有定論

靜云老師　定論？科學研究哪裡有那麼多定論？特別是在資料還少的時候，就根本不應該有定論。使用現有的所有資料來研究，當然會得到與目前的知識和資料相應的結果；如果之後有新發現，就應該改變原有的觀點，這沒有什麼可奇怪的。科學認識也好，歷史復原研究也好，都是一種歷史過程。無論在什麼情況下，我們唯一需要尊重的就是一手的資料和證據。所以，當新的資料表明，二里頭、二里崗和盤龍城等遺址都呈現出同樣的文化內容、屬於同一個大的文化圈，那麼，我們應該放棄既定中心的說法，綜合所有資料和證據，重新思考這個文

化圈的中心到底在哪裡。當然，在重新思考的過程中，除了從資料出發外，我們還需要看到資料被解讀、運用背後的情況，以及文化發展淵源問題。鄭洛地區在二里頭遺址出現之前是相當貧窮的地方，而長江中游一向是富裕繁榮的地方，盤龍城的大部分因素，見於長江中游的石家河，而不是鄭洛地區所謂王灣三期、新砦之類。其實仔細來看，所謂王灣三期文化就是豫中南地區的人們受到石家河文化影響的成果。文化的傳承怎麼可能先從石家河傳到幾百公里遠的二里頭，然後再傳回到石家河故地的盤龍城？如果說後起的盤龍城比二里頭晚很多，那還有可能；但問題是，盤龍城二期和二里頭一期幾乎是同時興起。跟二里頭相比，盤龍城二期之前還有一期文化層，文化發展成熟的年代應該更早。盤龍城順天時、得地利、具人和，理應是石家河文明的直接傳人。

我這裡有一盒餅乾，大家一起吃吧？誰先拿？坐在我旁邊的范梓浩或者坐在最遠的趙柏熹？

柏熹同學 好東西總是梓浩先拿，他總是坐在前面！傳到我這裡就一片餅乾都沒了（生氣）……

梓浩同學 （笑著拿餅乾）所以嘛，盤龍城是近水樓臺先得月哦。

徐堅老師 不要太欺負柏熹，留給他一點，大家都來分一分吧。

（同學們休息一會，邊吃點心邊聊著）

盤龍城青
銅技術發
源在地

甲同學　（嘴裡還咀嚼著餅乾）但是二里頭不是率先掌握了青銅器嗎？掌握新技術而成為新中心，不是很自然的事情嗎？

詩螢同學　這些問題其實是可以一起說明的。首先二里頭為什麼能最早掌握青銅技術？他們怎麼知道金屬礦料？難道二里頭附近有豐富的銅礦？

甲同學　因為他們先接觸到其它青銅文化吧，例如北方草原地帶與河西走廊地區。

靜云老師　河西走廊地區學習米努辛斯克盆地的冶煉技術是很有可能的。但情況應該比較晚，大概距今 4000 年左右。那時候其它地方已經進入青銅時代，發展出成熟的技術了。鄭洛地區則更晚，而且離河西走廊比離盤龍城更遠，它們之間應該沒有直接的來往。

甲同學　我慢慢才發現，我們原來的知識就像這張鴨子守家護院的圖一樣，還是要排到位。（大家笑）

靜云老師　煉銅需要銅礦，還要掌握高溫技術。所以，率先自行發展出青銅技術的地方，一定是有著製作青銅所需的礦產，同時具備高超製陶技術的地方。在長江流域的湖北大冶、江西瑞昌一帶，是礦藏富足的銅礦帶；加上屈家嶺文化時，製陶技術就

已經十分發達，結合這兩點，很有可能發現銅。

梓浩同學 為什麼製陶技術和能夠認識「銅」有關呢？

靜云老師 銅的熔點高達攝氏 1084 度。即使人們居住在臨近銅礦的地方，但如果沒有掌握高溫技術，就煉不出銅。如果不能熔化出銅液的話，銅礦對他們來說，還是無法利用的石塊而已。所以，最早煉銅的人，一定已經掌握了高溫的技術。在那個時代，人們之所以掌握高溫技術，和製陶有很大關係，不是嗎？

梓浩同學 但即使如此，他們為什麼要把銅礦放到陶窯裡燒啊？

靜云老師 當時製陶時，為了追求製陶技術的進步，陶工經常進行改良實驗，在陶土中加入各種不同的摻和料，很可能在其中加入銅礦砂。其實，這問題還涉及到周圍銅礦的性質，實際上只有孔雀石銅礦才利於早期的冶煉，因為從孔雀石獲得銅的相對容易一些。古埃及和長江中游的銅礦恰好是孔雀

「文明起源中原說」就
像魚兒上樹、鴨子守家

石。大溪晚期、屈家嶺時期的陶工已經滿足必要的技術條件，能從孔雀石獲得銅。

梓浩同學　現代煉銅業很少用孔雀石。為什麼用孔雀石比較容易？

靜云老師　這問題說起來要很久，我跟詩螢已經寫了〈中國青銅技術起源于長江中游〉的文章，如果感興趣請從中國知網下載。

柏熹同學　目前在考古遺址中發現的銅礦石，最早大概可以追溯到什麼時候啊？

詩螢同學　距今 5500 年左右，在油子嶺文化早期已經發現了。

梓浩同學　這非常早喔！比華北早得多！

鶴語同學　這應該和蚩尤的故事相關吧？傳說的年代和油子嶺也差不多，或許蚩尤的故事就發生在這裡。《管子》有記載：蚩尤作兵，他們受盧山之銅而作劍、鎧、矛、戟⋯⋯

詩螢同學　這個我就不太清楚了，蚩尤只是神話吧⋯⋯

靜云老師　神話不能直接當成史實，但這是古人留下的某一文化記憶，到戰國、漢代時，這些原先口傳的神話被記載下來，已經涵蓋和混合很多不同時空的理解和記憶。當然，其中可能也含有源自

漢畫蚩尤造型

長江中游發現銅的記憶，但是傳說和史實有差異！首先，長江中游的銅器不以兵器為主，最早出現的是工具，後來再發展出禮儀作用的大型容器，這是本地特點。在北方，直到西周時期，青銅工具還是不多，南方因不缺銅，技術也發達，青銅工具一直被廣泛使用。

乙同學　南方有發現早期銅器嗎？印象中好像都是北方。

靜云老師　屈家嶺文化應該有紅銅器，但目前很少有正式公佈，因為意識形態的框限，認為這是「新石器時代」，所以不允許發現銅，但確實曾發現過。石家河文化則是確切發現小型青銅器，如石家河城中的鄧家灣和附近的羅家柏嶺都曾有發現，時間上和北方發現小型紅銅、青銅器的時間相差不多。由於銅礦來源的關係，北方很可能是接受外來的器物或者技術，而石家河文化所發現的器物應該是本地自行研究發明的產物。

乙同學　我感覺還是證據不足，還有其它證據嗎？

詩螢同學　有距今 5500 年的銅礦採集的資料、有大概距今 5000 年的紅銅器，和約距今 4500 年的青銅器，這證據怎麼會不足呢？二里頭在距今 3700 年之後才有小型銅器，難道就證據充足？而且針對石家河與盤龍城青銅技術的傳承關係，還有其他方面的證據可以做補證。例如說，大口缸、硬陶，還有範鑄法。

首先說大口缸吧！厚胎大口缸的造型呈尖底、口大，底部外突，無法直立，因而具有顯著特色。經過研究，發現這種陶

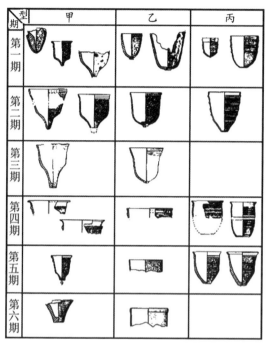

盤龍城文化用於熔化銅液坩鍋分型分期表
（摘自《考古》2005 年第 7 期）

缸可以用於熔化銅液，並進行澆鑄，這即是坩鍋的用途（圖中甲、乙、丙型陶缸）。而這種陶缸在各地都出現不多，唯獨大量出現於長江中游，是長江中游既有的器物。缸在石家河文化時突然被重視，祭祀用的陶缸特別厚實，完全可以作為坩鍋使用。特意將厚壁陶缸用於祭祀，這與陶缸能夠在鑄銅環節中起到作用應該是有密切關聯的。

甲同學　可是你不是說「江河中原」均屬同一文化嗎？為

什麼北方鄭洛地區少製作缸呢？

詩螢同學　同一文化也有中心區域和邊緣區域。北方也有缸，甚至還作為禮器，以表重視，只是造型通常難以作為坩鍋來用，很可能是因為不清楚缸作為坩鍋的用途和製法，自然也就難以理解南方人重視缸的原因，所以他們較少做缸了。這一點也說明了北方不懂南方的鑄銅技術。

梓浩同學　那這麼說來，這種以缸為坩鍋的鑄銅技術並沒有廣泛傳播，而是僅局限於長江中游地區，鄭洛地區的人可能仍不理解這種技術。

詩螢同學　這一技術在當時是較為先進的技術，自然不會刻意廣傳，以保障自身在技術上的優越。北方殷墟時期出現一種叫「將軍盔」的坩鍋，應是基於陶缸為坩鍋的技術而來。可見這種技術隨著時間的推移，逐步傳向了北方，不過「將軍盔」仍只出現於能製造青銅器的少數幾個國家，因為它只是為了鑄造青銅器而燒製。技術的發展通常建立在原有事物的基礎上，大口缸是這樣，硬陶也是這樣。

梓浩同學　我補充一點，印紋硬陶就是瓷器的前身，硬陶與鑄銅技術有關，因為能燒成硬陶的溫度和能夠鑄造銅器的溫度相近，都是千度以上高溫。我看過相關文章表示，硬陶原是用於製造坩鍋和陶

神紋硬陶與應用陶範的冶煉技術

範的原料，所以能夠鑄造青銅器，也就會燒製硬陶。

硬陶的確與鑄銅技術有關，但並非用於製造坩鍋和陶範，我比較傾向於認為硬陶是鑄銅技術研發過程中的副產品。在煉銅的過程中，煉爐自然瓷化而成為夾砂硬陶，此乃硬陶和原始瓷器技術的濫觴。同學們應該瞭解，燒陶的窯壁和製陶的原料都是土，燒陶的人會發現一般的粘土在高溫下會融化，所以進行高溫燒製時，需要尋找一種耐高溫的土，反覆的試驗下，人們發現將瓷石與陶土混合後，能耐高溫。於是把這種混合的土作為煉爐或坩鍋的內部，在高溫作用下會自然出現瓷化現象。瓷化現象所造成的堅硬且有金屬感，逐漸被人們認識及欣賞，進而嘗試用這種土製做高溫陶器，燒出來的即是硬陶，開始被用作寶貴的禮器以及高級貴族的用具。目前發現的年代最早的硬陶是在鄂東南後石家河文化偏早階段，距今4200年左右。而這個地區恰好也是早期煉銅的關鍵區域，其煉銅遺跡甚至比硬陶出現的時代還要早一些。

詩螢同學 嗯，硬陶剛出現時，也是一種很難得的高技術產品。所以，我們現在看到的早期硬陶器，大多數不是用作實用器，應是作為禮器使用。

靜云老師 我給大家講一個

大路鋪遺址出土的神紋硬陶

故事。差不多十年前，我那時候仍認為夏、商的源頭在河南，所以我去河南二里頭、鄭州找出土的帶神紋禮器。到了二里頭工地，感覺上沒有我想找的東西，都是普普通通的灰色陶器。突然仰頭，在最高處看到一件與其他器物毫不相似的大簋，就像看到外星人一樣突兀，它帶神紋，陶質、陶色都不同，明顯不是本土製造。工地裡的人也都說這是從長江流域進來的硬陶。超級美，就是它。

梓浩同學 老師，我這樣理解，對麼？一般的陶器無法耐受硬陶能承受的高溫，所以最初追求高溫的理由，應該不是因為已經掌握製作硬陶的技術，而是因為對銅有強烈的需求，所以追求掌握穩定可控的高溫，正是在不斷進行的高溫試驗中發現並製作硬陶器。其實合金的熔點偏低，因此陶範和坩鍋不需要耐受過高的溫度，合金熔點大概 800 度左右而已。

詩螢同學 是的，陶範和坩鍋多數只是夾砂和石英的黏土。不過目前南方的陶範發現的較少，多在北方二里崗、殷墟發現。

乙同學 等等，如果陶範多在北方出現，不是和南方為青銅技術起源的說法背道而馳嗎？

詩螢同學 沒有。我在盤龍

二里頭遺址出土的神紋硬陶簋

城與石家河遺址發掘時，經常看到地層中出現一些已軟爛如泥的陶缸，難以取出或復原，即使能夠取出，通常其邊角也磨損嚴重。包括美麗的印紋硬陶，在土中看到痕跡但取不出東西。陶範保存情況比陶缸更差，而且陶範上的刻紋也多有殘損，難以被人們發現和注意，這和南方高溫多濕的氣候環境有關。盤龍城、三星堆、吳城文化的情況都一樣。然而其青銅器具有當地色彩，不可能是外地製造，也確實是由陶範鑄造的；此外，盤龍城遺址出土青銅器中的泥芯，經檢測也屬於當地的泥土，這些都顯示出盤龍城的確可製造陶範與青銅器。結合前面靜云老師講的硬陶發明的過程，從中可以推知，當時進行著鑄造大型青銅器的研究和反覆實驗。人們一開始可能用石範來鑄器，後來發現適應性更好的陶範。但是盤龍城陶範技術屬於較原始的摸索階段，未必像後來的陶範那麼規整和好辨認，所以在發掘時很容易被忽略。相反，二里崗和殷墟遺址出土的陶範，其時代較盤龍城晚，也具有清晰可辨的特徵，說明其陶範技術已處於穩定和成熟階段。

有很多人認為中國的青銅技術來自西亞，經西北和北方傳入南方。按照這個邏輯，使用陶範的塊範鑄造法也應該是自西方傳入的技術。奇怪的是，西亞卻沒有塊範法。塊範法是中國獨有的創造，是世界其它地區沒有的技術，這表示，中國應該至少有一個獨立的煉銅技術起源地。目前所有證據，都將這個起源地指向長江中游，特別是鄂東南礦區，塊範法技術是從這

裡出發擴散到其他地區的。

甲同學　　北方接受外來的冶銅技術，再自行研發和創造塊範鑄造技術，這樣不也可以嗎？

詩螢同學　　通常如果接受外傳，則只會直接使用外傳技術，或者使用很久之後才改良，創新並不是那麼容易和快速的事情。當代也有像是「山寨產品」這種例子，只學習卻不創新，這不也是常有的事嗎？

梓浩同學　　說的也是，後來傳入失蠟法時，中國也沒有因此研發出獨特的技術，而只是學習和模仿。

詩螢同學　　是呀，所以說，使用陶範製造青銅容器的這種想法，更可能是來自於製陶技術更加高明的南方，而不是北方。塊範法應是由南方首先創造的獨特技術。此外，鄭州出土銅器的化學鑒定也表明其來自長江中游，有很詳細的化學分析，這沒什麼問題！

鈺珊同學　　還有化學？學姐真是太厲害了！我不太會化學。怎麼辦？

立新老師　　不要急，歷史中有很多不需要用化學或統計學方法來分析的問題。

甲同學　　我反而喜歡化學，在初中時做了很多實驗。哈哈。

乙同學　　我聽過這樣的解釋：鄭州的人來到盤龍城，並以盤龍城作為據點，是為了掌握並開採鄂東

> 鄭洛古城遠弱於、也略晚於盤龍城

南的銅礦。

詩螢同學　但是鄭州在本地沒有銅礦，不知道銅礦是什麼，他們可不像現代人有電視和網絡啊，甚至還不知道青銅技術。

梓浩同學　他們也許占卜？哈哈。

（同學大笑）

詩螢同學　梓浩，你讓我笑到沒辦法繼續說了！（忍笑）而且假如武漢的人們已經用了一千多年的銅，他們為什麼要讓鄭州人隨便用當地資源？鄭州人很強？武器很多？

梓浩同學　他們的巫師很厲害，可以使妖術讓武漢的人聽話！

柏熹同學　梓浩！

梓浩同學　我……

詩螢同學　鄭洛地區沒有強大的軍隊，在武丁之前長江中游也沒有發現被攻擊的痕跡，況且盤龍城的文化源於本地，不是從鄭洛那邊過來的，所以我還是認為北方的人不可能來採銅。

如果說盤龍城的出現代表外地人過來採銅，那麼就應該只有在銅礦區及附近交通線上才出現盤龍城文化。可是實際上，這種文化不僅在鄂東南有，鄂西也有，湖南也有，這些地方是沒有銅礦的。所以外人來採銅的說法，實在解釋不通。盤龍城就是長江中游本地的文明，湯商國家的發祥地和中心都在這裡。

甲同學 可是青銅容器發現的數量不是北方居多嗎？

詩螢同學 看是什麼時代吧，如果是二里頭、二里崗、盤龍城時代的話，目前出土青銅器數量最多的地方是盤龍城，而這正是鑄造青銅容器技術初興的時候，盤龍城的青銅容器器型也最為豐富。

立新老師 盤龍城出土的青銅器，總數已超過 400 件（不含近幾年的發掘，目前可能已近 500 件了），大部分是大型容器。此外，上海博物院、北京故宮，還有世界各地博物館收藏的一些所謂「夏代和早中商的青銅器」，其實很可能源於盤龍城。二里頭迄今發掘出土銅器 104 件，其中有一半多是小型的刀、鏃等兵器和工具，稍大的銅容器只有 18 件。河南境內所謂早商銅器，加起來大約 150 餘件。相對來說，早商時期遺址的發掘程度，河南遠比湖北高，按道理來說，河南的早商銅器應比湖北多，可實際上不是這樣。所以，甲同學剛才的說法不準確，但這種說法卻很流行，值得反思。

詩螢同學 其實，盤龍城有很大一部分難以發掘，因為早已被盤龍湖淹沒，或者被武漢郊區的高樓佔據了。盤龍湖裡確實

還有一些遺跡，聽當地人說在早前，農民在盤龍湖邊放養鴨子，因為鴨子很喜歡亮亮的東西，所以經常在湖裡銜了玉器帶回窩，那些玉器很可能是墓葬或祭祀遺跡被湖水破壞後露出的。所以現在盤龍湖邊不准養鴨子了。

鈺珊同學 鴨子找到的玉器，我們是看不到了！好可惜！

甲同學 以前對盤龍城遺址不熟悉，今天聽你報告後，還真是長了見識。

詩螢同學 目前在盤龍城遺址發現的一些遺跡現象，已可證明盤龍城的重要性遠高於目前被視為中心的北方二里頭、二里崗諸城。比方說盤龍城擁有面積約至少 250 萬平方公尺的大城，可能在城外更大的範圍內，還有同時代的其他遺址。只是它們要麼在水下，要麼在市區，難以發掘，剩下的部分也發掘不多。即使如此，仍創造了多項同時代的紀錄，如：最大的陶窯、最大的熔銅遺跡、最大的出土銅器，以及最多的貴族墓葬。鄭洛地區的城，要麼小，要麼時代偏晚一些。所以我才會認為：盤龍城是那時候最大國家的核心地區。也就是，那時候最大的國家應該叫做商，而商的中央恰恰就在現在中國的地理中心，也就是武漢。

立新老師 剛才詩螢說到鄭洛地區的城偏晚，我補充一下。張雪蓮

鴨子從水下找到盤龍城玉器

先生等人根據碳十四數據，得出二里頭一期年代約為西元前1735—前1720年，二里頭四期年代約為西元前1565—前1530年，鄭州城大約建於西元前1500年前後。

我對照盤龍城的碳十四數據，做了一些比對分析，大致可以說，盤龍城二期大體相當於二里頭二期前後，上限或可早至二里頭一期末，下限或晚至二里頭三期偏早階段，絕對年代約在西元前十八世紀末至西元前十七世紀下半葉。大體上，盤龍城三、四期相當於二里頭三、四期至二里岡下層一期，絕對年代大約為西元前十七世紀下半葉至西元前十五世紀早期。盤龍城五期大體相當於二里岡下層二期，絕對年代約為西元前十五世紀中期。盤龍城六期大體相當於二里岡上層和殷墟一期，其絕對年代為西元前十五世紀晚期至西元前十四世紀。盤龍城七期器物風格與殷墟二期相似，可以將其視為殷商文明大體系在江漢地區的遺跡，絕對年代大約從西元前十三世紀初起。從文化屬性來說，盤龍城二至六期都屬於盤龍城文化，絕對年代從西元前十八世紀至西元前十四世紀；盤龍城第七期則屬於殷商文化。也就是說，在鄭州城修建的時候，盤龍城已進入第五期，且已經有非常發達和成熟的青銅文化了。

俊偉同學　陶窯比較大，是不是因為各地區專業分工？或許只能代表盤龍城是主要的陶器生產地之一。

詩螢同學　可是盤龍城的陶窯代表了當時的新技術——龍窯。這種長形窯可以提升更高的燒製溫度，和當時的硬陶製造

與青銅冶鑄技術頗有淵源；而且盤龍城的龍窯最長達 54 公尺，相較之下當時吳城文化的龍窯只有 7 公尺多長，顯見盤龍城的龍窯不僅僅表明這裡大量製造陶器，更說明這裡擁有當時最高水準的製陶技術。在那個技術尚還沒有普及的時代，獨佔高級技術的地方很可能位居中心。此外，龍窯在北方並無發現。

俊偉同學 這樣的話，你說的很有說服力。

甲同學 熔銅遺跡又是怎麼回事呢？目前最為完整的鑄銅遺址，應該是在二里崗發現的吧？

詩螢同學 的確，二里崗所發現的鑄銅遺址比較完整和系統，目前盤龍城所發現的熔銅遺跡雖大，但不像二里崗那樣鑄造青銅器的每個環節都有遺跡被發現，但這很可能是保存條件不同，以及盤龍城發掘過少而造成的。雖然目前南方地區都沒有發現如二里崗那樣系統的鑄銅遺址，但並不能因此認為整個南方地區沒有鑄銅活動。

秀美同學 但是盤龍城熔銅遺跡所鑄造的青銅器，是否有可能只對外輸出呢？

詩螢同學 先前提到，盤龍城遺址出土了大量的青銅器，即使有向外輸出，但還是應該以本地自用為主。如果是這樣，鄭洛地區的青銅器則應該多數都是進口貨。這有可能，但更常出現的情況應該是盤龍城賣或送合金銅錠給鄭州，然後由鄭州自己鑄造器物。盤龍城的熔銅遺跡長達 30 公尺，當時各地的熔銅遺跡都是 5 公尺之內，盤龍城的熔銅遺跡明顯優於其它地

區，可能有出現技術壟斷的情況。按此邏輯推理，盤龍城又怎麼會只是個地位低下的「取銅基地」呢？當時的青銅技術，無論在戰爭上或信仰上，都是相當重要的，而青銅冶鑄技術明顯優於其它地區的盤龍城遺址，其地位自然也不言而喻了。

秀美同學 嗯，謝謝學妹，我瞭解了，你的報告很棒！我一定會把你講的教給中學的小朋友。嘻嘻！

柏熹同學 出土的青銅器多寡，或許也和埋藏條件有關呢。

詩螢同學 沒錯，正因盤龍城的埋藏條件不太好，所以盤龍城文化中央地區遺址的保存狀況很糟糕：重質黏土難以發掘和發現，屢受洪水沖刷和破壞，且一直是人口密集居住區，周圍還有大城市，現代都市建設對遺址破壞也很大。

> 毀器葬：
> 源自石家
> 河文化的
> 夏商喪禮

詩螢同學 另外，還有一個很有趣的觀察。當時盤龍城文化盛行一種將器物故意毀壞隨葬的葬式，類似這樣的葬法，學界稱為「毀器葬」。我發現這個傳統發源於長江中游，之後也傳到受其影響的鄭洛地區。盤龍城文化的其他遺址一般只毀壞陶器或玉器，唯有盤龍城遺址，不論是陶、玉、銅器，都有故意毀壞的情況。當時銅器的價值應該比玉器更高，兩湖地區的盤龍城文化卻將價值高的銅器毀壞隨葬，

這恰恰表明，這個地方不但銅礦取之無虞，地位也非一般取銅基地可比，而應該就是掌握資源的中心，其富裕程度遠勝於其它地方。

乙同學　青銅器質地堅硬，要將它打碎，很困難吧！尤其在湖南的墓中發現破碎的青銅器，碎片偏小，故意打碎到這個程度更是困難。你的看法我覺得不太可能，總之我很難相信。

梓浩同學　無論你信不信，真的有出現這種情況，對湖南青銅時代資料很熟悉的向桃初老師也持同樣看法。盤龍城遺址中的墓葬，在同一墓中既有保存完好的青銅器，也有青銅器碎片，可以證明並不是保存條件的問題。其實，世界上有很多民族，自古至今都有毀器葬傳統。從民族誌及考古資料可以瞭解到，毀器的意義可能有以下四種：一、打破器物以解放器物內在的靈魂，希望此靈魂追隨死者一同永生；二、打碎隨葬品以免盜墓賊打擾到死者；三、避免親屬對死者遺物與財產的爭執；四、防止死者生前所用器物會被後人玷污。因為這些理由而打碎的東西，通常都是最寶貴的，具體情況則因為各地貧富不一而有所差異。只有長江中游才富裕到能打碎銅器！我看過盤龍城的毀器葬，感覺上像是現在的土豪，揮金如土般奢侈啊！如果從人類學的角度去想，這也有點像誇富宴一類的表達。

詩螢同學　他們可不只是土豪呢！土豪只是有錢的暴發戶，而盤龍城則是財富的集中地，是當時文化和政權的中心。

乙同學 梓浩知道得可真多，但不是所有的人都知道誇富宴。

梓浩同學 「誇富宴」，最先由著名的美國人類學家博厄斯（Franz Boas）在北美洲西北岸夸口特爾印弟安人（Kwakiutl）的禮俗中發現並加以記錄描述。在誇富宴的儀式中，地方上的大人物會用看似十分浪費的方式，把他們重視的大量財物拿出來展示，在村民面前毀壞或分贈給村民，以揮霍的方式，獲得聲望與地位。這一儀式性的行為，現在一般被經濟學家解釋為一種資源再分配的方式。

靜云老師 不過盤龍城毀器葬的重點可能還在於喪禮本身。在盤龍城文化的喪禮中，最常被故意弄破的斝、爵，應該是被特地選出來的「明器」，用於使死者升天。這些被毀的器物應該先經過某群人共同參加的一種禮儀，並且遭到損毀，之後才被隨葬。該儀式的內在意義，應該通過瞭解其形象的語言來解讀。死亡意味著生命的容器——活人的身體——被打破，這一過程可以與帶明紋的禮器被打碎互為隱喻，體現的都是反包藏；死後的永生，需要通過神秘過程重新塑造新的形體。

在面對同樣的問題上，尼羅河流域的古文明塑造很多取代身體的雕塑；但

（PWZM1：6）

盤龍城出土人為破殘的明紋銅斝

是從湯商的喪葬禮儀來看，江漢古文明的人們或許認為，永恆的形體塑造是一種頗神秘、人不可見的過程，永恆生命形體的形狀，人不可知，但是參加葬禮的人們需要預備塑造永生形體的原料，使死者獲得長久不朽且有升天能力的新身。在楚商人的信仰禮儀中，這種原料就是明器，但並不是人們鑄造成形的彝、爵，而是需要重新經過神秘鑄造的、人不可知的明形。因此，人們預備的明器在喪禮中被破開弄殘，但其殘片都放在墓裡，通過特定的祈禱禮儀，祈求為死者重新鑄造長久不朽的永生形體。同時，明紋的指標，更加闡明永生形體應備於升天，強調此禮儀的目的是讓死者升天永生。

那麼，青銅器的殘片怎麼樣才能夠變為永生形體的基礎？從隨葬品組合來看，答案是，一定要重新經過神秘的冶煉過程，才可以變成新的永生容器。因此，墓裡也放著冶煉工具——大口缸。被人為弄殘破的明器是青銅器，這些殘器象徵著死者腐爛的肉體也必須先破殘，然後經過大火缸一般的神秘轉化和冶煉之後，重鑄為永生容器。肉體屍體與被故意打破殘的明器葬在一起，經過俗世中未用過的大火缸，合成為一體而冶煉、重鑄為人不可知的新體，從土中再生並取象於日，於是獲得升天的神能。這應該是楚商文化喪葬禮的核心所在。是故，在楚商文化的喪葬禮中，被弄破殘的明器和大口缸所代表的是一套神聖的禮儀規範，在這種規範的背後，還有一套深入的人生信仰作為基礎。

立新老師　其實，這種通過冶煉而再生信仰的源頭，同樣可以追溯到石家河文化。石家河人除了使用大口缸外，同時還普遍將大口缸小型化為厚胎紅陶杯，將其作為祈禱的法器，以象徵的方式表達，通過冶煉而實現神奇再生與轉化的願望。請同學看看：這是普通的杯子，可以用來喝酒，右邊兩個底特別厚的是什麼呢？我認為是取代火缸的象徵器。

梓浩同學　好精彩！

甲同學　嗯，這麼多證據！居然還可以從精神文化方面看出石家河與盤龍城之間的淵源。我瞭解了，盤龍城文明就是石家河文明的直接繼承者，它的中心區就在盤龍城吧？

詩螢同學　是的。盤龍城文化的分佈範圍，跟石家河文化一樣，基本上仍是江河中原地區。

立新老師　嗯。大家已經對「盤龍城文化」有基本的瞭解，它是從石家河文化發展而來。以往對於盤龍城文化研究最多的地方，基本上是河南鄭洛地區。而隨著盤龍城遺址與荊南寺遺址的發現，湖北地區也逐漸積累了一些關於盤龍城文化的素材，但是湖南的情況較不明確。不過以往屈家嶺與石家河文化的分佈地帶都包含湖南地區，事實上湖南地區的確也有盤龍城文化。所以，能不能請詩螢同學幫我們介紹一下湖南這邊盤龍城文化的情況。

H1：18　　T44②：25

石家河文化墓裡出土的
厚底夾砂紅陶杯

詩螢同學 好的。青銅時代早期的湖南地區，並非文化中心區域，雖然仍有石家河文化城址的發現，但規模明顯不如湖北天門石家河古城。至於盤龍城文化，目前還沒有在湖南發現城址，但遺址不少，遍及湘、資、沅、澧各水系的平原、山地地區。其中又以澧水流域和湘江流域的遺址最多，下面我就主要介紹這兩個流域的盤龍城文化。

由於地理位置和自然環境適宜，澧水流域本是長江中游稻作文化最早發展的地區，也是最早建城的地區。這裡在新石器時代曾經扮演重要角色，但是隨著時代演變，它的地位開始逐漸下降，我認為主要原因是距離銅礦山過遠。雖然在長江中游文化區的地位下降，但總體來說，這一區域仍然屬於這一文化體系，並無受到外來文化影響的跡象。因此，我們可以從這裡看出一個由石家河文化轉變為盤龍城文化的脈絡。大家看這一張圖，可以知道，澧水流域青銅早期的器物，有不少傳承自石家河文化，並且具有盤龍城文化因素。

澧水流域的盤龍城文化遺址，較為特殊的是維持甗與釜的使用，而同一時期盤龍城已不使用釜，這點較為不同。所出陶器與盤龍城文化陶器最為接近的遺址是石門皂市遺址，但為何該遺址文化面貌

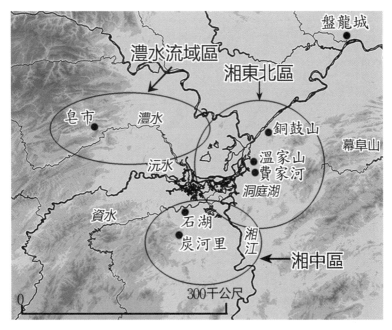

湖南地區盤龍城文化的分佈

與盤龍城遺址較接近，目前仍不得而知。

甲同學 你為何認為澧水流域的衰弱與銅礦取得有關呢？

詩螢同學 考古資料告訴我們，從屈家嶺、石家河，到盤龍城文化，中心城址逐漸東移，這期間正是逐漸認識銅、發展銅的技術的時期，東方有銅礦山，銅又逐漸有著重要地位，中心向東移的原因顯然如此。

靜云老師 我們還是從考古學文化概念談回歷史概念吧。神農、顓頊、堯舜、禹湯，是幾千年的歷史記憶中殘存的名字，歷史之網漏洞太大，沒辦法留住所有的人物，但這些名號應該

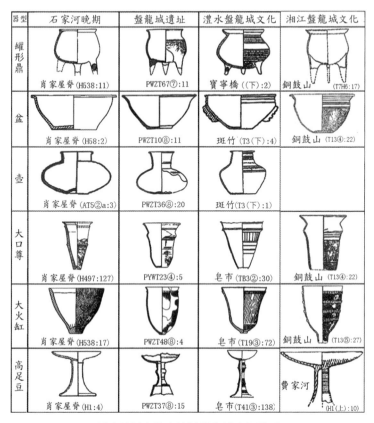

器型	石家河晚期	盤龍城遺址	澧水盤龍城文化	湘江盤龍城文化
罐形鼎	肖家屋脊(H538:11)	PWZT67⑦:11	寶寧橋((下):2)	銅鼓山 (T7H6:17)
盆	肖家屋脊(H58:2)	PWZT10⑧:11	斑竹(T3(下):4)	銅鼓山 (T13④:22)
壺	肖家屋脊(AT5②a:3)	PWZT36⑧:20	斑竹(T3(下):1)	
大口尊	肖家屋脊(H497:127)	PYWT23④:5	皂市(TB3②:30)	銅鼓山 (T13④:22)
大火缸	肖家屋脊(H538:17)	PWZT48⑧:4	皂市(T19③:72)	銅鼓山 (T13⑤:27)
高足豆	肖家屋脊(H1:4)	PWZT37⑧:15	皂市(T41③:138)	費家河 (H1(上):10)

澧水流域和湘水流域盤龍城文化譜系

都是楚文明的英雄,而這張上古歷史的網是楚文明神話與人類歷史交織在一起的形象,經過許多不同族群的人轉手,留存下來。這個文化記憶裡有「夏在西,而商在東」的認識。現在看起來就是如此。因為銅料的需求提升,江漢洞庭平原東部的地區變得有利,在東部生活的人逐漸得到優勢,這便是夏商交替

的背景。神農時代，發展最快的地區是澧水中下游，到了舜禹時代，漢北的發展則先於其他地區，但是湯商時代最強勢的區域在鄂東南、湘東北。不巧的是，這一區域現在多數淹沒於湖中，長江南北兩岸，從湖北孝感到岳陽與長沙之間都是湖群，但卻是商國家的核心區域，現今可能有很多遺址在水面下。

　　湘江流域較少發現早期文化遺址的原因，可能是洞庭區成湖而對原有的遺址造成損毀，以及對洞庭湖區水下考古研究不足，其實當地不僅有洞庭湖，還有許多大大小小的湖泊。目前發現的遺址多位於河湖畔，湘江流域主要在岳陽地區，也就是湘江下游地帶，再往北從岳陽到湖北赤壁、嘉魚、鄂州、黃州基本上沒有發掘。這一帶處於幕阜山西側與長江之間的平原丘陵地帶，是從銅礦區到平原的寬闊路線，盤龍城遺址也是在此一地帶上，而且盤龍城恰位於幕阜山西北方，長江、漢水及府河三河匯流的要津。

詩螢同學　湘江流域的區域要分成湘中和湘東北。前者含湘江與資水之間的區域，以寧鄉炭河里城和石湖遺址為代表，不過有關炭河里城的年代有爭論，所以我先不討論，到了湖南考察的時候，希望自己有更多瞭解。有關後者，或許是因為地緣關係，湘東北的盤龍城文化遺址與盤龍城遺址有較深刻的互動，兩地器物相當接近。陶器方面，部分器物與盤龍城遺址一致，如：甗、斝、鬲、爵，但也有部分延續本地石家河文化之傳統。出土器物中與盤龍城遺址最為接近的是岳陽銅鼓山遺

址，巧的是該遺址的地理位置也離盤龍城最近。

柏熹同學　湘江流域的地理位置也靠東面，這裡出現較多盤龍城文化遺址，是不是也和銅有關呢？

詩螢同學　應該是，湘江流域位於東面，似乎是較晚發展的地區。湘江流域在盤龍城文化時期出現大量遺址，可能就是你說的原因，是因為接近礦脈。這個地區的繁榮與銅礦有關，不過，從現有的資料來看，當時的技術和資源主要還是集中於盤龍城。也許盤龍城就是商的都城，但由於其他同時代城的發掘資料很少，而且有許多被湮沒的區域，所以這一點我不敢說得太肯定。盤龍城很可能是都城，但也不排除它可能只是當時核心城市之一。如果當時還有比盤龍城更高級的都市，也應該就在這一區域內。

靜云老師　我們必須重視洞庭湖和其他鄂東、湘東湖區的遺跡，最好進行水下考古，目前因為遺跡遭受淹沒，而導致我們對這一地區歷史發展過程瞭解不清。其實這個地方很可能不是盤龍城文化時才開始繁榮。因為同屬江漢平原，這個地區居民對銅的重視，應該不是肇始於盤龍城文化。我們從江漢地區的遺址已清楚明白，不僅是商代，此前的夏、三苗、堯舜一路到所謂「顓頊時代」，都持續不斷地摸索冶銅的技術，而銅料就從這一地區開採出來。（我所謂「顓頊時代」，不是指具體在位的統治者，只是用大家比較熟悉的神話化的歷史形象取代考古文化的概念而已）。

詩螢同學 對，這肯定是與冶煉有關的地帶。先前說到大口陶缸和銅器冶煉的關係。湖南也出土許多大口缸，並且出現一些遺跡現象，顯示其與銅器冶煉有關，例如：岳陽銅鼓山遺址的遺物中，以鬲和大口缸的數目最多。銅鼓山遺址也是湖南地區目前為數不多出土青銅器的地方。

費家河遺址雖然沒有出土青銅器，但考古報告說明大口缸的用途：部分缸底內有黑色燒結，顯然比外表更硬、火候更高，似經燒灼，因此，不能完全排除用作坩堝的可能。何介均先生也認為費家河遺址大口缸內部的硬結可說明大口缸可能曾作為冶銅坩堝用。

溫家山遺址也未出土青銅器，然而除出土大口缸外，還出土有銅錛、銅鈴的石範，或許可以間接證明它與銅器冶煉有關聯。

至於位置偏西邊的資水流域，只有石湖遺址有出土青銅器及大口缸，而資水流域其餘遺址都是既沒有青銅器出土，也沒有大口缸出土。這種現象不可能為偶然，可推測青銅器與大口缸之間的確有關聯。

石門皂市遺址中的銅熔爐出土銅渣，可確認此爐就是用來冶銅的，其中爐膛內出土陶大口缸殘片多塊，冶銅的熔爐中僅出現陶大口缸殘片，可證明陶大口缸確實與冶銅互有關聯。

由以上例子可看出大口缸是用於冶銅的，模擬試驗也證明了這一點。

乙同學　雖然這樣，在盤龍城文化同時期，湖南的青銅器確實很少，而且你所給出的例子中有很多並沒有直接的關聯性，出現很多缸能代表什麼？缸也可以裝水、裝糧食啊。

詩螢同學　如果是用來盛水盛東西，為什麼做很厚的胎？為什麼會在內底出現燒結現象？而且我請教過製陶專家，他明確表示：用這樣技術製造的陶器，如果裝糧食會發黴。所以這些陶缸肯定不是用於裝水或裝糧食。

俊偉同學　如果他們掌握了青銅冶鑄技術，那為什麼不大量製造青銅器呢？也許此時期，湖南尚未掌握技術吧？

靜云老師　我們只能說沒有大量發現，但其實也有發現，湖南陸陸續續發現很多特別精彩的青銅器，其中一大部分流到國外，我們習慣性地認為這是殷商時代的。但為什麼婦好墓和其他武丁時代的墓裡出土很多跟湖南同類風格的青銅器？它們明顯是在湖南鑄造的，是殷商自南方取得的寶物。其中至少有部分湖南出土的精彩的青銅器，它們鑄造的時間應該比武丁時代略早，是盤龍城五、六期的時候，對吧？

柏熹同學　應該是。

詩螢同學　其實，既然已發現熔銅爐，顯然已掌握鑄造的技術。但是有技術，並不等於能夠大量鑄器。鑄器需要銅，而銅在當時是最珍貴的資源，必然被當時最大的勢力控制，例如盤龍城。湖南地區這一時期青銅器較少，只能表示他們實力不足。後來，盤龍城衰落以後，湖南地區反而突然出現許多精美

青銅器，可能就是從盤龍城六期開始出現。顯然跟前期的技術積累，還有勢力開始強盛有關係。

梓浩同學　總的說來，湖南在盤龍城興盛時代，仍然稱不上特別強大呢。

詩螢同學　是的，但是這一階段的文化並未斷絕，並且承襲了本地的文化，這是最重要的一點。湖南在石家河文化晚期衰落後，一度成為邊緣地區，到了盤龍城六期又興起，之後殷商強勢入侵，瓦解了以盤龍城為中心的湯商國家，盤龍城對礦區的控制減弱，所以湖南地區的盤龍城文化遺址反而變強。從這種分析看來，湖南地區並未發生盤龍城文化衰亡的情況，而是繼續傳承下去，且有獨特的發展。

靜云老師　以往關於兩湖地區從石家河文化到盤龍城文化的研究，常認為石家河文化徹底地滅亡、斷絕傳承，而盤龍城文化乃是外來文化。但是這種觀點是建立在，早期對盤龍城文化的來源及中心的誤認，以及對石家河文化與盤龍城文化之間傳承關係的研究過少。

隨著盤龍城文化遺址陸續發現，我們應重新梳理盤龍城文化的資料，而不是確定一個論點之後就奉為圭臬，應該配合著考古的新發現，隨著新發現更改想法。一如在發現殷墟之前，學界曾不信有商，發現殷墟之後則改變了觀點；不信有商的觀點並不可笑，因為這是根據當時的發現而產生的論點。而發現殷墟之後承認有商也並不奇怪，因為這是配合新的發現所得出

的新論點。因此，隨著盤龍城文化的考古發現而逐步得出新論，這也是非常正常的事。

經過漫長的認識，我們就知道了：殷墟是殷商的都城。這不需要懷疑，但是殷商國家的情況還有很多不明之處和研究餘地。現在已知道，殷商是外來馬賊建立起來的、以軍權為基礎的上古帝國，南下打敗商這個影響力巨大的國家文明，而自稱為「商」，並且用革命性的武器——駕馬軍車——強迫大家都接受他們就是「商」。但是殷商之前也有自本地發展起來的「商」——楚這個大文明的湯商朝代——他的中心不靠近鄭州，而是靠近武漢。這就是目前我們從資料中看出來的結果，至於湯商國家結構、社會生活和歷史，這都還有很寬廣的研究餘地。

詩螢同學介紹得很好，下一周我們請秀美同學來介紹湖南出土的殷商和周初帶銘文的青銅器，瞭解盤龍城文化之後，湖南地區的後續發展。

誰是三苗，誰是禹湯？（課後感想）

梓浩同學

關於石家河文化的衰亡問題，一般的教科書上都說：石家河文化的衰亡可能與西元前 2000 年的洪水期相關，也有說因禹征三苗，「竄三苗於三危」而使石家河文化衰亡的觀點。這

兩者聽起來似乎都有一定的道理，但若進一步深思，有的地方似乎也經不起推敲。

首先，關於西元前 2000 年左右的洪水期，石家河文化的大量聚落從江漢平原上消失。但是，如果只單一地強調自然環境對人的影響，我們就可能忽視了人類的能動性。從詩螢同學的研究中，我們可以看出，至少在稍晚的盤龍城文化中，石家河文化很多核心的文化因素是有留存下來的。所以，似乎可以想像，長江中游的洪水期雖然確切存在，但原本生活在這裡的人似乎不可能被完全「消滅」，畢竟這又不是一場「世界末日」。此外，生活在長江中游的人們本來就經常與水打交道，他們應該有較高的治水能力，且兩湖地形決定古雲夢澤水患多，湖北至今仍號稱「千湖之省」，文獻所記載的「大禹治水」，神話發生的舞臺似乎更像是長江中游。後世記載了很多黃河洪水災害，但這不是因為黃河水量多，而是因為在黃河兩岸修築人工大堤，企圖束水歸槽，反使多泥沙的黃河水道很快淤塞，變成為地上懸河，一旦決堤便危及兩岸的村落。此非天災，實乃人禍也。但是，相信在四千多年前，黃河兩岸應該不存在人工修築的大堤，所以其時也不存在地上懸河的風險。

其次，「禹征三苗」這個神話故事，如果理解為中原地區的王灣三期文化戰勝了石家河文化的話，這也是讓人覺得很奇怪的邏輯思考方式。一方面，王灣三期文化並無突出的軍事工具可輕易地橫掃整個長江中游地區，憑什麼認為王灣三期文化

可以戰勝強勢的石家河文化呢？學者們已指出，由於缺乏有效的運輸工具而難以遠征，是故那時的軍事行動，多半就是在自家門口火拚。很難想像，河南地區王灣三期的人，會有動機和能力跑到兩湖來討伐三苗，這應該也是後世的想像而已。

另一方面，學界既有討論「石家河文化北漸」，也有討論「王灣三期文化的南漸」，由此可見，目前並無確切的考古學證據可以說明，王灣三期文化比石家河文化更強勢，那又如何可以說明王灣三期文化征服了石家河文化呢？王灣三期文化雖然有自身的地方特色，但基本上跟石家河同屬一個大體系，可以看成大石家河文化體系的一部分。後石家河的很多因素，原本早已就在石家河文化中醞釀，後石家河怎麼會是在王灣三期、新砦影響下形成的呢？

此外，把考古學文化與神話傳說中的族屬相配，很多時候似乎只是考古學家靈光一閃的產物，其背後包含了很多先驗的教條。例如，一個考古學文化，代表了某一族群的這一假設，就是一個未經驗證的「先驗的教條」。有的考古學文化內部，不同的類型似乎有不一樣的生計模式，如此一來，我們還能認為一個考古學文化代表一個族群？再說了，族群的定義是什麼？如果硬要把族群的定義與考古學文化相配，那考古學文化自然也就等於一個族群了。不過，這種「霸王硬上弓」式的定義，我想人類學家是不會同意的。所以，如果繼續固執於靈光一閃的想像，認為王灣三期文化就是禹、石家河文化就是三苗，那中國的考古學研究似乎也還處於一個十分天真的階段。

到圖書館找出迷宮指南（推薦閱讀）

湖北省文物考古研究所編著，《盤龍城：1963－1994年考古發掘報告》，
　　北京：文物出版社，2001年8月，第一版。

中國社會科學院考古研究所編著，《偃師二里頭：1959年～1978年考古發
　　掘報告》，北京：中國大百科全書出版社，1999年。

中國社會科學院考古研究所編著，《二里頭：1999－2006》，北京：文物出
　　版社，2014年11月，第一版。

向桃初，《湘江流域商周青銅文化研究》，北京：線裝書局，2008年7月，
　　第一版。

李桃元、何昌義、張漢軍，《盤龍城青銅文化》，湖北：湖北美術出版社，
　　2002年10月，第一版。

湖北省博物館，《盤龍城：長江中游的青銅文明》，北京：文物出版社，
　　2007年9月，第一版。

高崇文、[日]安田喜憲主編，《長江流域青銅文化研究》，北京：科學出版
　　社，2002年3月，第一版。

郭靜云，《夏商周：從神話到史實》，上海：上海古籍出版社，2013年10
　　月。

郭靜云，《天神與天地之道：巫覡信仰與傳統思想淵源》，上海：上海古籍出
　　版社，2016年5月，下冊第三章〈天地之交與先秦「神明」之生機概
　　念〉。

郭靜云、郭立新，〈生命的本源與再生──從石家河到盤龍城喪葬禮儀中的祖
　　先牌位、明器與陶缸〉，《紀念石家河遺址考古60年學術研討會》，
　　2015年12月。

郭立新、郭靜云，〈盤龍城國家的興衰暨同時代的歷史地圖──考古年代學的
　　探索〉，《盤龍城與長江文明國際學術研討會論文集》，北京：科學出
　　版社，2016年，頁211－241。

郭勝斌，〈銅鼓山商代遺存文化因素分析〉，《江漢考古》，2001年第4
　　期，頁40－48、22。

邱詩螢，〈長江中游史前毀器葬〉，《三峽大學學報（人文社會科學版）》

2014 年第 5 期，頁 17 － 21。

邱詩螢，〈淺論盤龍城灰燼溝遺跡〉，《南方文物》2016 年第 4 期，頁 32 － 39。

邱詩螢，《漢北青銅文化之興：從石家河到盤龍城》，中正大學歷史研究所碩士學位論文，2015 年。

徐勁松、李桃元、胡莎可，〈從模擬試驗看商周時期大口陶缸的性質與用途〉，《考古》，2005 年 7 期，頁 76 － 82。

湖南省博物館、岳陽地區文物工作隊、岳陽市文管所，〈湖南岳陽費家河商代遺址和窯址的探掘〉，《考古》，1985 年，第 1 期，頁 1 － 6。

何介鈞，〈湖南商周時期古文化的分區探索〉，收入《湖南出土殷商西周青銅器》，湖南：岳麓書社，2007 年，頁 200-209。

第九場

尋找文字記錄

湖南出土帶字的青銅器（神仙姐姐報告）

立新老師 上次我們請詩螢同學為大家介紹了石家河文化與盤龍城文化一脈相承的歷史關係，我們可以從中看到技術的突破、國家政權關係的重組、新中心的興起，以及國家勢力的擴展，這正是「盤龍城文化」的內涵，亦即歷史名稱中「商」的內涵。

這個文化的中心區分佈於幕阜山及周鄰地區，尤其是其西北一側的盤龍城。這裡又恰巧是長江與漢水、府河等河流匯合之處，是水運交通的要津，也是控制幕阜山銅礦的王都。同樣也由於靠近銅礦區的原因，幕阜山西南方的湖南岳陽地區，也有盤龍城文化的重要發現。直到盤龍城六期後段時，盤龍城的勢力開始減弱，青銅器的數量大減。而盤龍城的走弱，對於周邊需要銅礦的國家而言，是個「利好」消息。於是，吳城開始從贛中往北擴展，因直接掌握贛北地區的銅礦資源而走強；湖南地區精美的青銅器也是這個時候開始大量發展。所以，上頭盤龍城這個「婆婆」開始變得老弱，那些被欺負的「媳婦」就活得越來越滋潤了。

到了十四世紀末期，盤龍城被殷商軍隊摧毀，但似乎沒有對江西和湖南地區造成太大的影響。尤其是武丁之後，殷商三期時的盤龍城已失去活力，而湖南地區的青銅文化更加獲得獨立的發展空間，繼續有非常出色的表現。

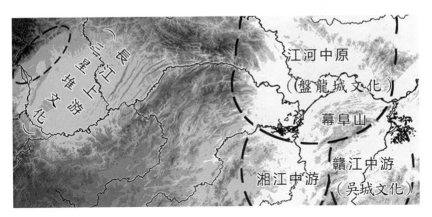

中國南方出土青銅器的主要分佈地點

靜云老師　　有一個特點很有趣，相當於盤龍城六期的湖南青銅器上沒有銘文。但是，當殷王武丁的軍隊佔領盤龍城後，北方在青銅器上刻族徽的觀念影響了南方，盤龍城七期已不是獨立王國，而是殷商侯國之類的勢力。殷商武丁之後，殷商在長江的勢力也衰落，但那些南下之人的後裔留下來在長江中游生活，他們基本上被南方文化涵化，同時也保留了部分原來的習俗，所以在湖南青銅器上可以看到少量的族徽和短篇銘文。這次我們繼續這個話題，請秀美同學介紹湖南地區出土的殷末周初的青銅器，並特別集中瞭解南方地區帶銘文青銅器的來源。

秀美同學　　近年來，湖南出土的青銅器很多，可以說是中國南方出土青銅器最多的省份之一，其中如人面方鼎、四羊尊、大銅鐃等更是廣為人知。由於時間關係，不能在此一一介紹。不過，由於湖南青銅器十分精美，所以非常容易認出來（笑），

湖南出土商時代的青銅器

上左：大英博物館收藏的雙羊尊；上右：寧鄉出土的四羊方尊，湖南省博物館收藏；

上中：四虎銅鐃，湖南省博物館和上海博物館各收藏一件；

中左：曾自寧鄉出土的虎食人卣，日、法各收藏一件；中右：湘潭縣出土的豕尊，湖南省博物館收藏；

下左：牛尊，湖南省、上海博物館各收藏一件；下右：醴陵獅形山出土的象尊，湖南省博物館收藏

至少我超級喜歡。請大家一起看看。

　　我這裡重點介紹幾件帶銘文的青銅器。在搜集資料的過程中，我發現有一個很奇異的現象，即湖南出土青銅器數量雖然多，但帶銘文的銅器卻很少，而且從總體來看，整個南方帶銘文的青銅器都相當少，年代也偏晚，所以我認為這問題非常值得思考。

人面大禾方鼎

秀美同學　　首先介紹的是大禾方鼎。大禾方鼎（或謂人面方鼎）出土於湖南省寧鄉縣黃材鎮黃村，是一件四方鼎，四面都有人面圖像。鼎內壁有「大禾」兩字銘文，也因此將其命名為「大禾方鼎」。

俊偉同學　　我對這兩個字所代表的意義感到很好奇，請問是什麼意思呢？

秀美同學　　學長，這恐怕不能如你所願了。目前學界對「大禾」的解釋還沒有明確的結論，其它地區也沒有出土與大禾兩字相關的銘器，只有西周早期吳禾器的銘文「吳禾乍寶彝」中的「吳禾」與「大禾」可做比對。雖然，「吳」與「天」在商周時期可以做同一字，但從文意來看兩者並無相關。況且，吳禾器出處與藏處皆不詳，還不知道它的風格，只有《殷周金文集成》保留其銘文，所以這一件也無法說明「大禾」的意義。

1. 湖南寧鄉出土的大禾人面方鼎，高 38.5、口長 29.8、口寬 23.7cm；2. 大禾人面方鼎的銘文；3. 西周早期天禾器銘文；4. 安陽西北崗 1400 號大墓出土的青銅面具；5. 北京琉璃河 1193 號大墓出土的青銅面具；6. 荊州秦家山出土的覆面。

静云老師　既不像殷商禮器，又未見於長江流域其它地區，且其族徽又從未見於其它器物之上，因此這件銅鼎的文化屬性成為了一大疑問。

明立同學　這個方鼎好像挺有名的吧？

柏熹同學　是的，因為它長了一個名人臉，應該是青銅界的世界級巨星。我猜這張臉的主人在當時也是個重要人物，不然誰會花錢做這種「青銅恆久遠，一臉永留傳」的廣告啊。

秀美同學 這大禾方鼎確實不簡單。靜云老師曾經在課堂上討論過大禾方鼎，認為這位「巨星」特別強調他的「人中」部分。他是不是覺得他的「人中」最帥啊？（笑）無獨有偶，安陽侯家莊出土的一件面具，這位殷商帥哥也要強調他的「人中」。這兩位帥哥好像有相似的審美觀念，這似乎說明了大禾方鼎與北方殷商文明有關係。但是他與其他殷墟的青銅器風格很不同，所以這是一個謎。此外，我們說方鼎一般都很大，但大禾方鼎其實是很小的，高度才 38.5 公分左右。

詩螢同學 看圖還以為它很大呢！沒想到居然這麼迷你，真可愛。

秀美同學 只看照片當然是不準的，要看比例才行，不然很容易把侏儒當巨人。

靜云老師 秀美剛才說「人中」的問題，我覺得很有意思，大家一起來觀察圖中的大禾方鼎、侯家莊面具和琉璃河面具，它們除了目、眉、鼻、唇、耳形狀相同外，還有什麼突出特徵是相同的？

柏熹同學 這些「明星臉」都有很明顯的「人中」，應該是鑄造時故意突顯的。

靜云老師 沒錯，這種強調「人中」的特點，可看作安陽、寧鄉和琉璃河三處出土面具的共同特徵。三個人面的形象一致，他們隱含的信仰意義也應該相同。相隔千里的三地卻擁有某種關聯性，他們究竟代表了怎樣的歷史故事呢？這個有趣的

話題就留給同學們去想吧。

梓浩同學　如果單從面像形狀來看，大禾方鼎的面圖確實符合殷墟的類型。但有一個問題始終困擾著我，為什麼殷墟沒有出土類似的人面方鼎，反而出土的是獨立的面像，湖南卻將這種面像鑄於方鼎之上？我在翻閱資料時，無意中發現到，湖北荊州秦家山戰國中期二號墓出土的玉覆面也有類似的結構。

靜云老師　從形狀來看，秦家山的玉覆面與殷墟、寧鄉和琉璃河所發現的面像風格接近，整體五官、眉毛的造型和突出的人中都相當一致。雖然我將它們定義為同一類型，但發現的地點縱向跨越了半個中國，且數量極少，所以文化的脈絡很難把握，可能隱含著殷商以來大區域、跨國貴族的交流。大禾方鼎和侯家莊面具無疑都是身份最高的王級禮器，而在殷商上古帝國時代，我們不可以把高層貴族的文化觀念當作地方信仰去理解。所以，我曾推論大禾方鼎和侯家莊面具的形象，在當時已形成於跨地域關聯網絡的社會中，代表某種高等級貴族的共同的信仰。雖然在具體的造型上可能仍帶有地方特色，但內在的信仰意義應是一致的。北京琉璃河大墓也是高等級貴族的大墓，這是早期燕國的王級墓，明顯傳承了夏家店文化下層與殷商的文化傳統。再進一步思考，既然殷商王墓的隨葬器物表現出跨文化的多元上古帝國的精神，其中南方的成分又相當突出，而且東北地區比殷商更早時已曾受到過長江流域文化的影響，所以不能排除造型這些面相的內在信仰主要源自南方的古

文明。北京琉璃河大墓是早期燕國王級墓，繼續傳承隨葬面像的傳統。到了較晚的戰國時代，禮崩樂壞，上層貴族的文化傳統才逐漸被下層人民模仿和採用，荆州秦家山出土的覆面即是一例，但其內在意義已有變化了。

俊偉同學 不好意思，老師，你在比較面像時，強調人中、眉毛等特徵，這是為什麼呢？

靜云老師 大家有沒有去看過相術？

梓浩同學 這不是迷信麼？（笑）

立新老師 看你站在什麼角度去看啦。有人說現代科學也是一種「高級迷信」的體系而已。古人傳承了多年的面相術，也有著深厚的文化背景。就像中國人一直說的風水，其背後包含了古人對自然環境的理解。

靜云老師 對，就像這幾個強調「人中」的面像，按照後期的相術，這種形狀的「人中」代表著長壽良命。文獻中關於相術的資料，從戰國晚期就可見，所以我覺得秦家山覆面「人中」的象徵意義應該與相術有關係。雖然這些神秘的觀念應該早在戰國時期就產生了，但我們還是無法知道，這些觀念是否源於殷商？或者可以上溯到比殷商更早的時代？所以我們還是不清楚殷商時強調「人中」是否有特殊意義。

再進一步思考：如果「人中」代表長壽良命，那為什麼要在死者覆面上加以強調？依我看，這可能隱藏著神壽觀念的來源。在早期社會中，相比「怕死」，人們應該更加「怕老」。

今天我們都希望能「壽終正寢」，即自然地老死。但在殷商這種崇尚戰爭的族群中，他們通常會認為在戰爭、狩獵或祭禮中被殺死才屬「善終」，老死或病死則反而是「不得好死」。因為老死、病死的人在另一個世界將變得永遠年老或重病纏身，而在身強力壯時被殺，身體則得以永保青春。所以，早期社會觀念中「壽」並不被視為理想美德，只有到了殷周交接之際才出現了「壽」字和「眉壽」這種美德觀念。這一變化還表明，人們對於神殺而再生的信仰在減弱，逐漸將不朽的目標，從彼世轉向今生。

梓浩同學 我曾經研究過夏家店下層文化的一個墓地，這個墓地的結構告訴我，中年人往往是掌握財富和權力的，老年人反而不如中年人。

靜云老師 沒錯，所以老死還不如在壯年時期風光戰死。從這一線索往回追溯，我們可以假設：晚期象徵人生眉壽美德的形象，在觀念發展的前期階段，或許象徵平和順利的再生。所以或許可以推論，大禾方鼎、侯家莊和琉璃河銅面、秦家山玉覆面上眉毛和人中的刻紋，是需要特別注意的具有信仰意義的象徵表現形式。

詩螢同學 將這些人的面相鑄在鼎上，或放置於墓中，有什麼特殊作用呢？

靜云老師 有關大禾人面方鼎的信仰意義，過去有不少學者認為，人面只是異形的饕餮紋。但有些學者不同意此說，如李

學勤先生將四壁人面圖案聯繫到黃帝四面說。高至喜先生認為
這是蚩尤伐除妖魔的形貌，或是民間儺面信仰的表現；據他的
見解，當時的人可能將蚩尤作成寫實的人面造形，直至漢代才
開始出現神奇的想像。熊建華先生則視之為祝融的面像。但是
這些想法都無確實的根據，在目前的考古發掘中，我們並沒有
找到造型蚩尤、祝融或黃帝的傳統。

梓浩同學　大一上課的時候，許永傑老師曾說某地的文物局
長命令他把黃帝挖出來。然後，他挖到一塊彩陶片，就開玩笑
說，我把黃帝挖出來了。那位文物局長驚呼，這就是黃帝？！

靜云老師　哈，總之，從物推導到人，或者從物推導到族群
都不太容易。此外，因大禾方鼎上「大禾」二字銘文，張光遠
先生認為，這是糧政官的圖案，是當時當地農耕文明象徵。李
茜和吳衛先生又認為：「大禾方鼎……器壁的人面紋飾極有可
能是古代的農神──後稷。」我認為，「大禾」兩字與農耕的
關係毋庸置疑，但這不足以將大禾的四面視為後稷。還是那句
話，把器物與人群或族群作直接的連接，一定要極其謹慎。

詩螢同學　我還讀到過張聖福和顧朴光先生認為，大禾方鼎
的人面並非崇拜對象，它與侯家莊面具都是殉葬奴隸的形象。

靜云老師　謝謝詩螢補充，但這完全是不可能的。在「子子
孫孫永寶用」的寶鼎上，刻畫一個奴隸的形象，實在是不可思
議。這有點像你在立一個功德牌坊，偏不寫上你祖先的名字，
卻非要刻下一個奴隸的姓氏。

關於這件鼎的意義，我在《天神與天地之道——巫覡信仰與傳統思想淵源》一書裡有比較詳細的分析和討論，大家有興趣的話可以去看看。我認為，大禾方鼎在鼎耳上的雙龍對稱開口，即與司母戊方鼎耳上雙虎吞噬人頭的意思相同，但這種雙龍對稱開口卻隱藏被吞噬者的構圖更為常見。而大禾方鼎壁上的四個人面，凸出的造型在半浮雕的雙龍爪和角之間，反而是突顯出被吞噬者，並用象徵的方式表達饕餮；因此，大禾方鼎的人面即是被饕餮神殺的人。而且，這個被神殺的人可不是普通的人，而是具有很高地位的人，可能是巫或王之類的角色。大禾方鼎上的神獸吞噬人頭，所反映的是獻巫之禮的觀念，其頭像被用來形容「被送升天賓於神」的觀念，即是為同族人求保佑的巫師，在神殺儀式後升天，從而使他成為人與神之間的聯絡者，所以，這是巫師升天再生圖。

方鼎器耳（左：司母戊方鼎，右：大禾方鼎）

發現大禾方鼎的造型是關於饕餮神殺的信仰後，我們可以否定其構圖源自北方精神文化的例證，因為夔龍饕餮信仰是長江中游先楚文化的精神內涵。應該考慮以下因果關係：北方殷商和南方虎方的貴族在吸收盤龍城湯商的信仰後，在造型上更明顯地表達它「神殺」的神秘意義。若以這一信仰的發祥地——盤龍城——為中心來看，北方殷商和南方虎方都屬邊緣文化區。這些邊緣文化區由於是吸收中心區的信仰思想，所以他們並沒有賦予這種思想擁有足夠深度的神秘感，故將這種思想表現在明顯化的造型上。多虧有了他們的這種做法，我們才可能得以理解原本信仰的隱義。

因為時間關係，我們還是不要說遠了，把話題交給秀美吧。

立新老師 同學們，欲知詳情，還是仔細看《天神與天地之道》吧。

秀美同學 好的，老師。我接下來要介紹的是湖南出土的帶有族徽的銅器。這一類器物並不多，除了「大禾」族徽之外，主要族徽有「冉」、「戈」、「牵旅」等。

「冉」族徽

秀美同學 帶「冉」銘族徽者共有四件，其中兩件被認為屬殷商時期：癸冉卣出土於湖南省寧鄉縣黃材鎮黃村，銘文只含

「冉」族徽和祖先「癸」日名兩個字；己冉鼎出土於寧鄉縣黃材鎮栗山村水塘灣，銘文內容同樣也是只含「冉」族徽和祖先「己」日名兩個字。

詩螢同學 己冉鼎很普通，好像到處都有這種器型。相反，癸冉卣很精緻，很漂亮。

靜云老師 己冉鼎確實是常見的器型，冉鼎的出土地點分佈很廣，有些現藏於國外，來源不清楚。

梓浩同學 近代中國積貧積弱，好多好東西都外流到國外了。現在要對這些東西一一「回訪」，恐怕是研究考古學史的中國學者們新時代的難題和責任！

秀美同學 還有，我對這些器型的命名很煩惱，經常看圖是同一個器型，看器名就不同，比如說在《殷周金文集成》冉癸叫做鬲，而冉己叫做鼎。

癸冉卣

詩螢同學 但是他們的外形基本一樣！

秀美同學 是啊！

立新老師 這是考古類型學的痛苦……（撓頭）。青銅器的命名基本上還算統一，這樣的問題比較少；可是陶器類型幾乎完全沒有統一形制和名

左：湖南寧鄉出土己冉鼎　　　右：美國收藏冉癸鼎

稱，尤其是在新石器時代，所以同學們一定要先看圖和照片，文字的說明相對次要一些，圖片才是一手且形象的資料。當然，如果有機會，最好能直接看原件，從不同的角度觀察，所以田野考察是我們課程最關鍵的部分。秀美你繼續講吧。

秀美同學　我其實不知道怎麼分析。大部分青銅器都不清楚來源，對研究者來說真是十分可惜！有些甚至連藏在哪也不知道，所以與青銅器相關的題目實在是很難寫好！雖然我覺得銘文很好玩，也很喜歡看青銅器，但是出處不明這點真的是讓人煩惱。例如冉癸、己冉銘文的青銅簋、鼎、方鼎、尊等等大部分都不知道在哪裡，只有少數明確知道藏於美國、法國等國家。青銅器的出土地點則多數是模糊不清，以帶「冉」字銘文的青銅器為例，只知道一件冉癸簋出土自河南安陽，而兩件含「冉」字銘文的青銅器卻出自寧鄉。寧鄉和安陽之間的距離應該超過一千公里！他們是不是坐飛機來往？（笑）可見當時器物的流動率非常高，因此我們很難憑藉單一器物的出土地來判斷其原產地。而且詩螢說得很準確，癸冉卣很精緻，與其他幾

件器物都不同，所以，這些器物應該不是同一個地方鑄造的。那些製作工藝很一般的器物可能是在安陽做的，而精緻的癸冉卣說不定就是在湖南製造的，是帶來的這個人或他的兒子定造的。當然，這只是我的猜測。

俊偉同學　你所說的，都是我們這些想瞭解商周時代的人常見的痛苦。

秀美同學　是，這實在不知道怎麼辦！嗯，另外兩件冉族的青銅器出土於湘潭縣青山橋鄉老屋村窖藏，因為窖藏年代為西周，裡邊的青銅器也斷代為西周，但我覺得部分青銅器可能是殷商的，例如冉父乙爵，其銘文內容為「冉。父乙。」它的字形與殷商的己冉鼎和癸冉卣也相同，我覺得這件很像殷商的器物，它比埋藏的年代可能早些。那這兩件青銅器可能是用來祭祀祖先的「日名」為「乙」。

甲同學　為什麼稱「父乙」、「冉癸」、「冉己」為「日名」？從來沒有聽過這樣的說法。

立新老師　扶桑十日有甲乙丙丁等十名，死者廟號也配日名。這又是一個大問題，五分鐘說不完，請大家回去看靜云老師的《夏商周：從神話到史實》和《天神與天地之

煩惱！在資料中迷路了

道》，裡邊有詳細討論，我們繼續聽秀美的報告。

秀美同學　老屋村窖藏出土的冄觶，從器型來看應該屬西周，它的銘文僅有一字「冄」，字形有細微的變化。

雖然湖南地區出土四件冄族的青銅器，但湖南之外出土的帶「冄」族徽的青銅器，數量超過300件，且分佈範圍很廣：安陽殷墟、河北、陝西周原、遼寧、山東都有，還有更多出處不明的禮器，同學們

冄族團符號

可以在投影片上看到我搜集的資料。我認為，冄族的分佈範圍如此廣大，這僅能代表冄族器物的流動，可能他們自己是流動族群。我覺得這些器物背後肯定隱藏著很有意思的故事。

詩螢同學　所以我大學時代的同學才會一直形容：解讀歷史資料就像閱讀推理小說。哈哈。

靜云老師　我認為這裡似乎有許多問題需要解決，冄父乙到底是不是同一個人呢？

秀美同學　早期的祖先都有可能會命名為父乙。

靜云老師　如果是同一位，祭祀他並為他製作禮器的人是否也是同一人？如果是同一位，他又是什麼身份的人？為什麼能製造這麼多青銅器，又何故他的器物分散到如此廣大的地區？如果不是同一位，為什麼那麼多人都祭祀冄父乙？這一族又是怎樣的一族呢？

還有一個線索，「冄」字不僅是作獨立的族徽，另也作為構圖元素參與構成其它組合性族徽，如殷商有從「冄」從

「鳥」的族徽，子 鼻 君鼎寫作「🐦」，還有 鼻 弓形器、冉 鼻 父乙鼎等。所以這個銘文背後的故事比推理小說更豐富。我認為「冉」應該不是單純一個族，而是有很多分支的族團。其中較大一支中的四件青銅器流到湖南，但觀器型卻沒有湖南那種獨特的地區風格，所以可能是外傳進來的。但是，實際資料不足，這僅僅是假設而已。

秀美同學 　嗯，我繼續報告。老屋村窖藏共出土四件帶銘文的青銅器，三件有這種「冉」族徽或者老師所說的族團符號，第四件是戈觶，其上也只有一個「戈」族徽。

有關「戈」族的疑慮

俊偉同學 　不好意思，學妹，我自己也覺得，這類研究相當困難，到底怎麼看待同一族徽分佈於不同地方的情況，這也很難確定。殷末周初的戰亂時期，各族人是否會像背著家當那樣帶著自己的青銅器逃跑呢？或者青銅器會不會被其它族的人拿走？像你要討論的帶「戈」符號的青銅器，我覺得更難！如果「戈」是族徽，這些「戈人」為什麼有那麼多青銅器（帶「戈」符號的器物出現較多），這些「戈」到底是不是同一個族？

秀美同學 　學長，這些問題我也考慮過，不過我還是先簡單介紹湖南出土帶「戈」符號的青銅器。我剛才已經提到出土於

湘潭縣青山橋鄉老屋村窖藏西周時期的戈觶，其銘文內容僅一「戈」字。此外有兩件殷商時期的戈卣，一件出土於湖南省寧鄉縣黃材鎮黃材村王家墳，其銘文內容亦僅為一「戈」字；另一件出土於湖南省衡陽市石鼓區松木鄉松木塘杏花村，銘文內容為「作寶彝。戈。」。然而無論從器型還是戈字的字形來看，兩者都不太相似，第一件字形為「」，另一件為「」，兩者是否相關還有待商榷。戈觶的「戈」字為「」，又與他們兩者不同。器物風格也不同，戈卣也許比較像湖南本地的風格，其他完全不像。

戈卣

戈卣

不過，從中國範圍來看，中國各地都有出土帶「戈」字族徽的青銅銘器。學界一般認為這與商代戈族南遷有極大的關聯。然而，仔細觀察各地的戈族族徽青銅器，戈字的寫法都不太相同。如陝西岐山京當鄉賀家村出土的戈甗；北京房山琉璃河黃土坡

戈甗　　戈父甲甗　　戈鼎　　戈父己卣　　戈觶

帶「戈」徽的銘文

村 251 號墓出土的戈父甲甗；江蘇揚州邗江區邗上街道邗上村出土的戈鼎；浙江龍游出土的戈父己卣；河南洛陽瀍河回族區北窯街道北窯村出土的戈觶等。

　　這五件是少數有出土背景資料的青銅器，其「戈」字族徽的寫法皆與湖南所出土之戈族族徽有顯著的不同，雖不能排除時間與地域所造成的差異性，然而如果單就族徽「戈」字來判定做器者為同一族，或是做為戈族南遷的證據，我認為太過武斷。

俊偉同學　我贊同學妹的疑問，在甲骨文《合集》8397 中有一條卜辭：「貞：惟黃令戈方（？）□？二月。」據此鄭傑祥、孫亞冰、林歡等先生認為有命名為「戈」的方國。然而這片甲骨的「方」字不甚清楚，無法肯定釋為「戈方」。假如確為戈方，那麼各地出土的帶「戈」字符號的青銅器應該同屬一國。但我們應該會覺得奇怪：從帶有「戈」字銘文的器物很多這點來推測，說明「戈方」應該是一個強大方國，為什麼甲骨文卻只有一條？

　　其實，仔細查看甲骨文，我們可以發現

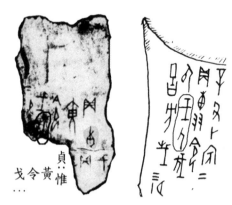

左：《合集》8397；
右：《英藏》564（局部）

「戈」經常用作動詞，如《合集》21954：「庚子：不戈缶？」；《合集》22047：「羊不戈？」。其實在這裡確實看不清楚有「方」字，「黃令戈方」之後又缺字，所以並不能確定有一個叫「戈」的方國。「黃令戈方」之句的意思或許這樣理解更合理：黃命令舉戈戰邊外之地。所以我認為「戈方」為一國的說法恐怕不能成立。

秀美同學　學長超厲害，我從大一的時候已經知道有厲害的學長，你在嘉義大學超級有名！我的碩士論文一定要請你評論！

俊偉同學　謝謝學妹，這沒問題，但妳不要太誇我，我只是單純看資料而已。其實，在流失到英國的甲骨文中另有出現「戈人」一詞，如《英藏》564：「辛丑卜，賓貞：惟羽工方，戈？十三月。」

甲同學　哦，怎麼會有十三月呀？

俊偉同學　有閏月，夏商已經知道如何計算陰陽曆，所以有閏月。從剛才這一卜辭很難判斷「戈」是一個族名，更不可能是一個國，也許只是對軍隊的總稱。甲骨文中有四戈的空間概念，有東戈、西戈、南戈、北戈等區域，他們也許是祈禱和祭祀對象，甲骨文中有卜問祈求於四方之戈。

　　關於四戈的意思，陳夢家先生認為，《說文解字》中的「或」、「域」屬於同一個字，西周金文「或、域、國」確實用意相同，寫法從 ᄋ 或 ᄀ ＋戈；前者像疆界或邑外四垣之

• Knowledge Station • • • • • • • • • • •

陳夢家（1911-1966）

著名古文字學家、考古學家，代表作《殷墟卜辭綜述》一書是甲骨學史上少見的且較早的大型綜合性研究著作，至今仍是甲骨文研究的重要參考書目，也是甲骨學初學者重要的入門書目之一。此外，他對中國商周青銅器研究也有突出貢獻，重要著作包括《西周青銅器斷代》、《殷代銅器》等。

《說文解字》東漢許慎著

中國最早、影響最大的字典，分析漢字字形和考究字源，也是流傳最廣的中文必備工具書。

• •

形。卜辭的四戈可能就是四域、四國，但因為於四戈乎諸侯出伐，則「戈」當指邊境之地。不過由於資料有限，甲骨文中的「四戈」是否指四境、四域、四國等義，實在不易確定，只能作一個思路來思考。

梓浩同學　學長果然是甲骨文專家！

（同學齊喝彩）

靜云老師　（笑）我覺得俊偉引用陳夢家的想法很有道理，只是不要以現在的「國」字義來理解，他說的四域、四國就是

四境，而在四境必然有軍隊，就是「戈人」。獨立的「戈」字應該也不是族徽，但是殷商有很多從「戈」的族徽。其中有從「鳥」的「」、「」、「」（鳶）。此鳥是一種老鷹類的鷙鳥，應該相當於現在的鳶，是鳥中具有較高武力的，即是猛禽。另外常見的有從「大」或從「大」、「中」的「」（狀）、「」（狆），應該是親近的兩族或一族的兩支。從「耳」的「」（戝）；從「卂」的「」（钒）；從「酉」的「」（醆）；從「山」、「大」的「」（㝷）；從「貝」、「丁」的「」等等。憑我個人的感覺，這些族徽指出，這些族強調自己是從事軍事，其宗族的理想是作良好的武人、軍人。至於獨立的「戈」字，應是跨族軍權、衛護國疆的符號。

「牵旅」族徽

秀美同學 謝謝老師和學長補充，那我繼續報告。湖南出土有「牵旅」族徽的青銅器，應該是西周的尊，出土於湘潭縣青山橋鄉老屋村，其銘文內容為「牵旅父甲」，牵旅是作器者的族徽，搜集以牵旅為族徽的青銅銘器總計十件，比較幾件族徽的字形，確實可以認定這是同一族所製作，但除了牵旅父甲尊外，其它

都沒有明確的出土地，因此從銘文本身很難斷定此尊與其它地區的關係。

然而牵旅父甲尊的形制、紋飾等都沒有湖南風格的特點，且湖南只出土一件牵旅族的器物，因此不太可能是由本地所做，較有可能是藉由與外地的交流（交換或掠奪等）而得。

不過也有可能與貴族的通婚有關係，我最近搜集相關的銘文，思考商周貴族的通婚問題。但目前這只是我的假設而已，具體的資料還沒有找到。老師，你認為可不可以用銘文討論貴族通婚的活動？陳昭容老師曾經做過相關研究，如果我將這問題選擇為碩士論文，我會不會有更進一步的發現？

靜云老師　既然你有興趣，就由你先做這個題目吧，重新細讀資料，我相信會看到有趣的問題，我們從湖南回來再討論。

其它湖南出土帶銘文的殷商西周青銅器

秀美同學　好。我的報告差不多完成，只剩下一點了。其它帶族徽銘者還有桃源縣漆家河鎮基隆鄉出土的殷商時期的皿天方罍和皿天方罍蓋，兩者銘文相同「皿天口乍（作）父己障彝」。從風格上來看，皿方罍可能是在湖南鑄造的。

石門縣出土殷商時期的父乙簋有「谷」族徽，在其它地區都沒見過。但這個簋的外形風格並不特別，我在很多地方都有見過，所以不知道它在哪裡製造。

湖南博物館爭取收回的皿天方罍蓋

新寧縣出土了一件殷商時期的殘鼎，銘文只有一個「鼎」字；望城高砂脊（高家溪）的酉鼎，銘文只有「酉」字，發掘者認為它是西周的禮器，但是我覺得這樣的鼎，殷商時期也經常出現，與殘鼎差不多，只是等級高一些，應該是殷商時期的。

最後是方座簋，其銘文載：「乍（作）寶䵼彝簋」，這也明顯是西周早期的禮器，很像典型的寶雞出土的方座簋，所以應該不是本地的。

總體來說，湖南地區殷商西周時期帶銘文的青銅器不多，而且大部分並沒有湖南地區特有的風格，鑄造地點也不明。而銘文中出現的族徽，如冉、戈或旅都為各地常見的銘文，所以不能代表本地貴族。「夲」族徽較為特殊，僅有此地發現，但是帶「夲」族徽的簋的器型和紋飾非常普遍。兩件戈卣和癸冉卣較像南方的器物；皿方罍更像湖南或湖北的風格，它的字也特別，在其它器物上從未見

夲父乙

過；當然形狀最特殊的是大禾方鼎。我的報告就到此，請老師、學長學姐多多指教。

立新老師 謝謝秀美，同學們還有沒有問題想問或補充？

文字發明與文明的指標

漢字起源於何地？

明立同學 學姐，你好幾次用「湖南風格」這個詞。能不能展開說明？

秀美同學 我用靜云老師的定義，她在臺灣上課時略講過，我作了筆記可以念給大家聽：「湖南地區出土的禮器均有三個主要的特徵：第一，禮器型狀自由多變，常出現以某動物為主體的立體造型，造型精緻與靈活；第二，技術高超、多大型禮器、器身有頗為精緻的凸出浮雕；第三，立體動物身上的紋飾，都以成對的龍、成對的鳳和成對的虎所組成。這類的禮器代表湖南本土製造，並可以從其風格特徵來判斷一些在其它地方出土禮器的屬性，包括有不少殷墟出土的青銅器原本在湖南製造。」

明立同學 符合這種定義的青銅器，好像很少有銘文，族徽也很少有，為什麼會發生這種情形？據我所理解，目前對商周

銅器族徽的研究，一般根據銅器的出土地點來推斷家族的分佈地點，區域之間的交流。但很多時候，帶族徽銘的銅器的出土地點通常不太明確，所以很難準確判斷地望。

靜云老師 是啊。即使是出土地點都明確的情況下，也不能都弄明白這些族群的活動範圍，因為銅器經常會存在轉手、交換、搶奪等情況，它最終的出土地點可能早已遠離其製造地點和日常使用地點。

立新老師 從秀美的介紹，以及平時瞭解到的情況，可發現湖南地區出土的青銅器，跟殷墟、關中與河南等地相比，雖然數量並不少，工藝也很精美，且以高浮雕紋飾聞名，但帶銘銅器卻很少，有族徽者也很少。為什麼南方銅器的銘文和族徽遠少於北方？

梓浩同學 會不會是因為漢字在北方發明，最早的文字是從北傳到南，殷商之前南方沒有文字，所以慢慢才吸收北方的甲骨文？

甲骨文解密

靜云老師 殷商的甲骨金文已是系統化程度很高的文字，因此，國際學界對此經常有所討論，認為甲骨文不可能是最早的文字。同時，殷商之前華北一樣沒有發現文字，殷商之前殷墟所在之地也沒有國家，怎麼可能在這地方發明文字？

明立同學 會不會是外來的？

靜云老師 從哪外來的？哪有與殷商相同的早期文字？

俊偉同學 好像沒見過。

靜云老師 殷商文字從哪裡到殷墟？

俊偉同學 不知道。

靜云老師 嗯，我換句話問：殷商有哪些人掌握文字？

俊偉同學 貞人，在甲骨上刻字的人。

靜云老師 對。貞人是什麼人？

俊偉同學 有兩種看法，最早認為商王是巫師，而貞人只負責記錄而已；最近有新的看法，認為商王是提問，而巫師進行占卜，占卜後作記錄。

靜云老師 答得很完整。我認為第二種看法才準確。從甲骨卜辭的結構，我們可以發現，當時巫師的身份次於王，是專職從事祈祭、確定占卜結果的「貞人」，其地位大概等於殷商王宮中的「巫官」。雖然王也都依照傳統、定時進行祭禮，但王鞏固政權所依靠的還是武力，而不是神授的巫權。在這個政治體系中，擁有神權的祭司，其地位僅次於擁有軍權的帝王，而基於軍權的帝王就會成為崇拜對象。

我有一個有趣的問題，給同學們想一想。甲骨文中經常可以看到同一個問題在短時間內占卜多次，為什麼？

梓浩同學 是因為有需要嗎？有固定的儀式規定要占卜多少次才準確？

柏熹同學 可是占卜結果不一樣的話，要怎麼樣判斷哪一次才準確啊？

靜云老師 哈哈，其實你們想的都不對。要占卜多次的原因很簡單，就是因為殷商王對結果不滿意。殷商王要出兵獲得保佑，占卜的結果不良，他要求再卜，或者供祭品後再占卜，有時候同一個問題得占八、九次甚至十次以上，才得到王滿意的結果啊！

梓浩同學 呃……（無言並抓頭）這還能算占卜嗎？王顯然在作弊嘛！

靜云老師 嗯，我們再進一步思考：殷商什麼時候卜甲多，什麼時候卜骨多？

俊偉同學 目前最早的卜辭發現在龜甲上，花東卜辭都是龜甲，武丁時代大多數也在龜甲上，晚期牛骨較多。

靜云老師 嗯，卜甲傳統來自哪？

甲同學 二里崗有發現卜骨，明顯是來自中原地區。

靜云老師 二里崗發現的是卜骨，而不是卜甲。很多地方有發現卜骨，年代比二里崗還早。卜甲呢？

鶴語同學 現有出土資料中，最早的卜用龜甲出自鄂西清江流域的香爐石遺址第六層文化堆積，經碳十四測試，該層時代距今 3520±130 年，我不知道這是什麼數據，但發掘者王善才先生說這比二里頭文化還早。對不起，我應該用盤龍城文化才準確。

立新老師　如果不知道數據的半衰期，不知道有沒有校正過，實在是很麻煩。如果這是校正後數據，大概相當於盤龍城文化三、四期；如果是未校正的半衰期為 5730 的數據，日曆年代為距今 3682±160 年，相當盤龍城文化二、三期；如果是未校正的半衰期為 5568 的數據，那麼日曆年代為距今 3818±167 年，相當於盤龍城一期，確實比二里頭還早。

鶴語同學　這樣怎麼辦？可能的斷代差距有 300 年！

靜云老師　我有數據表，香爐石第七層的校正數據距今 4190－3900 年間，這是後石家河文化階段，可能比大禹時代還早一點；第五、六層的數據交錯，不好分開，校正後在距今 3700－3400 年間。根據簡報，卜用的龜甲發現在第六、五、四層，其中第五層龜甲測年校正後的數據是距今 3520±130 年，也就是立新老師所說的相當盤龍城文化三、四期，或許延到五期前段。無論如何，遠早於殷墟二期，並且卜甲還有可能早到盤龍城二期，也有更晚，這是長期存在的傳統。

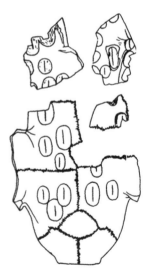

湖北清江香爐石遺址第六層出土最早的卜甲

鶴語同學　香爐石遺址的簡報寫：第六層文化遺址中，出土卜甲 3 件，其中一件稍殘，另兩件破損嚴重。三

件均為龜的腹甲，上為橢圓形鑿，有鑿槽，並見施灼的痕跡，三件卜骨均出自地層中。同時期的文化遺址中還出土牛、豬、羊、魚骨等動物骨骼，都是食用的遺跡，沒有用於占卜。除了卜甲以外，沒有普通龜甲出土，所以龜甲全部都用來占卜了。與香爐石遺址文化層第六層時代相當的 M6，出土了一塊用牛左肩胛骨製成的卜骨。卜骨兩面及周邊均經打磨和修整，背面中脊已削平，上有大小圓形鑽孔 100 多個。卜骨基本保存完整，是目前發現的最大的卜骨之一。香爐石文化第五層，相當於早商中晚期，出土甲骨 13 件，其中卜甲 12 件，卜骨 1 件。卜甲為龜腹甲，卜骨為魚的左腮蓋骨，均有鑽孔，鑽孔大多為橢圓形，圓形和方形的各有 2 件。一般鑿槽較深，有少數已鑿穿。燒灼痕跡明顯，有部分可見兆紋。該層出土食用動物的骨骼有牛、羊、豬等家畜，不見食用龜遺跡。香爐石文化中，龜甲似乎只被用做占卜原料，龜不是一般的食用動物，而具有特殊的信仰意涵。

　　關於香爐石遺址第六層的年代，學者們還有爭議，是因為大家認為帶鑽孔的卜甲應該不早於二里崗上層，因為相信鄭州地區是龜卜習俗的起源地。這不客觀，我們就不能贊同這種帶有預設結論的說法。

（俊偉同學）　這種「信仰」實在好玩，一邊相信卜甲傳統源自鄭州，一邊知道這種烏龜不生存於鄭州，占卜用的龜甲不是所有烏龜的甲骨都可以用，而是要用生活在長江的烏龜。因此，

武丁時代殷商很強，可以獲得大量長江烏龜的龜甲，一旦殷商王室變弱，便只能用牛骨來取代。

甲同學 這很有意思！

鶴語同學 此外，湖北荊州的荊南寺遺址也發現一塊卜甲（H3：6），是一塊龜腹甲，反面有排列密集的橢圓形鑿孔，鑿孔共 4－5 行，約 27 鑿。鑿孔內有灼痕。荊南寺遺址卜甲的時代不明確，但從卜甲形態上看，也應該屬於早商時期卜甲。

與香爐石遺址第六層基本同時的南京北陰陽營遺址第三層中也出土甲骨，出土甲骨地層年代距今約 3540±90 年。其中，卜骨 5 件，牛肩胛骨 2 件，牛肢骨 3 件，卜骨都有鑽和灼。卜甲全出自灰坑，都是龜腹甲，使用前略修整。卜用時在龜甲較薄的部位，採用直接燒灼法；在龜甲較厚的部位，則採用先鑽後灼的辦法。

鄭州二里崗文化的卜甲絕大多數在鄭州南關外遺址中發現，且都是腹甲。關於南關外遺址南關外期所包含的非二里崗文化因素，袁廣闊先生和其它學者有一些討論，這些卜甲也屬於外來的因素，說明鄭州地區的龜卜習俗是受外來的影響。

乙同學 為什麼一定是外來的？也可能是鄭州本地發明的習俗吧。

靜云老師 我們不必思考得很複雜，我們只要簡單地想一想，用來占卜的烏龜是什麼地方的動物？

俊偉同學 是長江流域的動物，北方沒有。

靜云老師 生活在鄭州的人們沒見過這種烏龜，他們怎麼會發明用從未見過的烏龜來占卜的方法？卜甲當然是長江流域的傳統，更準確地說，這是長江中游的傳統。

鶴語同學 我詳細搜集所有的資料之後，我的結論也跟老師所說的相同。

乙同學 但是盤龍城沒有發現卜甲！

立新老師 盤龍城發現多少有機的東西？

詩螢同學 非常少。

梓浩同學 考古界都知道，有機質在很乾燥的地方可以保存幾千到幾萬年，在常年有水和封閉缺氧的軟泥裡也可以長久保存，但如果潮溼便易氧化，很快就少有痕跡。這是華南地區尤其是長江中游考古的悲劇。

鶴語同學 其實，盤龍城王家嘴五期有發現卜骨的碎片，卜法一致。可惜，報告沒有提到是什麼動物、什麼部位。

俊偉同學 學妹你什麼時候發表你的論文，我們一直在等！

鶴語同學 哦哦……我還在修改……

甲同學 很有意思！龜甲是南方的東西，但文字是北方的傳統？

PWZT82H7:13

盤龍城第五期卜骨

靜云老師 你說到了重點上了。同學們想想，殷墟使用長江流域的烏龜和長江流域的卜法，為殷商王占卜的人，原本應該是哪裡的人？

詩螢同學 應該是長江流域的吧……

靜云老師 如果殷商王要求這些來自長江流域的人在卜甲上作記錄，他們應該用什麼文字寫？

乙同學 殷商王族他們的文字啊，不然還能用誰的？

靜云老師 殷商王族的族團非常多源，族群數量龐大，而且這些游戰族群本身沒有文字，也不需要文字。我們想想，歷史上的那些游戰族群，匈奴、鮮卑、突厥、蒙古、女真，他們早期都沒有文字，而他們之中有一些後來使用的文字，都是借鑒了其它某一族的文字。因此，這些流動游戰族群不會發明文字。

漢字應該
源自長江
中游

鶴語同學 那……應該是巫師自己的語言，也就是長江流域的文字嗎？

乙同學 但長江流域沒有文字，至今為止，長江流域都沒有發現文字。只有甲骨文才稱得上文字。

靜云老師 你很確定這一點嗎？我在《夏商周：從神話到史實》裡曾經很詳細地討論漢字來源，認為漢字最早應該源自長江中游，並且有不少學者也這

樣認為。因為長江中游在大溪─屈家嶺文字中，與殷商文字字形相同者數量不少，如「✦」、「✦」、「✦」、「✦」、「✦」、「✦」、「✦」、「✦」、「✦」、「✦」、「田」、「✦」、「✦」、「✦」、「✦」等字形，在大溪文化楊家灣文字與甲骨文中都有，相當於甲骨文的「神」、「申」、「角」、「示」、「鬥」、「竹」、「彡」、「木」、「米」、「京」、「田」、「且」（祖）、「五」、「網」、「亞」等字形。

乙同學 但是長江中游的人沒有在甲骨，或青銅器上寫字，表明這兩種傳統是不一樣的。

靜云老師 沒錯，這是我們面臨的困難所在之處。殷商甲骨文從一期發掘以來，就有「✦」這個字存在，此字的字形是形容將竹簡或木簡編為一冊的象形字。若不是已有以簡編冊的行為，這個「✦」的象形字又怎麼可能會出現在甲骨文上？所以，這個以簡編冊的傳統比甲骨文還早。

「✦」這個字其實為我們提供了一個新的線索，它就像是一把鑰匙，讓我們得以打開歷史的奧秘之門，瞭解在殷商之前的南方文明中，用以寫字的基礎資料究竟為何。自西周末期以來，先秦竹簡就只發現於楚地，其它地區雖有發掘出來的保存下來的木竹器，但在漢代之前，卻幾乎從未見過竹簡出土。同時，我們所發現的早期簡冊，均有祭禮與喪禮的紀錄，這與甲骨文「冊」字字義指涉祭冊的意思一致。也就是說，先楚人習慣使用較難保存的竹簡書寫。我們唯一可確定的是，南方並

未採用骨、石、銅這些資料作為書寫載體，因此在保存上十分不利，才造成目前我們研究殷商之前文字發展脈絡的困難。

俊偉同學 這樣的話，殷墟從早期就發現有毛筆字並不奇怪，毛筆字比在甲骨上刻字還早。

靜云老師 沒錯！簡冊上寫的字就是毛筆字。相關的問題還有很多，比如說卜甲過程並不是先寫卜問的內容而求答案，占卜之前不寫任何字，占卜完之後才作記錄。這很明顯告訴我們占卜並不需要寫字，所以鶴語介紹長江中游發現的早期卜甲沒有刻字。而在卜甲上刻字則是新來的統治者的要求，要把占卜作成國家大事的憑據，所以命令巫師把占卜結果寫成檔案。占卜採用南方的卜甲傳統，所以巫師也是南方的，甲骨上刻檔案的文字也是南方的。所以，用記錄搭配占卜是北方殖民者提出的新要求。

甲同學 這種偵探小說實在太有意思！

靜云老師 還有一點我們可以知道，兩湖地區的青銅器很晚才開始有銘文，不是因為他們的文明中沒有自己的文字，而純粹是因為他們的文化不在青銅禮器上刻字。此外，最早的銘文是什麼？

秀美同學 族徽。

靜云老師 而長江中游的很多貴族從沒有用過族徽。

再談「族徽」

秀美同學　為什麼？

靜云老師　一般來說，農耕貴族不需要族徽。除非他們要學軍權的族群，才會開始模仿他們的習慣。

梓浩同學　農耕族群的貴族為什麼不使用族徽呢？

立新老師　族徽的出現和大量使用，跟階序社會的形成、家族內部的共享觀念、家族之間的競爭以及人群的高度流動性有直接關係。靜云老師已經論證，殷商王族原本是北方草原的游戰族群，憑藉其軍力而南下戰勝古老的先楚文明。作為一個游戰族群，其生活方式具有高度的流動性，群體之間具有高度競爭性。同時，我們還看到，殷商王的繼承既可以發生在父子之間，也可以在兄弟之間，甚至是叔侄之間，這表明，家族內部成員之間，繼承資格是可以高度共享的，並無嚴格的區分。在這種情況下，用族徽來標識階序和身份、區分界限、表達關係、顯明榮耀、標記領土和財產是很有必要的，而且，由於家族成員內部之間的利益並無明顯分化，所有成員都可以使用共同的族徽符號。

自從殷商中晚期銅器上出現大量族徽符號後，西周早期仍然相沿成習，繼續使用族徽。但是，隨著西周王朝社會等級和秩序趨向穩定，嫡長子繼承制度得以確立，在家族共同體內部各成員之間（如大宗和小宗之間）的地位和利益日趨分化，將族名與個人名號結合在一起的姓氏名號制度興起，族徽這種對成員不加區分的家族共同體符號便趨於衰落。

與北方相比，南方長江流域自遠古以來就開拓和發展出以稻作為基礎的農耕文明。農耕社會需要強調合作，形成穩定的生活方式，長期定居，人與土地之間結成緊密的關係，人們之間互相配合而生活。按人類學的話來說，這樣的社會是一個熟人社會，個人、家庭和家族彼此間都熟悉，他們很多區域即以「土」作為單元。很多學者發現「土（Ω、△）」和「祖（Ａ、Ａ）」二字相似，也就是說，地緣認同和血緣認同合一。這種情況肯定來自南方的農耕地區，而不是北方的游戰生活方式。所以，南方使用族徽作為社會標識的動機並不強烈。這或許可以解釋為什麼殷周時期青銅器上的族徽多數在北方出現。如秀美同學前面所介紹的，湖南地區僅有的幾件帶族徽的銅器，應該是高級貴族受到北方傳統的影響。

柏熹同學　　老師，當時是不是每個家族都有自己的族徽？

靜云老師　　不是。即使是在流行族徽的時代，也只有貴族、王族等社會上層家族才會有族徽，像日本的天皇和武士家族一般都有自己的族徽，歐洲中世紀的貴族和王族也多有族徽。青銅器在當時多為重器，非普通家族和個人擁有，因此可推測殷周時代有族徽者一般都是當時的貴族、王族或大族。

明立同學　　在前面秀美同學介紹的族徽中，有「冉」、「戈」等字。我想知道，當時的人會選什麼樣的符號作族徽呢？

靜云老師　　我曾做過研究，發現殷周時期，從來不用成雙的夔龍形象作族徽。這是因為這種成雙的夔龍就是當時的「神」，

而不是某族的祖先概念，所以把龍當作圖騰恰恰是錯的，神龍從來沒做過圖騰，他是跨宗教、跨族群的神祕力量。這問題我不多說，同學們如果有興趣，可以看《天神與天地之道》。我只是想大家留意：夔神形象在早商時期普遍見於先楚、先吳、先蜀、先越，後來還傳到北方的中小古國，各地貴族都接受神龍信仰，並將其影響擴展到黃河以北先民的精神文化中。這種精神文化的普世化趨勢，對殷商上古帝國的成功提供了良好的土壤。

但在這普世性的信仰之內，各族、各團體還會繼續崇拜其地方眾神、家族保護神、事業保護神、土地保護神等等。當時的族徽可能就是家族圖騰，即始祖的形象。比如，殷周時期有不少族群認為他們的始祖是某種鳥，所以其族徽就是各種不同的鳥形象。由於鳥形各異，所以對研究者來說，通過鳥形族徽來判斷同族或異族的關係不甚容易。還有其他獸形的族徽，也有非獸形的。還有將兩個族徽合在一起的現象，或以各族徽聯合的族團符號等等，但秀美講的「戈」、「冉」應該不是族徽，這個問題俊偉已說明得很完整。

何謂「文明」？

立新老師 不知同學們對族徽和文字起源這個話題還有沒有要補充的？

嗯，看來沒有了。到今天為止，我們已經立足湖南、著眼兩湖、放眼全世界，就湖南地區的上古文化發展歷程進行了一趟跨越時空的旅行。透過閱讀資料和課堂討論，相信同學們對兩湖地區上古文化發展進程以及中國文明起源與演進的歷史有一定的瞭解。這堂課是最後一次討論課，還有一點時間，我們是不是對前面的討論總結一下？請大家即興發言。

甲同學 我承認長江中游在屈家嶺—石家河文化時期是十分發達的，但長江下游的良渚文化也十分發達呀！在我看來，良渚文化比屈家嶺文化—石家河文化更加輝煌。大家去看良渚文化的那些大墓，細緻雕琢的玉琮、精美的磨光黑皮陶，與長江中游的雲夢古國相比，長江下游環太湖地區的良渚古國顯然是有過之而無不及。

靜云老師 所以，蘇秉琦先生提出的「滿天星斗」的理論是十分正確的。我們不宜說哪一個文化是核心、哪一個文化更加優越。每一個區域的文化都有漲落之時，除了你說的良渚，凌家灘遺址所出土的玉器也就讓人歎為觀止。同時東北的紅山文化，都是文明起源的夜空中閃亮耀眼的星星。

甲同學 但是中華文明的起源，總有一個源頭吧？

靜云老師 為什麼只能「一個」源頭呢？我們講中華文明，必定離不開「夏商周」三代吧。但這三代已經不是一元了，夏和早商是以長江中游為核心地域的農耕文明，但同時也涵蓋周圍山區獵民的元素，慢慢也涵蓋更廣大的受其影響的地域的因

素；到了殷周，就更加多元：草原駕馬的游戰族群經過華北把一切都涵蓋了。殷商青銅器的紋飾中混合了各種各樣的神獸，有面目猙獰的虎，有飄逸自然的龍，還有牛、羊、鹿，甚至還有大象。良渚文化核心地區雖然被淹沒，但留下來自己的影響。如此多元的組合，足以說明殷商是集多元文明於一體的。這也開啟了新的格局，此後中國邁入天下一統的進程，中華文明多元一體正是奠基於此。

柏熹同學 其實，在談文明起源問題之前，我們是否應該先對「文明」進行定義呢，不然就好像是各說各話？但是，據我所知，目前無論是世界考古學界，還是中國考古學界，「文明」的定義並沒有一個共識。當初，柴爾德曾提過「文明」的三個指標，即文字、城市和青銅器，這也是夏鼐先生提出中國文明起源研究需要注意的三個主要因素。但是，我覺得，這種放諸四海皆準的法則性定義，在具體區域的文明起源研究中就可能會碰壁，因為各地的文化模式不可能都完全相同。因此，雖然我們要重視歷史的大規律，但是也應該注意到「一切以時間、空間為轉移」的辯證法態度。在具體的時空中，「文明」的定義一定會因情境和脈絡的改變而改變。不知道各位老師和同學是怎麼看「文明」的定義呢？

秀美同學 （開心）屈家嶺完全符合這三種指標，但同時沒有其他文化符合啊！

立新老師 實際上，柴爾德定義文明的標準一共有十條：1、

城市出現。2、手工業專門化。3、中央權力控制資源分配和勞力調遣。4、公共祭祀建築出現。5、等級分化明顯。6、文字出現。7、科學技術發展。8、出現新的藝術風格。9、貿易的普遍化。10、超血緣關係的棲居形態出現。在這十條中，柴爾德把城市的出現視作文明誕生的重要標誌，並認為它是人類歷史上的「第二次重大革命」。屈家嶺、石家河文化比較符合這十個指標，而其他地區沒有那麼早進入文明化的時代。

柏熹同學　但是，這十條標準中，有一些標準在很早的時候就可能存在了，不一定到了文明誕生的前夕才橫空出世。例如，中國目前年代最早的城址是澧縣城頭山。對城頭山的房址結構、墓地結構、城牆構造等方面進行分析，認為城頭山遺址至少在大溪文化三期後就已經是一座城址了。但是，城頭山遺址在大溪文化三期時還沒有發現文字。也就是說，它還不算是文明。

靜云老師　有發現，只是數量比較少，你沒有留意到。城頭山大溪、屈家嶺時期的文字與宜昌地區發現的文字相同，時代稍微晚，其他遺址也少量可見。

俊偉同學　學弟，你忘記我們說過的：不是沒有文字，而是記載文字的載體很糟糕，很難能夠留下來，所以只有少量文字見於陶器上。

梓浩同學　唉。目前中華文明探源工程已經進行到第四期了，這也是考古學科內部的一項大工程。但究竟這個中華文明

的起源應該從哪裡開始算起呢？文明的源頭，這樣的概念又是什麼呢？

立新老師　　我們真的要反思一下。當前考古學界都一致認為，中華文明的起源是多元的。那麼多元又是指什麼呢？我認為，在「社會複雜化」開始的早期，現在中國的版圖上存在各種各樣地區性的社會文化共同體，它們社會複雜化的過程並不一致，模式、結構、動力都存在較大差異。因此，如果要真正深入研究中華文明起源這個大課題，我們就應該肩負起系統、深入、細緻地研究這些地區性社會的責任，通過個案分析與研究，瞭解它們各自的社會複雜化模式與特點。只有在對幾個主要地區都進行過深入系統的研究後，才有可能逐漸上升到宏觀層面，真正把握中華文明的發生機制與發生過程。我認為，文明的發生不應該是一場革命，而是一個逐漸累積的過程最後所導致的結果。

　　由於時間關係，我們的討論課到今天就結束了，下周我們出發到湖南考察。

快樂地在書海裡游泳（推薦閱讀）

湖南省博物館，《湖南出土殷商西周青銅器》，長沙：嶽麓書社，2007 年 10 月，第一版。

熊建華，《湖南商周青銅器研究》，長沙：嶽麓書社，2013 年 8 月，第一版。

郭靜云，《夏商周：從神話到史實》，上海：上海古籍出版社，2013 年 10 月，第一版。

郭靜云，《天神與天地之道：巫覡信仰與傳統思想淵源》，上海：上海古籍出版社，2016 年 5 月。

鄭傑祥，《商代地理概論》，鄭州：中州古籍出版社，1994 年 5 月，第一版。

孫亞冰、林歡，《商代地理與方國》，《商代史‧卷十》，北京：中國社會科學出版社，2010 年 10 月，第一版。

中國社會科學院考古研究所，《殷周金文集成》，北京：中華書局，2007 年 1 月，第一版。

湖南省文物考古研究所、長沙市考古研究所、寧鄉縣文物管理所，〈湖南寧鄉炭河里西周城址與墓葬發掘簡報〉，《文物》，2006 年 6 月，頁 4 － 35。

郭靜云，〈「大禾方鼎」尋鑰——兼論殷商巫覡的身分〉，《藝術史研究》第 13 輯，2011 年，頁 75 － 112。

郭靜云，〈重新思考「壽」字來源與字形結構〉，《中國國家博物館館刊》，2015 年第一期，頁 59 － 64。

再會「席明納」：評論與總結

俊偉同學 經過這堂課的報告與討論，我們對湖南地區商周時期的青銅器有更深的認識。像是開頭的大禾方鼎，其銘文「大禾」的意義，以及器物上的人面形象已做了不少探討，除了人中以外，其它部分如粗眉、大眼、突出的顴骨、略顯堅挺的鼻子與寬嘴，似乎也可以就這部分討論當時人們的相貌。是不是當時的人們就長這樣呢？

之後逐一討論了帶有銘文的器物，而銘文中又以族徽的問題最大。就目前所知，中國境內商周青銅器有族徽的不少，且遍佈各地，學者最常根據其分佈來討論各族的郡望。不過往往在不同地區出現了相同族徽的青銅器，那我們怎麼理解這種情況呢？如果僅視為是該族遷徙的證明，似乎想得過於簡單。例如，也有該族青銅器可能因為戰爭被掠奪的情況，那麼就跟族群的遷徙無關了。

而說到族徽的問題，也可以將甲骨文的內容納入討論。經過比對可以發現，有時候青銅器發現數量眾多的族徽，但在甲骨文中卻很少見到。例如目前所知，帶「戈」字與「冉」字銘文的青銅器達數百件，單就銘文來說，這個數量已相當多，且遍佈各地。一般會認為他們應該是當時的望族，但是甲骨文中關於他們的內容卻很少，看不出他們的重要性。然後甲骨文中

常見的族名，有時也完全找不到相關族名的青銅器。那麼這些問題怎麼理解，恐怕又是一個大問題了。

除了族徽以外，湖南地區的商周青銅器帶字銘文明顯較少，也是一個有趣的問題。靜云老師與立新老師的解釋，可以給我們一種思考：並不是懂得文字，就一定會把它刻在器物上。所以湖南地區雖然有許多青銅器，但使用的人不同，有不同使用習慣，多數人選擇不像北方的人群，將文字刻於青銅器上，僅有少數帶有銘文的器物，比較偏北方的風格與內容。對此湖南青銅器有濃厚的地方特色，可以知道他們與中原地區的人，在思想上有些不同，不能輕易的將他們混為一談。

靜云老師從農業文明的角度推論，南方長江流域使用族徽的動機不強，也解釋了湖南少見帶字銘文的情況。所以若能考慮長江流域自古以來的發展情況，或許就能對湖南地區的發展有更深的瞭解。

此外，殷商甲骨文與青銅器銘文的來源，也值得我們思考。靜云老師曾提到，南方江淮、漢水地區最早在新石器晚期已出現陶文，例如雙墩侯家寨、宜昌楊家灣均發現許多刻劃文字。並透過且（祖）、神、眼形符號的研究，可以發現長江中游青銅時代早期文化與殷商文化之間的關聯，這為我們對漢字來源的討論，提供進一步的線索。

經過一個學期的討論與報告，從最基礎的文獻解讀、考古資料的運用開始，歷經對中國稻作起源、長江中游早期的城址

與城邦網絡、澧陽平原聚落、盤龍城文化、湖南出土商周青銅器數個課題的討論，我們對於湖南歷史發展的重要性有更深的理解。以往受限於傳統教育，我們對於湖南的發展較為忽略，但隨著課程進行，在與幾位老師的討論過程中，逐漸認識湖南及其周邊區域豐富的歷史文化，重新省視長江中游地區在中國文明發展中的價值。從靜云老師與立新老師的教導中，也逐漸理解到認識歷史，是要用自己的眼睛去看，而不是單純聽信前人所說的話。因此，除了在課堂上的報告與討論中獲得新知之外，老師們也安排了湖南田野考察的行程，所謂「讀萬卷書不如行萬里路」，實際考察相關遺址、近距離觀察文物等，能使我們對書本上的知識有更實際的認識。

在課程結束之後，我們一行人便搭乘飛機前往廣州，為湖南考察之旅做準備。除了有旅行的雀躍之情外，對於廣州人事物的陌生，也讓我們帶有一絲的緊張，所幸到廣州中山大學後，受到同學與老師的熱情招待，賓至如歸的感覺，頓時放下心中的大石。儘管此次旅途是要把課程上討論的相關問題，帶到湖南考察之旅中，但對臺灣的同學而言，在踏入廣州時已有深刻的印象：高聳的大樓林立，都市化的建築，到處說著粵語的人群，盡顯廣州的特色。這裡的食物也與臺灣有些差異，如食材與料理方式略有不同，不過大部分都很合臺灣人的胃口，尤其是廣州的早茶讓我們印象深刻，此外有一餐吃到了白斬雞，突然有一種還身處於臺灣的感覺。這也讓我們在湖南考察

之前，首先體驗到美食之都廣州的魅力。

　　對於中山大學的印象，首先感覺到的是學生眾多、校地廣大，以及校區與居住區混合，其中最有特色的要屬各棟建築物的命名了，例如永芳堂、馬丁堂、哲生堂、陸佑堂等為圖書館與各系大樓的名稱，對於第一次進入廣州中山大學的我們，總是花老半天猜測是什麼系的大樓，是很有趣的體驗。

　　而在中山大學進行兩天的對談過程中，兩地的老師與學生也彼此交換了一些課程上的心得與意見，一些需要更進一步研究的問題，正待我們從湖南考察中找尋其中的線索。想想，我們才剛來到廣州就有了全新的認識，那麼對於花了一個學期討論的湖南地區，想必會有更加豐富的體驗，這也使我們在還未出發前，就對考察之旅充滿了期待！

國家圖書館出版品預行編目 (CIP) 資料

考古偵探：解讀歷史就像閱讀推理小說，帶你踏查文明起源，思辨炎黃子孫、
大禹治水是否神話傳說？/ 郭靜云等著；郭靜云，郭立新，范梓浩主編.
-- 初版. -- 新竹市：交大出版社，民 107.03
    冊； 公分
ISBN 978-986-96220-0-4(全套：平裝)
1. 考古學 2. 通俗作品
790   107002413

考古偵探：

解讀歷史就像閱讀推理小說，帶你踏查文明起源，思辨炎黃子孫、大禹治水是否神話傳說？

上幕　校園遇見「席明納」先生

主　　編：郭靜云、郭立新、范梓浩
副 主 編：邱詩螢、趙柏熹
著　　者：郭靜云、郭立新、范梓浩、邱詩螢、趙柏熹、史明立
插　　畫：郭靜云、趙柏熹、邱鈞承、郭立新

責任編輯：曾炫淳
封面設計：萬亞雰
內頁美編：theBAND・變設計
製版印刷：華剛輸出製版印刷公司

出 版 者：國立交通大學出版社
發 行 人：張懋中
社　　長：盧鴻興
執 行 長：簡美玲
執行主編：程惠芳
助理編輯：陳建安
地　　址：新竹市大學路 1001 號
讀者服務：03-5736308、03-5131542（週一至週五上午 8:30 至下午 5:00）
傳　　真：03-5731764
網　　址：http://press.nctu.edu.tw
e - m a i l：press@nctu.edu.tw
出版日期：107 年 3 月初版一刷
定　　價：580 元（兩冊合售）
I S B N：9789869477277
G P N：1010700199

展售門市查詢：
交通大學出版社 http://press.nctu.edu.tw
三民書局（臺北市重慶南路一段 61 號））
網址：http://www.sanmin.com.tw　電話：02-23617511
或洽政府出版品集中展售門市：
國家書店（臺北市松江路 209 號 1 樓）
網址：http://www.govbooks.com.tw　電話：02-25180207
五南文化廣場臺中總店（臺中市中山路 6 號）
網址：http://www.wunanbooks.com.tw　電話：04-22260330

**本書榮獲 106 年度教育部獎勵大學
教學卓越計畫及國立中正大學部分經費補助**